आर्थिक विकास में पर्यटन का योगदान

आर्थिक विकास में पर्यटन का योगदान

अतुल शर्मा

इशिका पब्लिशिंग हाउस
जयपुर दिल्ली

इशिका पब्लिशिंग हाउस

ए –25, "गणेश सदन", गली न. 4, आदर्श बस्ती,
बी.एल. हाउस के पास, टोंक फाटक,
जयपुर–302018 (राजस्थान) भारत
फोन : 0141-2761280, Mob. 9887532741
Email: ishikapublishinghouse@yahoo.in

दिल्ली कार्यालय : 102, प्रथम मंजिल, 'सत्यम हाउस'
4324/3, अंसारी रोड़, दरियागंज, नई दिल्ली – 110 002
फोन : 011–45652440

ISBN: 9788189471651

टाइपसेटिंग : बी.एस. कम्प्यूटर्स, जयपुर

मुद्रक : थॉमसन प्रेस, नई दिल्ली

प्रस्तावना

भारत में इस समय आधारित संरचना की स्थिति पर्यटकों की जरूरतों को पूर्ण नहीं कर पाती है। इस विषय में, पर्यटन को बढ़ावा देने हेतु होटल व अन्य अनुपूरक आवास सुविधाओं का एक प्रमुख स्थान है। वर्तमान आधारित संरचना एवं अर्थव्यवस्था की बढ़ती हुई आवश्यकताओं के मध्य की अक्रमबद्धता के फलस्वरूप ही पर्यटन की संरचना के निर्माण की आवश्यकता हुई। पर्यटन विकास के फलस्वरूप सम्पूर्ण संरचना व सेवाओं की आवश्यकता होती है। जिसके कारण उत्पादकता में सुधार हुआ है।

विकासशील अर्थव्यवस्था में पर्यटन उद्योग के विकास के लिए सामान्य राष्ट्रीय योजनाओं व संयुक्त कार्यक्रमों की बहुत ही जरूरत है। राष्ट्रीय योजना में पर्यटन की मूलभूत संरचना व साधारण सेवाओं की लागत के अन्तर को ध्यान में रखा जाता है, तथा साथ ही अन्वेषणों, सर्वेक्षणों एवं उत्पादन के मूल्यांकनों के द्वारा विनियोजन की दर व आय प्राप्ति को स्पष्ट किया जाता है। पर्यटन एक व्यापार ही नहीं है बल्कि इसके तहत बहुत से उद्योग व कठिन क्रियायें भी आती हैं, एक उचित प्रयोगात्मक कार्यक्रम बनाने तथा विनियोजकों, स्थानीय लोगों, राज्य एवं पर्यटकों को इसके लागू करने के लाभ प्रदान करने हेतु इससे संलग्न विभिन्न अंगों व तत्वों का मूल्यांकन करना बहुत जरूरी है।

पर्यटन एक उद्योग बन गया है और इसके आर्थिक महत्व बहुत अधिक है। बीसवीं शताब्दी के समाप्ति के समय से पर्यटन की पहचान आर्थिक विकास के रूप में होने लगा है। पर्यटन से रोजगार सृजन होता है, विदेशी मुद्रा अर्जित होती है एवं विश्व के सभी देशों के मध्य सामंजस्य स्थापित होता है। भारत में पर्यटन को उद्योग

का दर्जा सातवीं पंचवर्षीय योजना दिया गया था। पर्यटन का आर्थिक क्षेत्र के तहत रोजगार, आय, विदेशी मुद्रा की प्राप्ति तथा विकास आदि शामिल हैं।

पर्यटकों के आगमन से विगत कुछ सालों में विदेशी मुद्रा अधिक अर्जित हुई है। भारत पर पर्यटन के आर्थिक प्रभाव संबंधी संयुक्त राष्ट्र की रिपोर्ट के अनुरूप पर्यटक आगमन में वृद्धि होने पर भी डॉलर की दृष्टि से पर्यटन की आय में कमी देखी गई है। इस परिघटना के कुछ अनुमानित कारण इस तरह हैं–विगत वर्षों में रुपये की अवमूल्यन की ऊँची दर, बजट पर्यटकों के अनुपात में वृद्धि और बाजार में विदेशी मुद्रा की कालाबाजारी के कारण रिसाव, आदि।

अतुल शर्मा

अनुक्रमणिका

1

पर्यटन का आर्थिक विश्लेषण

अंग्रेजी शब्द 'टूरिज्म' का सम्बन्ध 'टूर' से है जो कि लैटिन भाषा से लिया गया है। 'टोरनोस' का अर्थ एक औजार से है, जो एक पहिये की भांति गोल होता है। यह गोलीय पिन है, इसी 'टोरनोस' शब्द से यात्रा चक्र या पैकेज टूर/एकमुश्त यात्रा का विचार उत्पन्न हुआ है जो कि आधुनिक पर्यटन की मुख्य धुरी है। लगभग 1643 में इस शब्द का उपयोग विभिन्न जगहों की यात्रा, मनोरंजन, भ्रमण, पर्यटन तथा अनेक राष्ट्रों व क्षेत्रों के स्थानों के भ्रमण या यात्रा करने के लिये किया गया था। 'टूर' एक हिब्रू शब्द है जो कि हिब्रू शब्द 'टोराह' से उत्पन्न है। इसका अर्थ है अध्ययन या खोज। 'टोराह' यहूदियों के विधान से जुड़ा है जो कि यहूदी विधान तथा उनके जीवन-यापन की परिभाषा वर्णित करता है। 'टूर' का अर्थ है कि यात्री किसी खास स्थान पर जाकर खोज करता है। ठीक इसी प्रकार एक पर्यटक की जिज्ञासा होती है कि वह उस स्थान के बाबत पूर्ण ज्ञान प्राप्त करे—जिसके बाबत उसने सुना तथा साथ ही उसको व्यापार व रोजगार की संभावनाओं के सम्बन्ध में जानकारी, स्वास्थ्य एवं शिक्षा लाभ, पर्यावरण व मनोरंजन से सम्बन्धित सम्पत्ति के बारे में पूर्ण जानकारी प्राप्त करने की लालसा रहती है।

'टूरिज्म' या 'पर्यटन' शब्द के अधीन वे समस्त व्यापारिक कार्य सम्मिलित हैं जो कि यात्रियों की आवश्यकताओं की पूर्ति करते हैं। किसी भी यात्रा का पर्यटन से संबंध स्थापित हो जाता है, अगर वह निम्न शर्तें पूर्ण करती हो—

यात्रा अस्थाई हो एवं यात्रा ऐच्छिक हो।

यात्रा का अर्थ किसी प्रकार की आर्थिक प्राप्ति नहीं होनी चाहिए।

संस्कृत साहित्य में पर्यटन के लिए तीन शब्दों का प्रयोग किया गया है; जिनकी उत्पत्ति 'पर्यटन' से हुई है। 'पर्यटन' का अर्थ है अपने निवास स्थान को छोड़कर कहीं बाहर जाना। ये तीन शब्द हैं :–

पर्यटन–इसका अर्थ है मानसिक सुख-शान्ति एवं ज्ञान प्राप्ति के लिए यात्रा करना।

देशाटन–विदेशों में मुख्यतः आर्थिक लाभ के लिए यात्रा करना।

तीर्थाटन–धार्मिक लाभों के कारण यात्रा करना।

शब्दकोश के अनुसार पर्यटक शब्द की परिभाषा इस प्रकार है–"एक दृश्य देखने वाला व्यक्ति जो कि यात्रा करता है।" यूनिवर्सल शब्दकोश के अनुसार पर्यटक पर्यटक वह व्यक्ति है, जो कि जानकारी हासिल करने तथा मनोरंजन करने के लिए यात्रा करता है; ताकि दूसरे व्यक्तियों को अपनी यात्रा की जानकारी दे सके।

श्री लिकोरिश के मतानुसार–वे समस्त व्यक्ति जो एक माह से अधिक व चौबीस घण्टे से कम के लिए रुकते हैं; यात्रियों की श्रेणी में नहीं आते हैं। उनके अनुसार चौबीस घण्टे से कम ठहरने वाले व्यक्तियों को मनोरंजन भ्रमणकारी या यात्री अतिथि के अन्तर्गत शामिल किया जा सकता है। वे लिखते हैं कि सैद्धांतिक रूप में सैलानी का अर्थ है वे समस्त व्यक्ति जो स्वदेश से किसी अन्य देश में कम-से-कम चौबीस घण्टे के आराम व मनोरंजन के लिए यात्रा करते हैं तथा किसी प्रकार की प्राप्ति के लिए व्यवसाय नहीं करते हैं। अल्पकालीन आगन्तुकों के अन्तर्गत उन व्यक्तियों को शामिल किया जाता है जो स्वदेश में ही कम-से-कम चौबीस घण्टे की यात्रा करते हैं तथा लघुकाल के लिए यात्रा के उद्देश्य से ठहरते हैं।

श्री नोरमल जो अर्थशास्त्री के साथ-साथ पर्यटक लेखक भी हैं उन्हें पर्यटक के बारे में कहा है–"हरेक व्यक्ति जो विदेशों में स्थायी रूप से निवास करने या रोजगार के लिए या अन्य कारणों से प्रवेश करता है तथा जो अपने अस्थाई ठहरने के दौरान इस देश में अर्जित धन को व्यय करना चाहता है।"

भारत में 1970 में पर्यटक सम्बन्धी आंकड़े निम्न परिभाषा के अनुसार जमा किये जाते थे :

"एक व्यक्ति जो विदेशी पार-पत्र पर भारत की यात्रा कम-से-कम 24 घण्टे तक करे तथा उसका समय छः महीने से अधिक न हो ताकि यह यात्रा बिना देशान्तरवास व रोजगार दोनों से विहीन हो।"

सन् 1971 के बाद 'पर्यटक' शब्द की एक नई परिभाषा मान्य की गई, जो निम्न प्रकार है :

"एक व्यक्ति जो कम-से-कम 24 घण्टे की अवधि के लिए विदेशी पार-पत्र पर बिना देशान्तरवास व बिना रोजगार के उद्देश्य से यात्रा करे।"

ऊपर दी गयी परिभाषा राष्ट्रसंघ के अन्तर्राष्ट्रीय यात्रा एवं पर्यटन सम्मेलन 1963 के अनुसार है; तथा इसकी विशेषता यह है कि इसमें समय की उच्च सीमा पर कोई प्रतिबन्ध नहीं है।

आई. ओ. टी. ओ. ने आँकड़ों के महत्त्व को समझते हुए तथा इस सूचना को सरल और तुलनात्मक बनाने के लिए अपने सदस्यों के लिए एक नवीन परिभाषा बनाने का परामर्श दिया था जो निम्न हैं–

"सांख्यिकीय उद्देश्य से 'आगन्तुक' शब्द उस व्यक्ति विशेष का वर्णन करता है जो कि अपने देश के अलावा किसी विदेश की यात्रा करता है तथा उसकी यात्रा का लक्ष्य पुरस्कृत रोजगार प्राप्त करने से भिन्न है।"

उपर्युक्त परिभाषा से निम्न बातें ज्ञात होती हैं–

पर्यटक–पर्यटक अथवा अस्थाई यात्री जो कि दर्शनीय स्थान पर कम-से-कम चौबीस घण्टे रहता है, और जिसकी यात्रा का उद्देश्य निम्न शीर्षकों के अधीन आता है–

(1) **विलासिता**–मनोरंजन, अवकाश, स्वास्थ्य, अध्ययन, धर्म व क्रीड़ा।

(2) **व्यापार**–पारिवारिक, धर्मार्थ, कार्य, मीटिंग।

सैलानी–आमतौर पर वैसे यात्री जो अपनी यात्रा के दौरान किसी पर्यटन देश में एक दिन से भी कम अवधि तक ठहरते हैं, उन्हें सैलानी की संज्ञा दी जाती है। समुद्री मार्ग से परिभ्रमण करने वाले भी इसी के तहत आते हैं।

पर्यटक की एक सर्वमान्य परिभाषा के मुताबिक, "अस्थायी रूप से यात्रा करने वाले उन आगन्तुकों को पर्यटक के नाम से पुकारा जाता है जो 24 घंटे से अधिक यात्रा करने वाले देश में रहते हैं। इनकी यात्रा का प्रयोजन व्यापार, पारिवारिक मेलमिलाप, अध्ययन या विलासिता (स्वास्थ्य, अवकाश, मनोरंजन, क्रीड़ा) से जुड़ा हो सकता है।

प्राकृतिक एवं ऐतिहासिक दृष्टि से भारत विश्व के देशों में पर्यटन हेतु एक महत्वपूर्ण स्थान रखता है। यह देश पर्यटकों को भिन्न-भिन्न पर्वत श्रेणियों, पहाड़ियों, उच्च शृंखलाओं, समुद्री किनारों, प्राकृतिक दृश्य-दर्शनीय सौन्दर्य, स्मारकों एवं

संग्रहालयों, प्राचीन कला एवं नृत्य, मेले एवं त्योहार व दूसरी बहुत-सी मूल्यवान् वस्तुओं से आकर्षित करता है, जिनकी वजह से यह राष्ट्र चित्रकारी का एक सजीव उदाहरण बन चुका है।

पर्यटन उद्योग का मुख्य आधार विभिन्नता है। भारत में यह विभिन्नता हर पर्यटक के लिए विद्यमान है। एक सपेरे से लेकर हिमाच्छादित हिमालय पर्वत की शृंखलाएं साधारण नृत्य से लेकर बड़े-बड़े पर्वतीय शिकारगाह, पर्यटक के मुख्य आकर्षण इस देश में स्थित हैं।

आधुनिक पर्यटन एवं आरामदायक यात्रा की सफलता के लिए बहुत ही जरूरी है कि पर्यटन से सम्बन्धित प्राथमिक एवं सहायक व्यापारों में सामंजस्य स्थापित किया जाए। आवास, परिवहन एवं यात्रा, अभिकर्त्ता का इन दिनों पर्यटन में अधिक महत्त्वपूर्ण स्थान है। पुराने समय में पर्यटन मुख्यतः धार्मिक स्थानों तक ही सीमित था तथा धर्म के नाम पर यात्रा करने में कठिनाइयों का सामना करना आवश्यक समझा जाता था। इसलिये आवास की सुविधाओं व परिवहन व्यवस्था का कोई महत्त्व ही नहीं था। लोग मन्दिरों एवं धार्मिक स्थानों के दर्शन के हजारों मील की पदयात्रा किया करते थे।

वर्तमान समय में पर्यटन उद्योग का रूप ले चुका है। यह मुख्य रूप से अर्थशास्त्र से संबंधित है जो उपभोक्ताओं के लिए मांग तथा बाजार मुहेया कराती है। आज सभी देशी विदेशी मुद्रा अर्जित करने के लिए पर्यटन को बढ़ावा दे रही है। पर्यटन को निम्नांकित भागों में विभाजित किया गया है—

(1) स्थिर क्षेत्र

(2) अस्थिर क्षेत्र।

1. स्थिर क्षेत्र—इसके तहत परिवहन संस्थाओं, यात्रा-अभिकर्ताओं, परिवहन संचालकों और अन्य सहायक सेवा जैसी क्रियाएं शामिल की जाती हैं।

2. अस्थिर क्षेत्र—इसके तहत वे सारी आर्थिक क्रियाएं शामिल की जा सकती हैं जो अल्पकालीन प्रवास, आवास सुविधा, खान-पान की मांग को प्रभावित करती है। पर्यटन किसी विशिष्ट क्षेत्र में उद्योग नहीं हो सकता है परन्तु आर्थिक नजरिए से मांग की उत्पत्ति पर्यटन से की जा सकती है। अतः पर्यटन से संबंधित सभी क्रियाएं पर्यटन उद्योग के अन्तर्गत आती हैं। अगर राष्ट्रीय दृष्टिकोण से देखा जाय तो पर्यटकों द्वारा किया गया सभी व्यय 'राष्ट्रीय पर्यटन' कहलाता है। दूसरे शब्दों में पर्यटन उद्योग का तात्पर्य है उन सभी माध्यमों से जो पर्यटकों को सुविधाएं

एवं सेवाएँ उपलब्ध करवाते हैं। पर्यटन राष्ट्रीय व्यवस्था का ही एक भाग है, जो पर्यटकों की जिज्ञासा की पूर्ति करता है। इस समूह के अधीन वे सभी व्यापार और उद्योग शामिल हैं जो यात्रियों की आवश्यकता की पूर्ति करना, अपना प्रमुख लक्ष्य मानते हैं। विभिन्न प्रकार के यात्रियों जैसे व्यापारी, सैलानी, वाणिज्य यात्री, विद्यार्थी, सम्बन्धी एवं मित्रगण आदि की आवश्यकताओं की पूर्ति पर्यटन उद्योग द्वारा की जाती है। अतः पर्यटन उद्योग खुद में विस्तृत आर्थिक संगठन है।

प्राथमिक व्यापारों में होटल व खान-पान उद्योग व यात्रा अभिकरण इकाइयां आती हैं। सहायक व्यापार के अन्तर्गत वे व्यापार शामिल किए जा सकते है, जो कि यात्रियों को सेवा प्रदान करते हैं, उदाहरण के लिए फुटकर दुकानें, स्मारिकाएं, पुरातत्वकालीन सामान, उपहार विक्रेता इत्यादि, मनोरंजन (नाट्यशाला, सिनेमाघर, विशेष पर्व व त्योहार संगठित क्रीड़ाएं), बैंक, केस शृंगारगृह, लाउन्ड्रीज, होटलों को सामान एवं सेवाएं उपलब्ध कराने वाले व्यापारी, खान-पान इकाइयाँ, परिवहन से जुड़े उद्योग, सार्वजनिक सेवाएं, भवन-निर्माण संस्थाएं (विशेषकर पर्यटन क्षेत्रों में), बीमा कंपनियां आदि। अतः बहुत से उद्योग पर्यटकों के लिए वस्तुओं की उपलब्धता सुनिश्चित करते हैं, जबकि पर्यटकों की अनेक प्रकार की मांगों के सम्बन्ध में ये क्रियाएं आर्थिक अध्ययन की दृष्टि से कृषि उत्पादन एवं अवतरण उद्योगों की तुलना में बहुत ही जटिल हैं।

पर्यटन के प्रमुख तत्व

आवास तथा खान-पान—पर्यटकों के लिए यह सेवाएँ बहुत जरूरी हैं। पर्यटकों द्वारा प्रयोग की जाने वाली विभिन्न आवास सुविधाएं, मित्र और सम्बन्धियों के साथ रहना, निजी आवास तथा काफिला व टैन्ट आदि बहुत ही महत्त्वपूर्ण भूमिका अदा करते हैं।

परिवहन—पर्यटकों को पर्यटन स्थान तक पहुँचने के लिए विभिन्न तरह की परिवहन की जरूरत होती है। पर्यटक के लिए कार व उच्च कोटि की गाड़ियों की आवश्यकता होती है, साथ ही नई सड़कों का निर्माण तथा चुंगी कर व सीमाकर जो कि इस क्षेत्र में विकास की आवश्यकता हैं, क्योंकि यह प्राथमिक सेवा है, जिसके बिना पर्यटक को अपने निश्चित स्थान पर पहुंचने में कठिनाई होती है। यात्रा परिवहन को निम्न भागों में बांट सकते हैं—सार्वजनिक एवं निजी, अन्तर्देशीय व अन्तर्राष्ट्रीय तथा हवाई, जल एवं भूमिगत।

वायु परिवहन—इससे समय की बचत होती है। यह चतुर्दिश परिवहन का प्राथमिक साधन है।

जल-परिवहन—सीमित सामुद्रिक मार्ग व जल के रास्तों द्वारा यात्रा करने में जल परिवहन एक महत्त्वपूर्ण स्थान रखता है।

रेल-परिवहन—यह भी यात्रा करने का अच्छा साधन है। यह निश्चित स्थान पर पहुंचने एवं वहाँ भ्रमण करने में सहायक होता है।

सड़क-परिवहन—सड़क मार्ग से बस, मोटर गाडियां, टैक्सी आदि द्वारा गंतव्य तक पहुँचा जा सकता है। बहुत से स्थानों में यह रेल परिवहन सेवाओं के विकल्प का कार्य करती हैं। निजी मोटर व्यवस्था के शुरू होने से सड़क परिवहन का महत्त्व दिन-प्रतिदिन बढ़ता जा रहा है।

पर्यटन के आकर्षण—भारत में पर्यटन कुछ क्षेत्र तक ही सीमित रहा है। पर्यटकों के स्वभाव में परिवर्तन के कारण आराम व मनो-विनोद सम्बन्धी क्रियाओं का पर्यटन के क्षेत्र में महत्त्व बढ़ता ही जा रहा है। अतः आधुनिक पर्यटन की मांग को पूरित करने के लिए आवासकालीन पर्यटक स्थल, दर्शनीय सौन्दर्य, पर्वत और समुद्रतट, विलासिता व मनोरंजन की बहुत ही आवश्यकता है।

मनोविनोद—पर्यटन उद्योग के अनेक रूपों जैसे—रेस्टोरेन्ट, नृत्य और संगीत, नाट्यशाला एवं खरीददारी इत्यादि का विकास बहुत ही आवश्यक है। स्मारकों एवं संग्रहालयों, कला एवं हस्तशिल्प, मेले एवं त्योहारों/पर्व, प्रदर्शनियों अत्यादि के अलावा पर्यटक बहुत-सी दूसरी मनोरंजन की क्रियाओं में इच्छा रखते हैं। विशेषकर सान्ध्यकालीन समय की खुशी तो बहुत ही आवश्यक है। अतः पर्यटकों के मनोविनोद एवं आकर्षण के मुख्य साधन—कैबरे नृत्य व गान, नाट्यशाला में लोगों का एक शानदार आराम, वातावरण में मुलाकात और वार्तालाप करना है।

सुविधाएं—प्रत्येक पर्यटक के आवागमन के अवांछित नियमों का पालन करना होता है। साथ ही देश के अन्तर्गत कितने ही नियम होते हैं जो कि पर्यटन में सहायक व बाधा डालने वाले होते हैं। जितने अधिक सरल एवं सहज आवागमन से सम्बन्धित नियम होंगे तथा पर्यटकों को मुक्त रूप से भ्रमण करने में सहायता होगी तथा आवागमन व्यवस्था सरल होगी; उतने ही पर्यटक आकर्षित होंगे। पर्यटक स्थानों का पुनः दर्शन करने के लिए समय-समय पर किए गए सर्वेक्षणों से पता चलता है कि भारत में पर्यटन के नियम व सुविधाओं में बहुत ही खामियाँ हैं। विशेषताः पर्यटकों की शिकायतें बहुत-से फार्म भरने,

तर्कहीन व अवरोधक नियम, बेवजह लालफीताशाही, विशेषकर सामान की छंटनी एवं ढूंढ़ने में अव्यवस्था तथा अकुशल प्रबन्ध के बाबत होती है। हमें इन समस्त खामियों पर ध्यान देना होगा ताकि पर्यटन के क्षेत्र में बहुमुखी विकास हो सके।

यात्रा अभिकर्त्ता, यात्रा संचालक—ट्रेवल एजेन्ट्स पर्यटक तथा परिवहन एवं आवास मालिकों के बीच की महत्वपूर्ण कड़ी होते हैं। यात्रा-अभिकर्त्ता पर्यटन के विभिन्न अंगों का इस प्रकार संगठन करते हैं कि यह एक वस्तु या सेवा के रूप में पर्यटकों को उपलब्ध हो सके। यह पर्यटन वस्तु व सेवा उन्हीं की जोखिम व नाम पर बाजार में बिक्री की जाती हैं

पर्यटन के प्रमुख आधार

इसके प्रमुख आधार निम्नांकित है—

यात्रा की स्वतन्त्रता—स्वतन्त्रता पर्यटन उद्योग के लिए बहुत ही जरूरी है, अतः हमें इनकी सुरक्षा तथा विकास करना चाहिए। बहुत से राष्ट्रों ने इस विचार को बहुत समझबूझ कर ही अपने देशवासियों को आराम से भ्रमण व यात्रा करने की सुविधायें प्रदान की हैं।

शिक्षा—पर्यटक अधिकांशतः शिक्षित होते हैं। द्वितीय विश्व युद्ध के पश्चात् तो नियमित शिक्षा सुविधाओं में बहुत ही क्रांतिकारी प्रगति हुई है। वास्तव में बहुत सी समर्थशील व्यक्ति पर्यटक की श्रेणी में आने लगे हैं।

जिज्ञासा—आधुनिक संचार माध्यम—दूरदर्शन, आकाशवाणी, पत्रिकाएं प्रकाशन तथा शिक्षा की नई-नई क्रियाओं के फलस्वरूप भावी पर्यटकों में जिज्ञासा विकसित हुई, अतः इनकी विदेश भ्रमण की तीव्र इच्छा हुई जिससे कि अपने बाहरी घटनाओं की जानकारी प्राप्त कर सकें।

आलीशान पर्यटन के विक्रय की व्यावसायिक क्षमता—अधिकांश व्यक्ति अपने व्यवसाय में सक्षम बन चुके हैं तथा आम आदमी को अपना धन व समय विदेशों में व्यय करके भ्रमण व यात्रा करने के लिए उत्साहित करते हैं।

प्रति व्यक्ति आय—अमेरिका, जर्मनी, इंग्लैण्ड़, आस्ट्रेलिया, फ्रांस, कनाड़ा, जापान, आदि देशों में प्रति व्यक्ति आय में बहुत अधिक वृद्धि हुई है, जिससे यहाँ के निवासियों में घूमने की प्रवृत्ति बढ़ी है।

सौन्दर्यता—यह पर्यटन का अभिन्न अंग है। सुन्दर पर्वतीय दृश्य व समुद्रतटीय

सौन्दर्यता एक बहुत ही बड़ा आकर्षण है, जो पर्यटक इन स्थानों का भ्रमण करते हैं; वे इनकी प्राकृतिक बनावट से बहुत ही प्रभावित हो जाते हैं

पर्यटन का सम्बन्ध—ये भ्रमण की परम्परा को बनाये रखने में मददगार होते हैं। निजी क्षेत्र व सरकारी पर्यटक संगठनों द्वारा की गयी उत्साहवर्धक क्रियायें राष्ट्र के पर्यटन के विकास में सहायक होती हैं। समाचार-पत्र, पत्रिकाएं, चलचित्र, रेडियो, टेलीविजन के माध्यम से व अवकाश आदि से जुड़ी सूचनाओं का विस्तार करके आराम व विलासिता के महत्त्व को समझाना है।

उच्च जीवन स्तर—आय का अधिकतर भाग उच्च रहन-सहन के कारण पर्यटन कार्यों में खर्च हो रहा है। साथ ही कार्य करने की घण्टो में कमी हो रही है तथा सवैतनिक छुट्टियां भी उपलब्ध हो जाती हैं। इन सभी कारणों से पर्यटन की आवश्यकतायें पूर्ण हो रही हैं—धन दीर्घकालिक छुट्टियां बिताने के लिए तथा समय जिसमें अवकाश लिया जा सके, दोनों ही उपलब्ध हैं।

जलवायु—सुन्दर जलवायु जिसमें गर्मी एवं सूर्य का प्रकाश हो, पर्यटन क्षेत्र का खास आकर्षण है। कोई भी क्षेत्र जिसमें शिशिरकालीन आकर्षण होगा, पर्यटन का आकर्षण बन जाता है। बहुत से क्षेत्र आनन्ददायक जलवायु के कारण मुख्य पर्यटन क्षेत्र बन जाते हैं।

मूल्य वृद्धि एवं परिवहन की गति—इन दोनों कारणों से या तो पर्यटन का प्रयोजन सीमित होता है अथवा पर्यटन के विकास में ये कारक सहायक होते हैं।

सुविधायें—दो प्रकार की सुविधायें होती हैं :

मानवीकृत सुविधायें—इसके अधीन पर्यटकों की आवश्यकताओं को पूर्ण करनेवाले सभी मनोरंजन के साधन व सुविधायें शामिल हैं जैसे—विहारार्थ भ्रमण स्थल, स्नान के तालाब, हरियाली, नाट्यशालायें, चलचित्र व अनजान स्थल; झूलानुमा कुर्सी सुसज्जित और प्रकाशयुक्त सजावट।

प्राकृतिक सुविधायें—इसके अधीन समुद्रतट, सामुद्रिक स्थान, मछली पकड़ना, पर्वतारोहण और दृश्यावलोकन आदि आते हैं।

ऐतिहासिक एवु सांस्कृतिक कारण—समस्त पर्यटन-प्रिय राष्ट्र अपने इतिहास को पर्यटक आकर्षणों का एक माध्यम मानते हैं। इतिहास के विशिष्टांग व संस्कृति के आकर्षण पर्यटकों को अपनी ओर मोहित करते हैं।

पहुंच या निकटता—निकटता व पहुंच पर्यटन के मुख्य अंग हैं। विमानों के

विकास से यात्रा के क्षेत्र में एक क्रान्ति आ गयी है। जो स्थान कुछ समय पहले पहुंच से बाहर थे, आज बहुत ही पास हो गये हैं।

आवास--बहुत से पर्यटक किसी विशेष स्थान पर इसलिए जाते हैं क्योंकि वहाँ पर अच्छा खान-पान, आवास व अन्य सुविधायें उपलब्ध होटल विद्यमान होते हैं।

अन्य कारण—किसी भी राष्ट्र के नागरिकों का आगुन्तकों के प्रति मैत्री व सौहार्दपूर्ण व्यवहार, पर्यटकों को आराम प्रदान करता है; तथा अपने अवकाश को व्यतीत करने में आनन्द देता हैं। सूचना-केन्द्रों के माध्यम से पर्यटकों को, जो कि देश के बाबत अपरिचित है व क्षेत्रीय भाषायें नहीं बोल सकते हैं और न ही समझ सकते हैं, उन्हें पर्यटक स्थलों, खेल की सुविधाओं, रात्रि की खेल क्रियाओं, क्रय संबंधी क्रियाओं आदि के जरिये पूर्ण सूचना उपलब्ध होनी चाहिए, प्रशिक्षित और कौशलपूर्ण (विशेषज्ञ) हरकारा, स्थानीय भाषा बोलनेवाले मार्गदर्शकों की आवश्यकता है। जहाँ तक हो सके पर्यटकों के ऊपर पार-पत्र से सम्बन्धित प्रवेशपत्र आदि का जितना भी दबाव है; उसे पूर्ण रूप से समाप्त या कम करना चाहिए। सीमाशुल्क, मुद्रा नियन्त्रण और दूसरे नियमों को, जहाँ तक हो सके, कम करने की जरूरत है।

पर्यटक को जिस राष्ट्र में प्रेम, मित्रता एवं शांति का सुख मिलता है वे उस स्थान पर पुनः जाने को प्रेरित होते हैं। अतः हम सभी को अपने देश में आने वाले सभी आगन्तुकों का स्वागत करना चाहिए तथा उनकी भाषा इत्यादि के कारण होने वाली समस्या का समाधान करना चाहिए, उन्हें अनेक महत्वपूर्ण स्थानों के विषय में जानकारी उपलब्ध कराना, उनकी सुरक्षा की पूर्ण व्यवस्था, उनकी यात्रा को आसान और सुगम बनाने का प्रयत्न करना चाहिए जिससे पर्यटन का अत्यधिक विकास हो सके।

2

पर्यटन का स्वरूप

पर्यटन अब उद्योग बन गया है तथा इससे व्यावसायिक लाभ होता है इसलिए पर्यटन की आधारभूत संरचना का विकास करना आवश्यक है। इसमें मुख्य रूप से पर्यटन स्थल पर पर्यटकों के ठहरने, भोजन, मनोरंजन, खेल, संगीत, हस्तकारी और यातायात सुविधाओं का समग्र विकास करना है।

धरातल के ऊपर व अंदर की सभी निर्माण प्रक्रिया मूल आधारित संरचना के अंतर्गत आते हैं जो कि मानव की आवश्यकताओं को पूरा करने के लिए जरूरी है। पर्यटन की आधारभूत संरचना का विकास करने से देश की आर्थिक स्थिति अत्यधिक तेजी से सुदृढ़ होगी।

भारत में इस समय आधारित संरचना की स्थिति पर्यटकों की जरूरतों को पूर्ण नहीं कर पाती है। इस विषय में, पर्यटन को बढ़ावा देने हेतु होटल व अन्य अनुपूरक आवास सुविधाओं का एक प्रमुख स्थान है।

विकासशील अर्थव्यवस्था व उसकी वृद्धि पर्यटन की आधारित संरचना की एक विशेषता है। पर्यटन से विदेशी मुद्रा अर्जित होती है एवं लोगों को रोजगार भी मिलता है। यदि रोजगार को ग्रामीण क्षेत्रों में वास्तविक रूप में नियोजित न किया जाय तथा अवस्थानुसार न लिया जाय तो पर्यटन विकास से सम्बन्धित क्रियाओं पर किए गये व्यक्तिगत व सार्वजनिक निवेश के परिणामों का कोई वास्तविक एवं बेहतर नतीजा नहीं निकलेगा। पर्यटक इन क्षेत्रों का आर्थिक रूप से वहाँ के वृहद् एवं अति दुर्गम प्राकृतिक व आर्थिक स्रोतों का प्रयोग करता है, जहाँ पर उपभोग की वस्तुओं व कुशल

कार्मिकों की पूर्ति एवं आधारित संरचनाओं को जोड़ने की कठिनाइयां सम्बन्धित होती हैं।

पर्यटक अगर बहुत अधिक संख्या में आते हैं, पर्यटन आधारित संरचना की आवश्यकता होती है। नये पर्यटन स्थलों की खोज व विकास से व्यक्तियों, सामान व सेवाओं का अर्द्धविकसित क्षेत्रों में स्थानान्तरण होता है। होटलों का निर्माण, वस्तुओं का निर्माण एवं सेवाओं का उत्पादन आदि उपलब्ध मूलभूत संरचना पर निर्भर है।

वर्तमान आधारित संरचना एवं अर्थव्यवस्था की बढ़ती हुई आवश्यकताओं के मध्य की अक्रमबद्धता के फलस्वरूप ही पर्यटन की संरचना के निर्माण की आवश्यकता हुई। पर्यटन विकास के फलस्वरूप सम्पूर्ण संरचना व सेवाओं की आवश्यकता होती है, जिसके कारण उत्पादकता में सुधार हुआ है।

पर्यटन की आधारित संरचना के निर्माण का एक प्रमुख लक्ष्य अन्तर्क्षेत्रीय आर्थिक सम्बन्धों को विस्तृत करना है क्योंकि इसके द्वारा स्वदेशी बाजार के निर्माण व विकास होता है। परिवहन व्यवस्था के विस्तार से पर्यटन को बढ़ावा मिलता है। परिवहन सेवाओं का विकासशील अर्थव्यवस्था में सामाजिक एवं आर्थिक परिस्थितियों पर काफी महत्त्वपूर्ण प्रभाव पड़ता है। विकासशील अर्थव्यवस्था की एक मुख्य विशेषता यह है कि इसके उपरांत पर्यटन क्षेत्रों के मध्य परिवहन व्यवस्था की बहुत ही कमी होती है। फलस्वरूप असंख्य आर्थिक असुविधायें पैदा होती हैं। विदेशी व स्वदेशी पर्यटकों के लिए महत्त्वपूर्ण नये पर्यटन स्थल खोजने एवं परिवहन साधनों के निर्माण की जरूरत होती है। पर्यटन की मूलभूत संरचना निर्माण में सबसे बड़ी अवरोध पूंजी की कमी है। यह भी देखा गया है कि वर्तमान आधारित संरचना की क्षमता का पूर्ण उपयोग नहीं हो पाता क्योंकि सम्बन्धित आर्थिक क्षेत्र तुरन्त मूलभूत नहीं होते हैं। कृषि प्रधानता के कारण हमारी अर्थव्यवस्था में मूलभूत संरचना पर बहुत ही प्रभाव पड़ता है। परिवहन सुविधाओं की मांग मौसमी परिवर्तन से प्रभावित होती है। बड़े-बड़े होटल व परिवहन व्यवस्थायें केवल अल्पकाल हेतु ही प्रयोग की जाती हैं तथा शेष काल में वे केवल आंशिक रूप में ही पैदा की जाती हैं। अतः मौजूद मूलभूत संरचनाओं के उचित प्रयोग का प्रश्न उत्पन्न होता है। किसी भी नई संरचना के उच्चतम क्षमता उपयोग करने की काफी जरूरत होती है, चूंकि सभी संरचना को सुरक्षित करने के लिए उष्ण जलवायु, मानसूनी वातावरण एवं परिवर्तित तापमान की अवस्था में काफी राशि खर्च करनी पड़ती है।

यह भी ज्ञात हुआ है कि कृषि विकास में भूमि व जल का उपयोग सम्पूर्ण राष्ट्रीय कृषि विकास हेतु महत्त्वपूर्ण आधार है। पर्यटन सम्पदा क्षेत्रीय व आर्थिक विकास में एक मुख्य तत्व के रूप में मूल्यवान् अंशदान करती है।

हमारे देश में पर्यटन की मूलभूत संरचना, जिसका कि आर्थिक उन्नति में प्रमुख स्थान है, उसके निर्माण में बहुत-सी बाधायें हैं। सरकार को पूरी अर्थव्यवस्था पर दबाव डालना चाहिए जिससे गुणात्मक परिवहन साधनों, होटलों, बिजली व शक्ति साधनों एवं इस लक्ष्य को प्राप्त करने से जुड़ी अन्य सुविधाओं का विकास हो सके। विद्युत शक्ति में वृद्धि होने से अर्थव्यवस्था की मूल जरूरतें पूरी होती हैं एवं औद्योगिक विकास को बढ़ावा मिलता है। उद्योगों के विकास से विद्युत शक्ति की मांग में वृद्धि होती है। पर्यटन विकास में पर्यटन क्षेत्रों के उपभोग व मूल्यांकन के लिए वित्त साधनों तथा तकनीकी विशेषज्ञों की जरूरत पड़ती है। इससे आधुनिक पर्यटन की संभावना तय होती है।

प्रौद्योगिकी विशेषज्ञों का अभाव इस विशिष्ट उद्योग के संचालन में बड़ी बाधक रहा है। दिल्ली, मुम्बई, कोलकाता व चेन्नई में चार महत्त्वपूर्ण क्षेत्रीय प्रबन्ध तकनीकी संस्थान हैं तथा अन्य बहुत से संस्थान व खाद्यकला केन्द्र स्थापित हैं जो कि युवकों तथा युवतियों को मुख्य रूप से पर्यटन एवं आवास क्षेत्र से जुड़ी शिक्षा प्रदान करते हैं। पर्यटन प्रबन्ध में प्रशिक्षित व्यक्तियों की आवश्यकता बढ़ती जा रही है। पर्यटन शिक्षा की तरफ विशेष ध्यान नहीं दिया गया है। पर्यटन उद्योग के सही एवं श्रम संचालन के लिए इस क्षेत्र में हुई आधुनिक तकनीकियों की जानकारी बहुत ही आवश्यक है, योजना के तहत क्षेत्रीय विकास के लिए यह जरूरी है कि क्षेत्र विशेष हेतु उचित आधारित संरचना को उस क्षेत्र की भूमि, जल स्रोतों के साथ-साथ प्राथमिकता मिलनी चाहिए, साथ ही एक पर्यटन उद्योग के विभिन्न पहलुओं में अनुसंधान की काफी जरूरत है ताकि भविष्य के विकास के लिए एक समुचित नींव डाली जा सके।

पर्यटन के प्रमुख तत्व

यात्रा विभिन्न अंगों का संयुक्त रूप है। कोई भी यात्रा हजारों किलोमीटर की हो सकती है, तथा इसके तहत एक या अनेक प्रकार के परिवहन के साधन शामिल हो सकते हैं। इसमें बहुत दिनों, हफ्तों व महीनों का ठहरना भी शामिल है जिसके लिए आवास, मनोरंजन, हृदयावलोकन व मनोरंजन हेतु अनेक सुविधाओं एवं सेवाओं

की जरूरत होती है। पर्यटन की सफलता इन्हीं तत्वों पर निर्भर करती है। जब तक पर्यटन व्यापार के विविध अंगों में सांमजस्य नहीं लाया जाता तब तक पर्यटन व्यापार में वृद्धि नहीं हो सकती है।

अध्ययन करने की दृष्टि से इन सुविधाओं को प्राकृतिक संसाधन, पर्यटन के आकर्षण एवं मनोरंजन सम्बन्धी जरूरतें, सरकार सम्बन्धी संसाधन एवं सुविधायें, आधारभूत संरचना सम्बन्धी सुविधायें, परिवहन सम्बन्धी यंत्र तथा उच्च संरचना सम्बन्धी सुविधाओं में बांटा जा सकता है।

प्राकृतिक स्रोत, उच्च संरचना, खरीददारी के केन्द्र, क्रीड़ा एवं खेलकूद, प्रकाशन माध्यम, वित संस्थायें, यात्रा मार्गदर्शक, हवाई अड्डों की इमारतें, यात्री यातायात टर्मिनल, परिवहन एवं परिवहन यंत्र, पुलिस सीमा शुल्क, शिष्टाचार स्रोत, सैलानी संबंधी आधारभूत ढांचा तथा आधारित संरचना आदि पर्यटन में प्रमुख अंग/तत्व हैं।

जल, शक्ति, सड़क, वायु, परिवहन, पर्यटन के आकर्षण आदि सारी सुविधाओं का संयुक्त पैकेज उद्देश्य प्राप्ति के लिए बहुत ही आवश्यक है। किसी देश क्षेत्र में पर्यटक यातायात की वृद्धि इस बात पर निर्भर करती है कि पर्यटकों को कितनी न्यूनतम सुविधायें उपलब्ध की जा रही थीं।

विकासशील अर्थव्यवस्था में पर्यटन उद्योग के विकास के लिए सामान्य राष्ट्रीय योजनाओं व संयुक्त कार्यक्रमों की बहुत ही जरूरत है। राष्ट्रीय योजना में पर्यटन की मूलभूत संरचना व साधारण सेवाओं की लागत के अन्तर को ध्यान में रखा जाता है, तथा साथ ही अन्वेषणों, सर्वेक्षणों एवं उत्पादन के मूल्यांकनों के द्वारा विनियोजन की दर व आय प्राप्ति को स्पष्ट किया जाता है। पर्यटन एक व्यापार ही नहीं है बल्कि इसके तहत बहुत से उद्योग व कठिन क्रियायें भी आती हैं, एक उचित प्रयोगात्मक कार्यक्रम बनाने तथा विनियोजकों, स्थानीय लोगों, राज्य एवं पर्यटकों को इसके लागू करने के लाभ प्रदान करने हेतु इससे संलग्न विभिन्न अंगों व तत्वों का मूल्यांकन करना बहुत जरूरी है।

राष्ट्रीय योजना में पर्यटन का स्थान इसको प्रदान की गयी प्राथमिकता पर निर्भर है। कई देश इसको विलासितापूर्ण उद्योग समझकर अपनी राष्ट्रीय योजनाओं में कम प्राथमिकता देते हैं। राष्ट्रीय योजनाओं की प्राथमिकता वहाँ की मूलभूत संरचना, प्राप्त होने वाले कच्चे माल एवं सामाजिक एवं आर्थिक विकास के संतुलन पर आश्रित है। पर्यटन उद्योग की सफल स्थापना मूल रूप से देश की अर्थव्यवस्था की आधारित संरचना के उत्पत्ति व विकास पर निर्भर करती है।

आधारित संरचना की आवश्यकताएं निम्नांकित वर्गों में विभक्त की जा सकती हैं—

(i) वे संरचनायें जो कि बाह्य संसार से पहुंच व संचार सम्पर्क प्रदान करने में सहायक हैं।

(ii) वे संरचनायें जो कि किसी भी उद्देशित स्थान पर लोगों के विचलन में मददगार होती हैं।

(iii) वे संरचनायें जो कि विकास हेतु बिजली, शक्ति, जल परनाला व मल विकास की आवश्यक सेवाएं प्रदान करती हैं।

पर्यटक स्थल तक पहुँचने के लिए पर्यटकों को परिवहन व्यवस्था की आवश्यकता होती है। एक जरूरतमन्द मूलभूत संरचना हेतु सड़क, पुल, सेतु, बन्दरगाह, हवाई अड्डों की पटरी आदि के निर्माण की आवश्यकता होती है। ये सारे साधन पर्यटन के भार को पर्यटन क्षेत्रों में या उनसे बाहर ले जाने के लिए जरूरी हैं। साथ ही संचार सम्बन्धी साधनों की भी जरूरतें होती हैं। पहुंच से सम्बन्धित क्रियायें भी जरूरी हैं जिससे कि संचार के साधनों की सुविधायें प्राप्त हों तथा इस क्षेत्र में बदलाव भी हो सके।

एक सफल पर्यटन हेतु भूमि के आन्तरिक और संस्थापन सेवाएं बहुत ही महत्त्वपूर्ण हैं। इनके निर्माण में अत्यधिक समय लगता है।

सड़क निर्माण में अत्यधिक सावधानी बरतनी पड़ती है। सड़कें ठोस एवं मजबूत होनी चाहिएँ, हर मौसम के अनुसार होने चाहिएँ एवं इनका उचित तौर पर निर्माण हो ताकि पानी व बरसात का असर न होने पाये, और सुरक्षित होनी चाहिये एवं अन्तर्राष्ट्रीय मान्यताओं के अनुरूप उनका निर्माण होना चाहिए। सार्वजनिक संस्थानों जैसे सुविधाजनक सड़क सम्बन्धी सुविधाएँ, सड़कों के साथ-साथ पार्क और वनभोज की सुविधायें, आराम के पार्क जिनमें जनसुविधायें, दर्शनीय कक्ष, आटो मरम्मत व अन्य तरह की सुविधायें, आराम के पार्क जिनमें जन सुविधाओं से सुसज्जित होनी चाहिये।

अन्तर्राष्ट्रीय स्तर का हवाई अड्डों का निर्माण करना चाहिए क्योंकि नवीन विमानों हेतु इनका उपयोग होता है, अतः भविष्य में इन पर आधुनिकीरण का काम न करना पड़े। सड़कों के किनारे के पार्क, पिकनिक स्थल, आराम-स्थल, दर्शनीय-स्थान आदि इसी तरह के पार्क व सुविधाओं का अनवरत ध्यान रखा जाना चाहिए जिससे पर्यटक आकर्षित हो।

यात्रा से संबंधित सुविधाएँ

होटल—अन्तर्राष्ट्रीय होटल, विहाथल, होटल, निवासयुक्त होटल, वाणिज्य होटल, सराय, काफिला स्थल, क्लब, यात्री आराम स्थल, अवकाशकालीन पड़ा स्वास्थ्यवर्धक जल के स्थल, होस्टल, अल्पकालीन स्थिति के होटल, भुगतानशुदा मेहमान आवास, मध्यस्तरीय आवास, अनुपूरक आवास।

खान पान—रेस्टोरेन्ट, भुनने के कक्ष, मुख्य सेवाएँ भोजनालय, अस्पताल, दूध एवं अन्य भोजन कक्ष, रेलवे खान-पान व्यवस्था, वायु खान-पान व्यवस्था, सामुद्रिक खान-पान व्यवस्था आदि।

ऐतिहासिक स्मारक—धार्मिक भवन, सैनिक एवं नागरिक भवन पुरातत्वकालीन अवशेष, संग्रहालय, स्मारक, स्मारिकाएँ आदि।

मनोरंजन स्थल—संगीत, नृत्य, नाटक, विशेष पर्व, ध्वनि और प्रकाश प्रदर्शन, प्रदर्शनी, संग्रहालय, लोकगीत और संगीत, विध्वंस स्थल, मठ या आश्रम आदि।

क्रीड़ा एवं खेलकूद—जल-क्रीड़ा, नाव, लम्बी नाव, डोंगी, जल पर चलने की क्रीड़ा, चढ़ने की क्रियायें, तरण-ताल क्रिया, बन्दरगाह/ताल/नालिका विहार सुविधायें, चमड़े से गोता मारना, अलांकन, कैलिपोत में यात्रा, समुद्र के ऊपरी भाग की यात्रा, नाविक दौड़, शीतकालीन क्रीड़ायें, बर्फ में चढ़ने का यंत्र, उठने की कुर्सी, टेलीफर, रैलवे, स्केटिग रिंक, बर्फ की कक्षाएं, भूतल की क्रीड़ा व खेलकूद, गोल्फ, फुटबाल, बालीबाल, बैडमिन्टन, टेनिस, हैन्डबाल, पिन्ग पोंग कक्ष, गोल्फ कक्ष, उबलते जल के या गर्म उद्यान पथ आदि।

पर्यटक संगठन—शिक्षा एवं प्रशिक्षण, श्रमिक संगठन, व्यापारिक संगठन, व्यक्तिगत/व्यावसायिक/कम्पनी संगठन।

वित्तीय संस्थायें—बैंक, डाकघर, डाक सुविधायें, दूरभाष, टेलेक्स, बीमा कम्पनियां एवं अन्य वित्तीय संस्थायें।

खरीददारी केंद्र—कर युक्त विक्रय स्थल, भारतीय हस्तकला, वाणिज्य केन्द्र खुले बाजार।

प्रेस माध्यम—प्रेस, आकाशवाणी दूरदर्शन, यात्रा मार्गदर्शक, प्रकाशन आदि।

अन्य—हवाई अड्डे की इमारतें, यात्रियों के यातायात टर्मिनल, सीमा एवं देशान्तरवास।

इन सुविधाओं एवं सेवाओं का प्रचुर प्रबन्ध होना चाहिए। इन कक्षों पर

विद्यमान कर्मचारी दयालु, मैत्रीपूर्ण व मृदुभाषी होने चाहिएँ। उन्हें समीप स्थित पर्यटन सुविधाओं की पूरी जानकारी होनी चाहिए।

यात्रा की आधारभूत संरचनाएँ

पर्यटन क्षेत्र की सभी व्यक्तिगत सुविधाएँ आधारिक संरचना के तहत आती हैं। यात्रियों के यातायात के टर्मिनल, होटल, मोटर, खान-पान के केन्द्र, मनोरंजन व खरीददारी की सुविधायें, आदि, इसके अन्तर्गत आते हैं। ये सभी सुविधायें ज्यादा लागत वाली होती हैं, क्योंकि ये भवन निर्माण से सम्बन्धित हैं। इनमें से अधिकांश सुविधायें निजी स्तर पर तैयार की जाती हैं अथवा उपलब्ध करायी जाती है।

स्थानीय आवासीय सुविधा का मूल्यांकन वहाँ पर ठहरने वाले पर्यटकों की संख्या से किया जा सकता है, अतः पूर्ण आवास व्यवस्था का प्रबन्ध होना चाहिए। संचालकों हेतु आर्थिक दृष्टि से व सम्बन्धित क्षेत्र की आर्थिक प्रगति हेतु है। अन्य सुविधायें जैसे—खान-पान, मनोरंजन, खरीददारी की विशेष योजना सम्बन्धी परेशानी नहीं होनी चाहिए, अक्सर ये व्यापारिक उद्यमियों द्वारा आसानी से की जाती हैं। इन सुविधाओं की प्रकृति एवं किस्म का स्तर बहुत ऊँचा होना चाहिए। लगभग सभी पर्यटन योजनाओं में समस्त सुविधायें क्रमबद्ध होती हैं। भवन निर्माण में वास्तु कलाकृति नमूनों की तरफ विशेष ध्यान देना चाहिए। होटल के इमारतों की संरचना भी विशिष्ट रूप में स्थानीय पर्यावरण के अनुसार करनी चाहिए। वातानुकूलित तापमान, केन्द्रित ताप व जल पूर्ति के साधन व अन्य आधुनिक सुख सुविधायें भी होटल की इमारत का निर्माण करते समय ध्यान में रखनी चाहिएँ। ये सुविधाएँ निम्न हैं—

(क) पर्यटन विषयक उच्च आधारित संरचना के अंतर्गत यात्री यातायात, आवास रेस्टोरेन्ट एवं मनोरंजन, केटरिंग और अन्य खरीददारी आती हैं।

(ख) पर्यटनिक ढांचा के तहत जलपूर्ति की व्यवस्था, विद्युत जोड़ने की व्यवस्था, प्राकृतिक एवं कृत्रिम गैस लाइन्स, राष्ट्रीय मार्ग, निकासी की व्यवस्था, वाहन, सड़कें, पार्किंग की व्यवस्था, उद्यान, रात्रि प्रकाश तथा हवाई अड्डों की पट्टियाँ आदि शामिल की जाती हैं।

अन्य परिभ्रमण की संस्थापन व्यवस्था

आवास की सुविधायें एक सफल पर्यटन हेतु अत्यधिक आवश्यक हैं। ये पर्यटन

के मूलभूत आधार हैं। होटल की विभिन्न वास्तविक सुविधायें, कम व मध्य-वर्गीय मूल्य की आवास सुविधायें। वे सेवाएं विभिन्न स्थानों पर प्रदान करनी चाहिएँ जो यात्रियों की इच्छायें व जरूरतें पूरी कर सकें। पर्यटन आवास की माँग पर्यटकों के सामाजिक स्तर, मूल्य स्तर एवं उनकी व्यय करने की क्षमता व अन्य बातों पर निर्भर करता है, अतएव सभी बाजार में उचित आवास व्यवस्था का प्रबन्ध होना चाहिए। पर्यटन आवास का नियोजन करते समय पर्यावरण की स्थिति, सम्भावित बाजार, परिवहन के साधनों, अन्य सम्बन्धित क्रियाओं को ध्यान में रखना चाहिए, जिनमें लोग उद्देशित स्थान में कार्यरत हों, परिलक्षित स्थान आदि का ध्यान रखना भी जरूरी है। किसी भी होटल व इसी तरह की अन्य आवास सुविधाओं में विनियोजन करने से पूर्व सम्बन्धित अतिथियों की यात्रा और आवास सम्बन्धी आदतों का ध्यान रखना भी आवश्यक है।

भारत के पर्यटन विकास में सबसे बड़ी समस्या पर्यटन के आवास की कमी है जो कुछ भी पर्यटन आवास समस्यायें हैं। वे मुख्यतः बड़े-बड़े शहरों अथवा पर्वतीय स्थलों तक ही निर्धारित हैं। बहुत से स्थल सैलानियों के मनपसंद स्थल हैं परन्तु वहाँ पर कोई भी आवास सुविधायें उपलब्ध नहीं हैं। भारत में हमें प्राथमिक एवं सहायक दोनों तरह की आवास सुविधाओं की जरूरत है।

यातायात के प्रमुख साधन

आधारित संरचना के तहत परिवहन का विकास शामिल है। परिवहन की आवश्यकताओं की पूर्ति करते समय इसकी लागत, गति और आरामदेयता को ध्यान में रखना चाहिए। इसके तहत बसें, टैक्सी, ऑटोमोबाइल, समुद्री जहाज, रेल, आदि सम्मिलित हैं। मोटर कोचों की बनावट अच्छी तरह होनी चाहिए। वृहद् खिड़कियाँ, वातानुकूलित आरामदायक सीटें एवं आराम करने हेतु सुविधाजनक कक्ष से परिपूर्ण होनी चाहिए। पर्यटन प्रदर्शक उच्च शिक्षित एवं प्रशिक्षित होने चाहिएँ और विदेशी भाषाओं का भी उचित ज्ञान होना चाहिए। सड़क परिवहन का ग्रामीण क्षेत्रों में बहुत प्रयोग होने के परिणामस्वरूप सड़कों के विकास का महत्व और भी बढ़ता जा रहा है।

वायु यातायात के क्षेत्र में भी विकास की आवश्यकता है। हालांकि स्वदेशी हवाई निगम अपने मौजूद बेड़े के द्वारा वर्तमान जरूरतों को पूर्ण करने में भरसक प्रयास कर रही है परन्तु भविष्य में सैलानियों की संख्या में वृद्धि को ध्यान में रखते हुए कुछ योजनायें बनाना आवश्यक है।

पर्यटक के स्वागत संसाधन और सुविधायें

इसके अन्तर्गत किसी भी क्षेत्र की सम्पूर्ण सांस्कृतिक सम्पत्ति शामिल है जो कि पर्यटक के स्वागत में आवश्यक होती है। सैलानियों का स्वागत न होने या इनको सन्तुष्ट न करने से उपलब्ध भौतिक सुविधाएँ किसी भी उपयोग की नहीं हैं। सार्वजनिक सूचना केन्द्रों एवं दूरदर्शन तथा आकाशवाणी के वाचन द्वारा आगन्तुकों के प्रति सद्भावना का भाव सृजित किया जाना चाहिए। निकटवर्ती क्षेत्रों में लोगों को पर्यटन के महत्व से जागृत करना जरूरी है। होटल कर्मचारी, सुविधा केन्द्रों के कर्मचारी, प्रदर्शक आदि जो कि स्पष्ट तौर पर पर्यटकों के सम्पर्क में आते हैं, उन्हें विशेष प्रशिक्षण देने की जरूरत होती है। उन्हें आगन्तुकों के स्वागत के लिए, सूचनाएं प्रदान करने, मैत्री, सद्भावनापूर्ण सेवा की भावना, आकर्षक व्यक्तित्व आदि से सम्बन्धित अच्छे सुझाव देने चाहिएँ।

परिभ्रमण जनित शिष्टाचार के मुख्य स्रोत

सांस्कृतिक स्रोत	इतिहास, ललित कला, शिल्प कला, साहित्य, संगीत नाटक, कला, रंगमंचशाला, चलचित्र, पुस्तकालय, वनस्पति एवं जीव-जन्तु उद्यान।
	सम्मेलन, संगीतशाला, विश्व, प्रदर्शनियाँ, ओलम्पिक खेलकूद, धार्मिक पर्व, तीर्थयात्रा, योग, भोजन एवं पेय पदार्थ, साहित्य धर्म, वाणिज्य उद्योग आदि।

यात्रा-व्यापार संबंधी सेवाएँ

यात्रा-अभिकर्ता, फुटकर याात्रा संचालक, यात्रा मार्गदर्शक, सूचनाएँ, स्थानीय प्रतिनिधि, स्थानीय यात्राएँ व अन्य। पर्यटन में खरीददारी एक प्रमुख अंश है। यह पर्यटक के परिलक्षित क्षेत्र की यात्रा की सफलता को प्रभावित करता है। यह आगन्तुकों की एक प्रक्रिया है जो कि विश्व की पूरी अर्थव्यवस्था को प्रभावित करती है।

हवाई अड्डों के वातानुकूलित होने की सुविधा केन्द्रित होनी चाहिए। आरामदायक एवं मनोहारी ठहरने के स्थानों का प्रबन्ध होना चाहिए। उड़ान से सम्बन्धित सूचनाएँ यथा आवागमन व उड्डयन के वितरण, समय तालिकाओं एवं जरूरी सूचनाएं भी उपलब्ध होनी चाहिएँ।

विगत कुछ वर्षों से सामुद्रिक यात्रा काफी प्रचालित हो गई है। रेल की सुरक्षा व सुविधा तथा आरामदायक वातानुकूलित कारें व कोचों से मनमोहक दृश्यों को देखने के कारण बहुत से यात्री रेल यात्रा को पसन्द करते हैं। रेल यात्रा में व्यय भी कम होता है। रेलवे स्टेशन से होटलों तक टैक्सी व बसों का उचित प्रबंन्ध होना चाहिए ताकि यात्री अपने परिलक्षित स्थानों तक शीघ्र पहुँच सकें। रेलवे की क्षमता में सुधार अथवा वैकल्पिक रूप में रेलवे में विशेष कोच को जोड़ा जाना चाहिए।

पर्यटन दृष्टिकोण से आधुनिक व आरामदायक कारों की सेवाएँ आवश्यक हैं। चालकों का व्यवहार, भाषा व अन्य गुण बहुत ही महत्वपूर्ण स्थान रखते हैं। होटल प्रबन्धकों को पर्यटकों की सन्तुष्टि के विषय में स्पष्ट निर्देश देनी चाहिए, साथ ही पर्यटक कारों और कोचों की संख्या में भी वृद्धि होनी चाहिए।

वर्तमान सड़कों की उचित देखभाल एवं नवीन सड़कों का निर्माण करना चाहिए। कोचें, मनोरंजन व मनोविनोद की क्रिया हृदयावलोकन का एक आवश्यक अंग है। विकासशील देशों में पर्यटकों की सुविधाओं की ओर विशेष ध्यान देने की जरूरत है। विशेष समारोह, विश्व प्रदर्शन संग्रहालय, क्रीड़ा आदि पर्यटकों के मुख्य आकर्षण हैं।

पर्यटन की आधारित संरचना हेतु सुविधाएँ एक अन्य मूलभूत आधार हैं, इसके तहत न केवल पर्यटकों के बढ़ाव व बन्दिश से सम्बन्धित क्रियायें आती हैं अपितु साथ ही आवागमन के नियम भी आते हैं, जो पर्यटकों से सम्बन्धित हैं। स्वास्थ्य, सीमाकर, मुद्रा नियंत्रण आदि के नियम सरल होना चाहिए।

परिभ्रमण के आकर्षण संबंधित जरूरतें

परिभ्रमण के कृत्रिम आकर्षण जैसे क्लब, जुआ व अन्य विलासितापूर्ण रात्रि जिन्दगी को बढ़ावा देने की विशेष आवश्यकता नहीं है। अवकाश प्राप्त यात्रियों की संख्या में अत्यधिक आवश्यकता को देखते हुए वायु, समुद्रीय स्थल, पर्वतीय स्थल व दर्शनीय सुन्दरता को उत्साहवर्धित किया जाना चाहिए एवं साथ ही इन स्थलों में आधारित संरचना सम्बन्धी सुविधाओं की व्यवस्था की भी जरूरत है। पर्यटन विनियोजन में मनोरंजन, पत्रकारिता व माध्यम, खान-पान केन्द्र खरीददारी से सम्बन्धित सुविधाओं की संख्या तथा विशेषताओं का विकास हेतु इन सबका सहयोग आवश्यक है। रेस्टोरेंट व होटलों की सफाई एवं सफाई को अन्तर्राष्ट्रीय स्तर का होना चाहिए।

हर पर्यटन क्षेत्र हेतु एक अच्छे एवं लम्बे समय की दीर्घकालीन नियोजन व मार्केट सर्वेक्षण एवं अनुप्रेषण की जरूरत है, ताकि पर्यटन उद्योग की आवश्यकताओं का मूल्यांकन किया जा सके। इसी तरह सांख्यिकीय मापदण्ड प्रणाली से विभिन्न क्षेत्रों की कमियों को पूर्ण किया जा सकता है एवं उचित समय में उद्देशित पर्यटकों को आकर्षित एवं शामिल करने हेतु पर्यटन की आधारित संरचना का निर्माण किया जा सकता है।

पर्यटन की आधारित संरचना में समुचित विकास हेतु प्रशिक्षित व्यक्तियों की लगातार आवश्यकता होती है जिससे कि पर्यटन का समुचित विकास हो सके। कर्मचारियों को प्रत्येक स्तर पर प्रबन्धकों से लेकर भोजन विशेषज्ञों प्रतीक्षकों तक, कार्यकारियों से लेकर सूचना सहायकों व वायुयान के कर्मचारियों तक, यात्रा संचालक से सैलानी पथ-प्रदर्शक तक सभी को प्रशिक्षित होना आवश्यक है। होटल उद्योग में तो बहुत बड़े विकास की सम्भावना है साथ ही अच्छे, उचित एवं प्रशिक्षित व्यक्तियों की आवश्यकता है, यही परिस्थिति अन्य क्षेत्रों में भी लागू होती है। अन्तर्राष्ट्रीय स्तरों को कायम रखने अथवा उचित तौर पर संचालित करने हेतु प्रशिक्षण की उचित व्यवस्था की जरूरत है ताकि पर्यटन व्यापार के समस्त क्षेत्रों को भलीभाँति कार्यबद्ध किया जाए सके। इस तरह एक नियोजित एवं सुव्यवस्थित पर्यटन कार्यक्रम की बहुत ही जरूरत है।

सरकार एवं पर्यटन की आधारभूत संरचना

सभी सरकारों ने नागरिकों से जुड़े समस्त कल्याणकारी क्षेत्रों में भाग लेना शुरू कर दिया। पर्यटक इन क्रियाओं से प्रभावित हुए बिना नहीं रह सकता है। सरकारें सुविधाओं का निर्माण करती हैं जो कि अप्रत्यक्ष रूप में पर्यटन के विकास में सहयोगी होती हैं, इससे निजी क्षेत्रों को प्रोत्साहन व बढ़ावा मिलता है तथा नवीन योजनाओं का उदय होता है। पर्यटन विकसित होने वाला एक उद्योग है। पर्यटन का विस्तार नई-नई रोजगार व्यवस्थाओं को निर्मित करने में सहायक होता है। नई इमारतों का निर्माण परिभ्रमण क्रियाओं का एक भाग है, जिसमें पूँजी की आवश्यकता होती है। देश में उत्पादित कुछ वस्तुओं हेतु राष्ट्र के अन्दर ही बाजार होता है तथा गुणक व संचित प्रभावों के फलस्वरूप समाज के समस्त वर्ग लाभान्वित होते हैं। इस तरह हम देखते हैं कि पर्यटन एक सार्वजनिक आधारित संरचना व सुविधा है। इसकी आधारभूत संरचना में वे समस्त इकाइयाँ आ जाती

हैं जो कि पर्यटन की संरचना में आवश्यक हैं। पर्यटकों की मांग की वजह से परिवहन व संचार व्यवस्था की सुविधाओं, शहरीकरण सिंचाई आदि का निर्माण होता है जिसके फलस्वरूप आम अर्थव्यवस्था में समस्त निवासित व्यक्तियों को फायदा होता है।

विगत कुछ वर्षों में सार्वजनिक अधिकारियों ने पर्यटन विकास के लिए महत्वपूर्ण कदम उठाया है। सरकारों द्वारा उठाये गए कदमों में प्रमुख हैं–पर्यटन क्रियाओं को नियंत्रित करने के लिए संस्थानों का निर्माण, इन क्षेत्रों में संचालित निजी क्षेत्रों को आर्थिक सहायता प्रदान करना, विदेशों में प्रचार एजेन्सियों की स्थापना, पर्यटन अध्ययन एवं खोज के सर्वेक्षण केन्द्रों की स्थापना ताकि आन्तरिक एवं बाहरी बाजार की अच्छी जानकारी मिल सके।

पर्यटन की आर्थिक संरचना के तहत प्रायः निम्नांकित बातें आती हैं :

मुख्य सम्बद्ध सुविधाओं की पूर्ति प्रायः इसके अन्तर्गत जल, बिजली, गैस संचार व्यवस्था, मूल-मार्ग, कूड़ा-करकट आदि स्रोत हैं।

मूल-सार्वजनिक सुविधायें एवं सेवाएं, इसके तहत धार्मिक स्थानों का प्रशासन स्वास्थ्य, शिक्षा, संस्कृति, वाणिज्य, पुलिस आदि आते हैं।

वर्तमान आधारित संरचना का मुख्य लक्ष्य है जीवन की जरूरतों जैसे–स्वास्थ्य, संचार पूर्ति, सुरक्षा प्रबन्ध आदि का सुव्यवस्थित संचालन। सैलानियों की आवश्यकताओं की पूर्ति का तात्पर्य केवल यह नहीं कि पर्यटक अपने परिलक्षित स्थान पर आराम से पहुँचें, शीघ्र पहुंचें, ठीक स्थान पर ठहरें व अच्छा भोजन करें, अपितु वे किसी विशिष्ट लक्ष्य से यात्रा करते हैं। इसलिए पर्यटकों को उसी तरह की सुविधायें प्रदान करनी चाहिए। परिवहन व आवास के अतिरिक्त पर्यटक स्रोतों के लिए एक बहुत व्यापक अनुपूरक इकाइयों की भी जरूरत है। कुछ समारोह जैसे अन्तर्राष्ट्रीय खेल, प्रदर्शनियाँ, सम्मेलन आदि हेतु स्थायी ढाँचों की आवश्यकता होती है। इन समारोहों के समापन होने के पश्चात इमारतें शेष रह जाती हैं तथा इन्हें कुछ अन्य उद्देश्यों के लिए प्रयोग किया जा सकता है।

सैलानियों को आमंत्रित करने के इच्छुक राष्ट्र को उनका अति उत्तम स्वागत करने के लिए सेवाओं की उचित व्यवस्था करनी चाहिए। यात्रा हेतु सड़कों, कार पार्क, समुद्रतट, स्वास्थ्य आदि की भी आवश्यकता होती है। किसी भी स्थल पर पर्यटक इन समस्त सेवाओं की आवश्यकता का अनुभव कर सकता है।

ये सुविधायें इस तरह उपलब्ध होनी चाहिए जिससे पर्यटकों को असुविधा न

हो तथा गुणवत्ता का स्तर कम से कम इतना हो जो कि पर्यटक अपने देश में जरूरत महसूस करते हैं।

कुछ आधारित संरचनाएं जो पर्यटन में मददगार हैं पर्यटन के लिए ही नहीं निर्माण की जाती हैं परन्तु उनका सही संचालन पर्यटन के क्षेत्र में राष्ट्र की ख्याति की बढ़ोतरी में सहायक होता है। जल, गैस व बिजली सेवाएं, डाक सम्बन्धी सुविधायें तथा स्वास्थ्य की सुविधायें, उपलब्ध होनी चाहिएँ। उदाहरणार्थ, शीलकालीन स्थलों में स्वास्थ्य सेवाएँ, बच्चों की नर्सरी एवं क्रीड़ा स्थलों का निर्माण होना चाहिए। एक उचित मूलभूत संरचना से राष्ट्र लाभान्वित होते हैं जो कि विकासशील हैं।

इसके अलावा सरकार द्वारा पर्यटन स्थलों पर विशेष पर्यटन के साज-सामान भी उपलब्ध कराए जायें जैसे—पर्यटक के बर्फ पर चलने के स्थल में छोटे आनन्ददायक साज-सामान, समुद्री बन्दरगाह एवं हवाई अड्डों में साज-सामान। यह साज-सामान निजी स्वामित्व के द्वारा प्रदान करना असम्भव है क्योंकि इन पर किया गया पूंजी निवेश इनसे प्रायः आय के अनुपात में बहुत ही अधिक है। एक संग्रहालय, रेस्टोरेन्ट व कलाकृति का निर्माण तथा साथ ही ग्रामीण क्षेत्र को सुरक्षित करना सिर्फ सार्वजनिक वित्त द्वारा ही सम्भव हो सकता है।

इस तरह हम देखते हैं, कि सरकारें बहुत-सी क्रियाएँ कार्यान्वित करती हैं जो कि राष्ट्र के पर्यटन हेतु हैं, जिनमें कुछ क्रियाएँ सामाजिक हैं, एवं कुछ निजी क्षेत्र की सीमा के बाहर हैं।

किसी भी सरकार के पर्यटन की सीमा उस देश की परिस्थितियों एवं दशाओं पर निर्भर करती है। राजनीतिक, आर्थिक, संवैधानिक, सामाजिक एवं आर्थिक विकास की दर हर देश में अलग-अलग होती है। आमतौर पर समस्त केन्द्रीयकृत सुनियोजित अर्थव्यवस्था में सरकार ही पर्यटन कार्यक्रमों में एक आरम्भकर्ता, कार्यकारक और प्रशासनिक संस्था होती है।

प्रमुख पर्यटक सेवाएँ

कतिपय महत्त्वपूर्ण सेवाएँ जो कि पर्यटकों द्वारा अपने स्थिर गतिशील यात्रा व अवकाश हेतु माँगी जाती हैं

यात्री परिवहन—इसके बिना पर्यटक अपनी परिलक्षित स्थान तक नहीं पहुँच सकती है। यह परिलक्षित स्थान में भ्रमण का एक माध्यम है। यात्री परिवहन का विभक्तिकरण अनेक प्रकार से किया जा सकता है जैसे— निजी व सार्वजनिक, स्वदेशी व अन्तर्राष्ट्रीय, वायु व भूमिगत आदि।

वायु परिवहन—सुदूर यात्रा करने का यह एक बहुत द्रुतगामी साधन है एवं बहुत मार्गों में परिवहन का एकमात्र साधन है।

सामुद्रिक परिवहन—यह छोटे सामुद्रिक मार्ग, जल रास्ते व सामुद्रिक यात्रा हेतु महत्त्वपूर्ण है।

रेल परिवहन—यह कम खर्चीला एवं मध्यम व निम्न दूरी के परिवहन का उत्तम साधन है। यह परिलक्षित स्थान पर पहुंचने एवं उसके तहत यात्रा करने में सहायक होती है।

सड़क परिवहन—मोटरगाड़ियों द्वारा इस मार्ग से परिलक्षित स्थलों तक पहुँचा जाता है। कितने ही मार्गों में यह रेल परिवहन की सुविधाओं के आगमन से तो सड़क परिवहन की महत्ता और भी बढ़ गया है।

आवासीय सुविधा एवं भोजन—पर्यटक द्वारा आवास सुविधाओं की माँग की जाती, है, जैसे—होटल, अनुपूरक, आवास, मित्रों के साथ ठहरना, स्वयं अथवा निजी आवास सुविधा, जैसे पड़ाव काफिला आदि।

मनोरंजन—पर्यटकों द्वारा पर्यटन स्थलों में मनोरंजन तथा मनोविनोद की आवश्यकता महसूस की जाती है।

ट्रेवल एजेन्ट एवं टूर आपरेटर्स—परिवहन एवं आवास सुविधा मालिकों, संचालकों एवं ट्रेवल एजेन्सियों के बीच एक मध्यस्थता की भूमिका अदा करते हैं; टूर आपरेटर एक संगठनकर्ता का कार्य करते हैं, आवास का सम्मिश्रण करके एक उत्पादित वस्तु के रूप में परिणत करते हैं। इस निर्मित पदार्थ को उनके नाम व जोखिम पर बाजार में भुनाया जाता है।

सूचनाएँ एवं दस्तावेज—पर्यटकों को निम्नांकित दस्तावेजों एवं सूचनाओं के बहुत ही आवश्यकता होती है :

मुद्रा, दस्तावेज, सूचनाएँ, स्थलदर्शन, खरीददारी आदि।

इस तरह के पर्यटक इन सुविधाओं की माँग का सृजन करते हैं एवं पर्यटक सेवाएँ ही बाजार की पूर्ति कही जा सकती हैं। पर्यटक सेवाओं के अन्तर्गत वे समस्त आर्थिक क्रियाएँ हैं जिनका मुख्य लक्ष्य पर्यटकों की आवश्यकताओं की पूर्ति करना है, क्योंकि इन समस्त पूर्तियों की विशेष प्रकृति इनके सैलानियों की दैनिक क्रिया की जटिलता की अनवरत पूर्ति के परिणामस्वरूप इन्हें पर्यटन की आधारित संरचना के नाम से जाना जाता है।

प्रमुख पर्यटन स्थान

परिलक्षित स्थल का अभिप्राय उस ग्राम अथवा शहर, या कस्बे या जिला या क्षेत्र या देश, द्वीप या महाद्वीप से है जो कि स्वयं में पूर्ण है तथा जिसका भ्रमण इसी के परिणामस्वरूप द्वारा की जाती है। परिवहन सेवाओं की तीव्रगति से विकसित होने के परिणामस्वरूप व्यापार, वाणिज्य के केन्द्रों जहाँ पर ऐतिहासिक और सांस्कृतिक संगठन सुसंचार व्यवस्था, मनोरंजन के साधन व खरीददारी की सुविधाएँ अत्यधिक हैं, स्वदेशीय एवं अन्तर्राष्ट्रीय पर्यटकों के लिए बहुत ही सम्पन्न स्थल बन चुके हैं। एक पर्यटन स्थल में निम्नांकित विशेषताएँ होनी चाहिएँ :

आकर्षण–किसी भी पर्यटन स्थल का महत्व उसके आकर्षण पर निर्भर करती है, आकर्षण दो तरह के होते हैं :

1. **स्थिति आकर्षण**–इसके अन्तर्गत जलवायु, प्राकृतिक सौन्दर्य तथा ऐतिहासिक आकर्षण आते हैं। हिमालय, ताजमहल, आल्पस, एटन्स, मेडिटेरियन, चैनल, द्वीप, लेक डिस्ट्रिक पर्यटन स्थल जैसे इडिग्बर्ग, स्ट्राटफोर्ट आन एमोन व कई मरुस्थल व सघन औद्योगिक केन्द्र आदि आकर्षण के उदाहरण हैं।

2. **समारोह के आकर्षण**–इसके तहत कान्फ्रेंस, प्रदर्शनियाँ व क्रीड़ा समारोह, व्यापारिक मेले, ओलम्पिक खेल आदि शामिल हैं। स्थिति एवं समारोह आकर्षक दोनों ही पर्यटकों को आकर्षित करती हैं। अतः ये दोनों ही एक-दूसरे के अनुपूरक एवं सम्पूरक हैं।

अभिगम्यता/पहुंचने योग्य–पर्यटन स्थान तक पहुँचने की सुविधा हो। इसके अन्तर्गत परिवहन द्वारा पहुँचना शामिल है। इसी अभिगम्यता के कारण ब्रिटेन एवं पश्चिमी यूरोप पर्यटन स्थलों हेतु सम विकसित एवं महत्त्वपूर्ण क्षेत्र है।

सुविधायें–सुविधायें समस्त पर्यटक स्थल में बहुत ही अधिक मदद देती हैं। इसके अन्तर्गत आन्तरिक परिवहन एवं संचार, आवास, खान-पान तथा मनोविनोद सुविधाएँ आती हैं।

इन सुविधाओं की उपलब्धि में ही पर्यटक इन स्थलों में मनोरंजन एवं मनोविनोद हेतु इधर-उधर भ्रमण तथा विचरण कर सकते हैं।

पर्यटन का वर्गीकरण

पर्यटन वह प्रक्रिया है जो मनुष्य के भागों को उपलब्ध कराती है। अतः इसका बाजार माँग व पूर्ति के परिवर्तन के अनुरूप निर्धारित होता है। पर्यटक की

अधिकतर माँगों का उद्देश्य व्यक्तियों को पर्यटन क्षेत्रों हेतु लाभान्वित करना है। इस तरह पर्यटन के उद्देश्य भिन्न हैं तथा किसी भी यात्रा के निर्धारण में महत्त्वपूर्ण प्रभाव डालती हैं। इस तरह विभिन्न पर्यटक प्रलोभनों के फलस्वरूप अनेक प्रकार के पर्यटनों का उदय होता है। जिन्हें निम्नांकित श्रेणियों में विभाजित कर सकते हैं।

उद्‌गम एवं होनहारिता के अनुसार—पर्यटन राष्ट्र की सीमाओं के भीतर तक ही निर्धारित नहीं रह सकता। पर्यटक अपने ही देश की सीमाओं एवं विदेशों की यात्रा कर सकते हैं।

देश की सीमाओं के अन्तर्गत पर्यटन के प्रवाह के आकार में निम्न पर्यटन आते हैं :

1. आन्तरिक पर्यटन—किसी भी देश के नागरिक प्रायः स्वदेश की सीमाओं के तहत ही एक-दूसरे स्थानों की यात्रा करते हैं, इसे ही आन्तरिक पर्यटन कहा जा सकता है।

2. बाह्यगमन पर्यटन—हर देश से बहुत से लोग अन्य देशों का भ्रमण करते हैं। बाह्यगमन पर्यटन की श्रेणी में वही सैलानी हैं जो सामान्य रूप से स्वदेश में निवास करते हैं परन्तु विदेशी भ्रमण करते हैं।

3. प्रवेश पर्यटन—इस श्रेणी के अन्तर्गत वे पर्यटक आते हैं जो कि किसी भी देश के अन्दर दूसरे देश से प्रवेश करते हैं क्योंकि बाद वाले देश में पर्यटकों का उद्‌भव होता है।

विचलन की प्रकृति के आधार पर—सैलानी या तो किसी खास स्थान पर ठहरते हैं अथवा यात्रा करते हैं विभिन्न क्रीड़ा-स्थलों पर थोड़ा-थोड़ा समय व्यतीत करते हैं। पर्यटकों द्वारा बिताये गये समय का प्रकृति के आधार पर पर्यटन को निम्नांकित तरह से बाँटा जा सकता है :

1. घुमाकार पर्यटन—कुछ अपने पूरे छुट्टी के समय यात्रा अथवा घूमते रहते हैं, वे एक स्थान से दूसरे स्थान को यात्रा करते रहते हैं तथा पाँच रात्रि से अधिक का समय एक स्थान पर नहीं लगाते हैं, ये लगातार भ्रमण करते रहते हैं। इनकी यात्रा का उद्देश्य आवासी व मौसमी पर्यटकों से भिन्न होता है। ये बसन्त या शरद ऋतु में अधिक तौर पर बिखरित रहते हैं।

2. मौसमी पर्यटन—इस श्रेणी में वे सैलानी आते हैं जिनकी अवकाशकालीन समय की अवधि एक माह से कम होती है। ये पर्यटक एक महीने से ज्यादा किसी

विशेष स्थान पर नहीं ठहरते हैं। इस तरह हम देखते हैं कि आवासीय पर्यटन और मौसमी पर्यटन में समय मुख्य तत्व है।

3. आवासीय पर्यटन—इसके तहत वे पर्यटक आते हैं जिनके पास एक माह से ज्यादा का समय है तथा किसी पर्यटन स्थल में अपना समय व्यतीत करते हैं। ये पर्यटक मध्यम जलवायु के शान्त एवं स्तब्ध स्थानों की खोज में रहते हैं। मुख्य रूप से आवासीय पर्यटन उच्च मौसम अथवा जब माँग उच्च स्तर पर होती है, तो ही यह घटित होती है।

पर्यटन की मौसमी विशेषता के अनुसार—किसी खास मौसम में असंख्य सैलानियों के विचलन में बहुत से कारण हो सकते हैं। कुछ क्रीड़ाएँ अथवा खेलकूद यात्रा से सम्बन्धित या प्रोत्साहित होते हैं एवं कतिपय प्राकृतिक स्थितियों और मौसम पर निर्भर करते हैं। जैसे आखेट, मछली पकड़ना, शिशिरकालीन खेल आदि। इसके अन्तर्गत धार्मिक पर्व भी हैं। यथा मेले, कला एवं संगीत के उत्सव, व्यापारिक मेले, प्रदशनियाँ जो कि पर्यटकों को किसी विशेष मौसम में आकर्षित करते हैं। इस श्रेणी में निम्नलिखित तरह के पर्यटक आते हैं—

1. ग्रीष्मकालीन पर्यटन—इस प्रकार के पर्यटन के मुख्य आकर्षण विशेष रूप समुद्र में सूर्य स्नान लेना है। यूरोपीय देशों में यह एक अनेक प्रकार का जनसाधरण पर्यटन है। दूसरे मौसमों की अपेक्षा औसतन प्रवृत्ति दर बहुत ही निम्न है।

2. शरद्कालीन पर्यटन—इस प्रकार के पर्यटन को क्रियाएँ यूरोपीय देशों में दिसम्बर से मार्च तक होती है। शरद्कालीन पर्यटन के दो महत्त्वपूर्ण आकर्षण बर्फ एवं सूर्य की रोशनी की खोज हैं।

3. घटनाकृत पर्यटन—यह एक स्थानीय पर्यटन है क्योंकि यह धार्मिक कला, खेल, लोकप्रवृत्ति के रीति-रिवाजों के उत्सवों पर निर्भर है।

प्रोत्साहनों के अनुसार—विभिन्न तरह के प्रोत्साहनों पर पर्यटकों के बहाव की प्रकृति का उदय होता है, अतः पर्यटन को निम्नांकित श्रेणियों में बांटा जा सकता है—

1. *खेल व क्रीड़ा सम्बन्धी पर्यटन*—खेल व क्रीड़ा की सामान्य पर्यटन वर्तमान शताब्दी का एक सामान्य स्वभाव है। खेल की तरह यह प्राकृतिक दृष्टि से ताकतवर है तथा न इसके कुछ गुण हैं और न ही दोष है। परन्तु एक अनवरत स्थायी योजना व मार्गदर्शन द्वारा इसके प्रभाव के अनुरूप हो सकते हैं। खेलों की लगातार तैयारी व प्रशिक्षण की इच्छा करना ही इस पर्यटन का मुख्य आकर्षण है। जल क्रीड़ा व

शिशिरकालीन क्रीड़ा आखेट एवं मछली पकड़ने की बहुत ही माँग है। इस क्षेत्र में खेलों की बड़ी-बड़ी मींटिग, जैसे—ओलम्पिक खेल, विश्व व महाद्वीप स्तरीय बर्फ पर चलने की क्रियाएँ, फुटबाल, हॉकी, मुक्केबाजी, चैम्पियनशिप इत्यादि होते हैं, जो कि न सिर्फ खिलाड़ियों को बल्कि समस्त खेल प्रेमियों व पालनकर्ताओं को आकर्षित करते हैं।

इसी प्रकार ईश्वरभक्त लोगों के भी क्रीड़ा सम्बन्धी पर्यटन होते है। प्राकृतिक खेल, शिशिरकालीन खेल, पर्वतारोहण, जहाज की तैराकी, ट्रैकिंग हाइकिंग, आखेट, गोल्फ, लघु गोल्फ, मछली पकड़ना, नाचना, समुद्रतटीय क्रीड़ाएँ, जल पर चलने की क्रीड़ा, हाइड्रोसाइकलिंग नौका विहार, स्केटिंग एवं दूसरी आन्तरिक मनोविनोद और मनोरंजन प्रदान करते हैं।

वे बहुत से जहाँ क्रीड़ा और खेल के विकास को महत्व दिया जा रहा है, वहाँ पर्यटन की प्रवृत्ति के बहाव में वृद्धि का बहुत अच्छा प्रभाव है, वे खेल व क्रीड़ा पर्यटन से लाभान्वित हो सकते हैं, उच्चस्तरीय खिलाड़ियों के लिए पर्यटन एक प्रमुख आकर्षण शक्ति है, जो बहुत ही अच्छा है परन्तु इसका आनन्द बरमिंघम व बेलग्रेड की अपेक्षा टोकियों में ज्यादा अच्छा लिया जा सकता है। यह विचार है कि एक सर्वोत्तम दर्शन ही किसी व्यक्ति विशेष को विश्व यात्रा हेतु योग्य बना सकता है। उच्चस्तरीय खिलाड़ी पर्यटन का एक प्रमुख आकर्षण हैं।

वर्तमान समय के खेलों हेतु भारत एक बहुत ही उचित स्थान है। भारत के विभिन्न शहरों के क्लबों में पोलो खेला जाता है। हिमालय में बर्फ पर चलने की क्रीड़ा, याच क्लब, ट्रैकिंग, सूर्य की किरणों में स्नान, जल संबंधी क्रीड़ा, गोल्फ क्रीड़ा के कक्ष इत्यादि बहुत से खेल हैं जो खेल जगत् में विशिष्ट स्थान रखते हैं। गोवा तथा कोवलम् के समुद्रतट तो आराम पसन्द सैलानियों के लिए एक विशेषता है।

2. आरामदायक पर्यटन या आलीशान पर्यटन—इसमें वे सभी पर्यटक शामिल हैं जो कि छुट्टी के दिनों में नवीन स्थानों के दर्शनार्थ, प्राकृतिक सौन्दर्यता, अनभिज्ञ, लोकगीत, शान्त व आधुनिक पर्यटन स्थल का आनन्द लेने हेतु एक जिज्ञासा की भावना से आराम से यात्रा करते हैं। इस श्रेणी में कतिपय पर्यटक यात्रा के दौरान विभिन्न पर्यटन स्थलों का मजा उठाते हैं। औद्योगीकरण और यंत्रीकरण के विस्तार के कारण अज्ञात व व्यस्त जीवन तथा कठिन जीवन क्रिया की दिनचर्या में आराम के अभाव के कारण आराम की क्रियाओं की जरूरत होती है। तथा वे जिन्दगी के बढ़ते हुए दबाओं व तनावों के क़ारण यात्रा हेतु बाध्य होते हैं। इन सैलानियों को

निवासित पर्यटन या अधिकतर मौसमी पर्यटन, जिसमें विचलन के कम गुण हैं, की श्रेणी में शामिल किया जा सकता है। इनको फिर से स्वास्थ्यालाभोन्मुख पर्यटन भी कहा जा सकता है। समुद्र के किनारे व झरनों के दर्शन करना इस तरह के पर्यटन के अच्छे उदाहरण हैं।

व्यापारिक अथवा तकनीकी पर्यटन—कुछ सिद्धांतवादियों, समाजवादियों तथा अर्थशास्त्रियों के अनुसार व्यापारिक यात्रा को पर्यटन सम्बन्धी यात्रा नहीं समझा जा सकता है क्योंकि इसमें ऐच्छिकता के तत्व का अभाव होता है। उनके अनुसार व्यापारिक यात्रायें व्यावसायिक यात्रायें हैं तथा सम्बन्धित व्यक्ति को यात्रा के स्थान और समय को छाँटने की स्वतंत्रता नहीं होती है।

इसलिए इस प्रकार की यात्रा में व्यक्तिगत स्वतंत्रता नहीं होती है। दूसरी ओर पर्यटन की समस्त परिभाषाओं के व्यापारिक यात्राओं को पर्यटन के अधीन करते हैं।

व्यापारिक पर्यटन के अंतर्गत न केवल उद्योगपतियों की व्यावसायिक यात्रायें अथवा तकनीकी उद्देश्य हासिल करने के लिए उन व्यक्तियों द्वारा की जाती हैं, जो कि उस व्यवसाय से सम्बन्धित नहीं हैं। किन्तु ये आम लोगों के लाभ के लिए होती हैं। इसमें व्यापारी न सिर्फ उपभोक्ता के तौर पर व्यवहार करते हैं बल्कि अक्सर अपने स्वतन्त्र समय में एक वास्तविक सैलानी की भाँति उद्देशित राष्ट्र के आकर्षणों का भी लाभ उठाते हैं।

माँग के सामाजिक अर्थात् आर्थिक पहलू के अनुसार—आर्थिक माँग के अनुसार पर्यटन को निम्नांकित भागों में विभक्त कर सकते हैं—

1. **योवन पर्यटन**—इस पर्यटन का विभक्तिकरण पर्यटकों की सूचना और शिक्षण के उद्देश्य पर निर्भर करता है।

2. **सामाजिक पर्यटन**—इस पर्यटन को सरकार एवं कुछ निजी उद्योगपतियों द्वारा प्रदान की गयी सुविधाओं के द्वारा सम्भव बनाया जा सकता है। यह देखने में आया है कि सामाजिक पर्यटन का लाभ देश की जनता को पहुंचता है, क्योंकि ज्यादातर पर्यटन का महत्व बाहरी पर्यटन से सम्बन्धित श्रेणी को जाता है तथा बाहर जाने वाले पर्यटक को बहुत कम श्रेय मिलता है।

3. **स्ववित्तीय पर्यटन**—इसके तहत पर्यटक अपनी माँग को पूरा करने हेतु स्वयं अपने साधनों को प्रयोग में लाते हैं। सारे प्रवेश करने व बाह्यगमन व अन्तर्देशीय पर्यटक इस श्रेणी में आते हैं। निजी सैलानी उद्योग व राष्ट्रीय अर्थव्यवस्था दोनों के लिए स्ववित्तीय पर्यटन लाभदायक है।

पर्यटन विस्तार के अनुसार–पर्यटन को उसके फैलाव की सीमानुसार निम्न भागों में बांट सकते हैं–

1. **अन्तर्राष्ट्रीय पर्यटन या विदेशी पर्यटन**– इसके तहत वह पर्यटक शामिल किया जाता है जिसमें नागरिक अपने देश के बजाय बाहरी देशों का भ्रमण करते हैं। यह विदेशी देश एक अलग इकाई होता है जिसका अपना आर्थिक व राजनीतिक ढांचा होता है। विभिन्न विदेशी मुद्राओं के कारण इस प्रकार के अन्तर्राष्ट्रीय पर्यटन का भुगतान के सन्तुलन पर विपरीत प्रभाव पड़ता है : क्योंकि किसी भी देश को विश्व के दूसरे राष्ट्रों से अपने लेन-देनों को संतुलित करना पड़ता है। देश की सीमाओं को पार करने हेतु प्रशासनिकों द्वारा कुछ प्रतिबन्ध लगाये जाते हैं फलस्वरूप कुछ विशिष्ट दस्तावेजों पासपोर्ट, वीजा व आवागमन और भ्रमण सम्बन्धी शर्तों की जरूरत पूर्ण करनी होती है। इन सब कदमों से पर्यटन का बहाव अपने आप प्रतिबन्धित हो जाता है।

स्वदेशीय और अन्तर्राष्ट्रीय पर्यटन में किसी विशेष तत्व की बजाय एक स्थिति/स्तर/दशा का ही अन्तर रह जाता है। वर्तमान समय में, भाषा की कुशलता, मुद्रा एवं सीमा-शुल्क में सुधार तथा विकसित देशों के अन्तर्गत नागरिकों के स्वतन्त्र भ्रमण के फलस्वरूप स्वदेशीय व अन्तर्राष्ट्रीय पर्यटन के अन्तर दिन-प्रतिदिन कम होते जाते हैं।

2. **आन्तरिक पर्यटन या अन्तर्देशीय पर्यटन**–अधिकांश व्यक्ति स्वदेश में ही विभिन्न भागों की यात्रा करते हैं। देश के अन्दर यात्रा करना उनके लिए सहज होता है, क्योंकि भाषा, मुद्रा एवं दस्तावेज सम्बन्धी परेशानी का सामना नहीं करना पड़ता है। उनकी स्वयं की भाषा परस्पर विचार-विनिमय के माध्यम की सुविधा उपलब्ध करती है। जो मुद्रा दैनिक जीवन में उपयोग की जाती है वही विनिमय का माध्यम होती है। पर्यटन सम्बन्धी विशेष दस्तावेज सम्बन्धी आवश्यकताओं की पूर्ति करने की कोई जरूरत नहीं होती है। इसके बावजूद स्वदेशी पर्यटन में भुगतान संतुलन जैसी कोई समस्या नहीं रहती है। इस प्रकार स्वदेशी पर्यटन विदेशी पर्यटन का विकल्प है जिससे राष्ट्र के नागरिकों को विदेशी मुद्रा के बचत के लाभ प्राप्त होते हैं।

यात्रा के उद्देश्य के अनुसार–यात्रा के उद्देश्य के अनुसार पर्यटन के निम्नलिखित मुख्य रूप हैं :

1. **अवकाशकालीन पर्यटन**–आजकल घरेलू पर्यटन हो या विश्वस्तरीय

पर्यटन, दोनों ही क्षेत्रों में अवकाशकालीन पर्यटन की विशेष मांग है। कतिपय मनोवर्धक क्रियाओं में जैसे पर्वतारोहण एवं बर्फ पर चलने की क्रीड़ा में तो खतरे का तत्व बहुत ही उच्च है। प्राचीन पर्यटन स्थलों का मुख्य आकर्षण मुख्यतः छुट्टी व द्यूतक्रीड़ा पर निर्भर था, जबकि नये पर्यटन स्थल अवकाश व खेलों पर आधारित हैं। अवकाशकालीन शिविरों पर बहुत से व्यक्ति शारीरिक मनोरंजन पर ध्यान देते हैं एवं एक अच्छे चरित्र व खेलों में भाग लेने के दो पहलुओं में एक अच्छा संबंध है। यह भी देखने में आया है कि ऐच्छिक छुट्टी की योजनाओं से अत्यधिक लाभ हुआ है। इससे स्वस्थ धारणा विकसित हुई है। लोगों के प्रिय व्यापार तथा उत्तेजित अवकाश की ओर प्रबल इच्छाएं निर्मित हुई हैं। पारिवारिक यात्रा और सामूहिक छुट्टियों के साथ-साथ कैम्पिंग एवं दूसरे बहुत से पारिवारिक पर्यटक के मनोरंजन की क्रियाएं बहुत ही महत्त्वपूर्ण हैं।

लाभ से संबंधित पर्यटन

इसके अन्तर्गत वे सभी पर्यटक आते हैं जिनकी यात्रा का कुछ विशेष लक्ष्य होता है। इन्हें निम्नांकित श्रेणियों में विभाजित किया जा सकता है—मित्र एवं सम्बन्धी पर्यटन, धर्म संबंधी पर्यटन, अध्ययन सम्बन्धी पर्यटन और दूसरे उद्देशीय पर्यटन।

सामाजिकता के तत्व के आधार पर—प्रारंभ में ही पर्यटन के लिए विशेष स्वतन्त्र शब्दों का प्रयोग किया गया है जैसे—जन पर्यटन, लोकप्रिय पर्यटन, सामाजिक पर्यटन, आदि। इसलिए यह उचित होगा कि इन शब्दों का अर्थ समझा जाय—

1. जन पर्यटन—जब अत्यधिक संख्या में आमजन पर्यटन में शामिल होते हैं तो उसे जन पर्यटन कहते हैं। यह पर्यटकों की संख्या की भावना का अनुभव कराता है तथा पर्यटन में भाग लेने वाली आबादी के अंश या पर्यटन क्रियाओं के आकार पर आधारित होती है।

2. लोकप्रिय पर्यटन—यह जन पर्यटन को जन्म देता है एवं गुण से संबंधित भावना महसूस कराता है। इसका अभिप्राय उन क्रियाओं से है जो अपने आकर्षण एवं उपलब्धता के कारण लोगों को स्वीकार होती हैं। यह लोकप्रिय इसलिए है क्योंकि यह उसकी इच्छा व जरूरत के अनुसार है तथा कम मूल्यों में उपलब्ध है।

3. सामाजिक पर्यटन—जब सीमित साधनों के लोगों को पर्यटन में शामिल

किया जाता है या उन्हें पर्यटन में भाग लेने हेतु प्रोत्साहित किया जाता है या इस क्रिया को सम्भव बनाने के प्रयास किए जाते हैं, तो इसे सामाजिक पर्यटन कहते हैं। सामाजिक पर्यटन का सिद्धान्त प्रमुखतः आर्थिक सहायता एवं विशेष सुविधाओं व तौर-तरीकों पर निर्भर हैं। ये सरकार और अन्य तीसरे पक्ष द्वारा अथवा सहकारिता के आधार पर प्रदान किए जाते हैं।

इस तरह सामाजिक पर्यटन के निम्नांकित लक्षण हैं :

1. **बाह्य पर्यटन**–सामाजिक पर्यटन में वे यात्री शामिल किए जाते हैं जो कि अपने सामान्य निवासित स्थान के बाहर किसी विशेष वातावरण की यात्रा करते हैं।

2. **सीमित साधन**–सामाजिक पर्यटन कामगारों तथा उन व्यक्तियों तक सीमित है जो कि यात्रा और आवास के भुगतान हेतु उचित धनराशि का संचय नहीं कर सकते हैं क्योंकि उनकी आय कम होती है तथा उनके प्रलोभन बहुत ही अधिक होते हैं।

3. **आर्थिक सहायता उपलब्ध पर्यटन**–ये वे सामाजिक पर्यटन हैं जिनमें सरकारें, मजदूरों की सदस्यता के द्वारा दी जाती है।

सामाजिक पर्यटन के विकास में बाधाएँ–सम्पूर्ण विश्व में कामगारों को कानून या सामूहिक समझौते द्वारा सवैतनिक अवकाश उपलब्ध कराया जा रहा है। बहुत से कर्मचारी अपने छुट्टी का समय अपने घरों में ही बिता देते हैं। जिसका मुख्य कारण यह है कि उनके पास पर्यटन सम्बन्धी खर्च एवं सूचनाओं का अभाव होता है। परिवहन की कठिनाइयाँ व समुचित की आवास सुविधाओं की कमी होती है। इस प्रकार की समस्त समस्याएँ संगठित और सामाजिक पर्यटन द्वारा पूरा किया जा सकता है। आर्थिक समस्याओं का समाधान, आर्थिक मदद व बचत योजनाओं द्वारा संरचनाओं की पूर्ति, अनुभव व सम्पर्क के माध्यम से परिवहन समस्याओं को सामान ले जाने वालों के साथ पैकेज योजनाओं के माध्यम से तथा आवास की समस्याओं का समाधान पर्यटन स्थल के अनुबंध द्वारा किया जा सकता है। इस प्रकार संगठित सामाजिक पर्यटन उन सभी लोगों तक पहुँच सकता है जो यात्रा करने योग्य नहीं हैं। वित्त से जुड़ी हुई परेशानियाँ बचत योजनाओं द्वारा पूर्ण की जा सकती हैं। हर संगठन बचत योजनाओं में सक्रिय हिस्सा ले सकते हैं। इन संगठनों के सदस्य मिलकर सहयोग कर सकते हैं तथा अवकाश के समय उन्हें उनकी जमा बचत से लाभकारी धनराशि निकालने की छूट दी जा सकती है। बचत सम्बन्धी योजनाएँ बेल्जियम, फ्रांस एवं आस्ट्रेलिया में बहुत ही हितकारी सिद्ध हुई

हैं। इसी तरह कामगार के अवकाश के फण्ड संगठनों या मालिकों द्वारा परिवहन व होटल उद्योग, सरकार व स्थानीय संस्थाओं के सामूहिक सहयोग द्वारा नियोजित किए जा सकते हैं। फ्रांस में लाभकारी समितियाँ यात्रा के लिए वित्तीय सहायता देती हैं। साथ ही इनको अंशतः मालिकों व कामगारों के योगदान द्वारा आर्थिक सहायता प्रदान की जाती है। नीदरलैण्ड में तो कुछ मालिक अवकाशीय वेतन के अलावा पूरे वर्ष के वेतन का 2 प्रतिशत बोनस के तौर पर कामगार को योगदान के रूप में देते हैं।

यूके में श्रमिकों को अवकाशलीन बोनस प्रदान किए जाते हैं। बेल्जियम में तो कानूनी तौर पर सामान्य वेतन का दोगुना अवकाशकालीन वेतन के रूप में भुगतान किया जाता है तथा कहीं-कहीं तो मालिक यात्रा हेतु नगदी के रूप में भुगतान करते हैं। रूस में, मजदूर संघ आराम-घरों के सम्पूर्ण रहन-सहन के खर्च का अधिकतर अंश भुगतान करते हैं। पोलैण्ड में सरकार यात्रा एवं आवास का कुछ भाग स्वयं भुगतान करती है। न्यूजीलैंड में होटलों के भाड़े में कमी करके सरकारी कर्मचारियों को लाभ दिया जाता है। सरकारों द्वारा उपलब्ध की गई अन्य आर्थिक सुविधाएँ हैं—अवकाशलीन आवास सुविधाओं का प्रबन्ध, सरकार द्वारा आर्थिक सहायता व करों में छूट आदि। फ्रांस में सामान्य शिक्षा, खेल, संस्कृति एवं पर्यटन सम्बन्धी लाभ लेने वाली संस्थाओं को बिक्रीकर एवं मनोरंजन कर नहीं देना पड़ता है। सरकार कैम्पों व युवा संगठनों को यंत्रों के रूप में मदद करती है। पूर्वी जर्मनी में समस्त सेवाओं की आर्थिक जरूरतें सरकार द्वारा पूर्ण की जाती हैं। नार्वे में अवकाशकालीन केन्द्रों के विकास के लिए ब्याज रहित ऋण अथवा कम ब्याज पर ऋण दिए जाते हैं। डेनमार्क सरकार ने इन केन्द्रों के विकास हेतु 50 प्रतिशत कोष/धनराशि का सृजन किया जाता है।

परिवहन असुविधा के परिणामस्वरूप परिवहन कम्पनियाँ निम्न भाड़े को विशेष दरों की योजनाओं में मदद प्रदान करती हैं। चार्टर्ड फ्लाइट व्यक्तिगत यात्रा खर्च को घटाने का एक उत्तम साधन है। अमेरिका में कुछ सामान्य प्रेक्षक पहले यात्रा फिर भुगतान जैसी उदार योजनाओं का संचालन करते हैं। फेडरल रिपब्लिक जर्मनी में रेलवे यात्रा करने के लिए 12 या अधिक संख्या के समूहों को 33 प्रतिशत छूट, 25 या इससे ऊपर के समूहों को 50 प्रतिशत छूट एवं विद्यार्थी, स्कूल के बच्चों या युवा संगठनों को इससे भी अधिक छूट दी जाती है। बेल्जियम में कामगारों और उनके परिवार के सदस्यों को अवकाशलीन समय में सामाजिक

सुरक्षा कार्ड, मालिकों का प्रमाण पत्र प्रस्तुत करने पर रेलवे के सस्ते दाम के टिकट दिये जाते हैं। हंगरी में वेतन अवकाश प्राप्त लोगों को 50 प्रतिशत की छूट दी जाती है। चेकोस्लोवाकिया में प्रत्येक मजदूर के अवकाश के फार्म के साथ एक रेल का टिकट मुफ्त दिया जाता है।

सामाजिक पर्यटन के विकास में आवास की सुविधा एक मुख्य समस्या है। होटल तो निम्न आय वर्ग के पहुँच के बाहर हैं। इसलिए इस पर्यटन में अनुपूरक आवास का एक महत्त्वपूर्ण स्थान है। कई श्रमिक संगठनों व मालिकों ने श्रमिकों की सुविधा हेतु अवकाश केन्द्रों का निर्माण किया है। अर्जेन्टीना में अति सौन्दर्य-स्थलों, समुद्रतटों पर विशिष्ट होटल, बंगले व चैलेट की सुविधाएँ हैं। अवकाश केन्द्र खोले गये हैं। इनमें तरण ताल, मधुशाला, खेल के मैदान, पार्क एवं अन्य मनोरंजन सम्बन्धी सुविधाएँ उपलब्ध करायी हैं। स्विट्ज़रलैण्ड में तो सामाजिक पर्यटन हेतु बहुत ही अवकाशकालीन केन्द्र हैं। लेनिन में एक अत्यधिक प्रसिद्ध स्वास्थ्य पर्यटन स्थल है तथा यह सम्भावना की जाती है कि नई-नई दवाइयों में विकास के साथ-साथ यह स्थान स्वयं विलुप्त हो जाएगा, परन्तु कुछ संगठनों के मदद से यह स्थल नये पर्यटकों को आकर्षित करने लगी है। छोटे-छोटे गोल्फ कक्ष, छोटे तरणताल, टैनिस कोर्ट्स व कई योजनाएँ बनाकर एवं स्वास्थ्य केन्द्र व होटलों की सैलानियों की माँग के अनुसार बदल दिया गया है। काफिलों के पड़ाव व होटल युवा पर्यटकों को बहुत ही पसन्द हैं। कैम्पिंग तो अवकाश समय व्यतीत करने का बहुत ही सस्ता साधन है। फ्रांस व अन्य कुछ देशों में कैम्पों हेतु आर्थिक मदद प्रदान की जाती है। ग्रीक में बहुत बड़ी औद्योगिक इकाइयाँ अपने श्रमिकों के लाभ हेतु विविध कैम्पों को संचालित करती हैं। अधिकतर देशों में ये कैम्प कैम्पिंग क्लब व युवाओं के अभियान द्वारा संचालित होते हैं।

सूचनाओं की कमी के कारण यह कहा जा सकता है कि सार्वजनिक प्राधिकरणों, श्रमिक संघों, राष्ट्रीय पर्यटन संगठनों एवं अन्य सम्बन्धित संस्थाओं को खासतौर से पर्यटन स्थलों की जानकारी प्रदान करने के तरफ विशेष ध्यान देना चाहिए। अमेरिका के बड़े-बड़े शहरों में सूचना देने के केन्द्र हैं। ये कार्यालय कामगारों को अवकाश बिताने सम्बन्धी सलाह देने के लिए अपनी प्रकाशन पत्रिकाएँ करते हैं। कनाडा में कामगार संघ के कार्यालय एवं अन्य संगठनों द्वारा बुलेटिनें प्रकाशित की जाती हैं।

भारत की अर्थव्यवस्था में सामाजिक पर्यटन का भी महत्वपूर्ण योगदान है।

सामाजिक पर्यटक का अर्थ केवल यह नहीं है कि निम्न स्तर के लोगों को जो कि सामान्य रूप से अवकाश का आनन्द लेने में असमर्थ हैं, उन्हें अवकाश दिया जाय अथवा उन्हें नई विकसित श्रमिकों की वेतन योजनाओं में तथा यवन यात्राओं में सहायता देकर देश के सभी क्षेत्रों में यात्रा सम्बन्धी सभी योजनाओं में सम्मिलित किया जाए। भारत की कुल जनसंख्या में 98 प्रतिशत श्रमिक व कृषक वर्ग हैं जिसके सहयोग से ही एक लोककल्याणकारी देश का अस्तित्व निर्भर करता है। एक लोककल्याणकारी सरकार को इस लाभों की प्राप्ति के लिए कार्य करना पड़ता है, अथवा इसका कोई अर्थ नहीं रहता है। इस प्रकार के देश का मुख्य उद्देश्य यह है कि कामगारों को सवैतनिक अवकाश व राष्ट्र के युवा वर्ग का यात्रा सम्बन्धी धनराशि की मदद प्रदान की जाय, यह एक महत्त्वपूर्ण तत्व है। राष्ट्र के युवा वर्गों हेतु यह एक शिक्षा है जिससे वे स्वयं राष्ट्र के दर्शन कर सकें, सांस्कृतिक प्रिय लोगों से मिल सकें एवं औद्योगिक क्षेत्रों को देख सकें। इसके अतिरिक्त इस प्रकार का सामाजिक पर्यटन आजकल की औद्योगिक क्रांति हेतु एक गहराव व अगाध रुचि एवं उत्तेजना की भावना असर कर सकता है। नियोजित अर्थव्यवस्था को बहुसंख्य व्यक्तियों के घरों तक तभी ले जाया जा सकता है जबकि उन्हें अपनी वर्तमान औद्योगिक योजनाओं को सक्रिय करने का मौका प्रदान किया जाए। भाखड़ा नांगल, सिंदरी स्टील प्लांट, चितरंजन, बंगलौर व अन्य केन्द्रों के दर्शन के इच्छुक लोगों के लिए रियायती यात्राओं का इंतजाम करना चाहिए।

होटल स्तर एवं दर आकार कमेटी 1958 ने निम्नांकित सुझाव दिए थे :

प्रत्येक होटल उपक्रमों में कामगारों को सवैतनिक अवकाश की योजना प्रारम्भ होनी चाहिए। और अन्य इकाइयों में भी इसका विस्तार किया जाए। यह एक जरूरी व्यवस्था होनी चाहिए। रेलवे के माध्यम से विद्यार्थी समुदाय एवं युवा वर्ग हेतु आर्थिक मदद सहित यात्राओं का व्यापक पैमाने पर प्रबन्ध करना चाहिए।

धार्मिक स्थानों की यात्रा करने वाले यात्रियों के लिए बड़े पैमाने पर उनके घरों से सम्पूर्ण भारत के धार्मिक स्थानों तक धन सम्बन्धी मदद की यात्राओं का प्रबन्ध होना चाहिए। कतिपय देशों के सामाजिक पर्यटन सम्बन्धी यात्राओं के लिए एक बहुत बड़ी धनराशि अलग से रखी जाती है।

सांस्कृतिक पर्यटन

सांस्कृतिक-पर्यटन के अन्तर्गत यात्रा के वे समस्त कारक शामिल किए जाते

हैं जो कि मनुष्य को एक-दूसरे के रहन-सहन व विचारों की जानकारी प्रदान करते हैं। दूसरे देशों की संस्कृतियों के विचारों को फैलाने में व्यक्तिगत और अन्तर्राष्ट्रीय सम्पर्क एक महत्त्वपूर्ण साधन है। सांस्कृतिक सम्बन्धों तथा अन्तर्राष्ट्रीय सहयोग के विकास में पर्यटन एक महत्त्वपूर्ण स्थान रखता है। किसी भी देश के अन्दर सांस्कृतिक कारकों के विकास को पर्यटन सम्बन्धी स्रोतों में वृद्धि के रूप में जाना जा सकता है। एक देश द्वारा स्वयं को पर्यटकों के सामने प्रस्तुत करने के तरीकों को ही सांस्कृतिक पहलू जाना जा सकता है। खान-पान, अतिथि-सत्कार, आचार-व्यवहार, निर्मित व कला की वस्तुओं देश के दूसरे क्षेत्र यात्रियों अथवा सैलानियों के आकर्षण हैं। इस तरह पर्यटन की सफलता न सिर्फ बेहतर परिवहन व्यवस्था अथवा होटलों पर निर्भर करती है अथवा साथ ही इस बात पर भी निर्भर करती है कि परम्परागत रहन-सहन व्यवस्था में राष्ट्रीयता का तत्व प्रतिबिम्बित हो एवं साथ ही माल व सेवाओं के लाभों की प्रतिमा को उचित प्रकार से दर्शाया जाए।

सांस्कृतिक पर्यटन सेवा-भाव से प्रेरित होना चाहिए। जैसे कि एक प्रसिद्ध रहन-सहन व शिक्षण केन्द्र में अध्ययन व जानकारी प्राप्त करने की इच्छा, विदेशी लोगों के रहन-सहन के संस्थान एवं आकार का अध्ययन, ऐतिहासिक महत्व की इमारतें, भूतपूर्व सभ्यता के अवशेषों आधुनिक प्राप्तियां, ललितकला कक्ष, प्रसिद्ध धार्मिक स्थलों के दर्शन एवं कला, पर्वों व समारोहों में शामिल होना, गायन, नृत्य, थियेटर लोकगीत मेलों इत्यादि में सक्रिय भाग लेना आदि।

भारत एक विशाल एवं लोकप्रिय देश है। जिसका अपना एक इतिहास है व अपनी महान प्रथा है। भारतीय सभ्यता संस्कृति को विश्व की एक महान सभ्यता के रूप में जाना जाता है। यहाँ की सभ्यता पुरातन सभ्यता से उद्धत हुई है। इन्हीं कारणों से किसी भी विदेशी को भारत यात्रा से एक व्यापक सांस्कृतिक प्रभाव पड़ता है। अतः सर्वप्रथम एवं विस्तृत अर्थ में भारत में हर दृष्टि से पर्यटन का सांस्कृतिक सम्पर्क होता है, एवं इस पर्यटन को सांस्कृतिक पर्यटन के नाम से जाना जाता है। रंगशाला, पुस्तकालय, संग्रहालय व अन्य राष्ट्रीय स्तरीय संस्थान, यात्रियों को आकर्षित करने हेतु बहुत ही बड़ी सम्पदा हैं। संग्रहालय व स्मारक तो हर किस्म के पर्यटन यात्रावृत में एक महत्वपूर्ण स्थान रखते हैं।

मास्टर प्लान के तहत कुछ निर्धारित पुरातात्विक केन्द्रों के चारों ओर के क्षेत्रों के लिए विशेष योजनाएँ तैयार जाएँ ताकि इन केन्द्रों के पर्यावरण व प्राकृतिक व्यवस्था को सुरक्षित रखा जा सके। ऐसा सुझाव है कि यूनेस्को व यू एन डी पी

के तहत सांस्कृतिक पर्यटन के विशेषज्ञों की सेवाएँ प्राप्त करके इन योजनाओं के क्रियान्वयन में सहायता ली जाए। इस प्रस्ताव में भुवनेश्वर, पुरी, खजुराहो व कोणार्क, अजन्ता, एलीफेंटा एवं एलोरा के गुफा मन्दिर, नालन्दा, राजगीर, कुशीनगर, सारनाथ, गया, श्रावस्ती व सांची के बौद्ध केन्द्र, बदामी, पट्टादरखाल, बीजापुर, ऐहोल, एवं हम्पी स्मारक सम्मिलित किये जा सकते हैं।

भारत की प्रमुख कलाकृतियाँ

किसी भी राष्ट्र की मूल विषय ललित कला होती है। जैसे कि चित्रकारी, मूर्तिकला, भवन निर्माण कला, चित्रकला, पानी के रंग, रेखाचित्र के वृत्त, प्राकृतिक शिल्पकला आदि यात्रा करने के मुख्य आकर्षण हैं। भारत देश में आने वाले यात्रियों हेतु कला के आकर्षणों की संतुष्टि बहुत ही प्रमुख है, अतः इसे सांस्कृतिक क्रय कहा जा सकता है। क्रय की वस्तुएँ पर्यटन द्वारा स्वयं के देश को स्मारिकाओं के तौर पर ले जाई जाती हैं। अतः इन वस्तुओं का विक्रय एक प्रमुख स्थान रखती है।

कला एवं कृति सांस्कृतिक पर्यटन के हिस्से हैं क्योंकि कुछ यात्री पारंपरिक कला और रचनाओं के केन्द्रों को देखना चाहते हैं। उदाहरणार्थ—नवम्बर 1976 में 89 होटल उद्योगपति केटरिंग टाइम्स आफ लंदन द्वारा आयोजित करने पर भारत की यात्रा पर आये, वे इतने प्रभावित हुए कि उसमें से कुछ भारतीय गहनों का कुछ और अध्ययन करने के लिए भारत में रुक गये।

कला, धातु के काम, नक्काशी, आभूषणों और कढ़ाई के क्षेत्र में भारतीय कलाकारों में एक उच्चकोटि का उन्नत रंग व नमूनों की प्रवृत्ति है। कुम्हार, बढ़ई, लोहार, जुलाहे (बुनकर) इत्यादि में अधिकतर कार्यकुशलता अपने पारिवारिक परंपरा पर आधारित व्यवसाय पर आधारित होने के कारण हैं।

पंजाब एवं सिंध की चमकीली मिट्टी के बर्तन बहुत ही प्रसिद्ध हैं। भारत के कई स्थानों में उच्च स्तर की काली मिट्टी के बर्तन तैयार किये जाते हैं। मथुरा के मिट्टी के बर्तन तो अपनी बनावट एवं सुन्दरता के लिए काफी प्रसिद्ध हैं। ग्वालियर के मिट्टी के बर्तन तो यूरोप में अत्यधिक प्रसिद्ध हैं।

भारत अपनी कला एवं रचनाओं के लिए पर्याप्त है। सांगानेर जयपुर में रंगाने के गृह, औरंगाबाद के 'हेमरू' जुलाहा, वाराणसी और काँचीपुरम के रेशमी जुलाहा, स्वामीलाई के तांबा धातु की खोज करने वाले, महाबलीपुरम के पत्थर की इमारत

निर्माण करने वाले शिल्पी, मैसूर, दिल्ली एवं राजस्थान के हाथीदाँत की नक्काशी करने वाले, आगरा के संगमरमर के कारीगर, मैसूर व बंगलौर के चन्दन की लकड़ी की खुदाई कर मूर्ति बनाने वाले/नक्काशी करने वालों के हाथ से कढ़े हुए दुशाले, जयपुर व दिल्ली के आभूषण, मुर्शिदाबाद एवं बनारस की जगीदारी, फिरोजाबाद की कांच की चूड़ियाँ हमारे देश में मशहूर हैं, हैदराबाद वे मुरादाबाद के आन्तरिक रूप से लगाये हुए धातु की कृतियाँ, जिन स्थानों में ये चीजें, निर्मित की जाती हैं। उनके दर्शन यात्रियों के मनोरंजन आकर्षण हैं। यदि यात्री खुद इन केन्द्रों में कलाकृतियों को बनते हुए देखें तथा वहीं से अथवा पास के विक्रय केन्द्रों से इनका क्रय करें तो यह बिक्री की महत्त्वपूर्ण तकनीक बन जाती है। होटलों अथवा इनके आसपास के स्थानों में भी स्थानीय कला-कृतियाँ व हस्तकारिक वस्तुएँ प्रदर्शित की जा सकती हैं ताकि पर्यटक स्थानीय लोगों द्वारा निर्मित कलाकृतियों से परिचित हो सकें, ललित कला और कलाकृतियाँ, कला वस्तुओं, संगीत, पारम्परिक सामरिक सेना सम्बन्धी सामग्रियां सांस्कृतिक आकर्षणों की कला प्रदर्शनियाँ आयोजित कर सांस्कृतिक अनुभवों को प्रदर्शित किया जा सकता है।

नृत्य—किसी भी राष्ट्र की नृत्य अपनी प्रकृति एवं सौन्दर्यता और आकार को प्रदर्शित करता है एवं पर्यटकों को प्रेरित करता है। रंग, वेशभूषा, संगीत, ढांचा व कार्यान्वयन की कुशलता व प्रदर्शन का ढंग आकर्षण को प्रभावित करते हैं। भारतीय प्रवृत्ति एवं नृत्य मौलिक हैं। नृत्य और मौलिक संगीत भारतीय संस्कृति का अभिन्न अंग है और इसे पर्यटकों के मनोरंजन के साधनों में शामिल करना चाहिए।

रूसी, रंगमंच नृत्य, पूर्वी यूरोपियन देशों के लोक नृत्य, मैक्सिको के लोक नृत्य, थाई नृत्य, जापान के कबूकी नृत्य, अफ्रीका के बहुत से देशों के नृत्य, उन देशों की संस्कृति की पहचान हैं।

भारतीय नृत्य व संगीत को सहायक मनोरंजन के रूप में उपयोग किए जाने चाहिएँ। संगीतकार, गायक व नृतकों को पर्यटन उद्योग द्वारा बढ़ावा एक उपयोगी लाभ प्राप्त किया जा सकता है।

संगीत कला—किसी भी राष्ट्र के संगीत की अभिव्यक्ति एवं स्रोत आकर्षण एवं आनन्द प्राप्ति के माध्यम हैं। एक सैलानी किसी भी देश की यात्रा के समय उस राष्ट्र के बारे में अधिक से अधिक बातें जानना चाहता है। संगीत भारतीय संस्कृति का एक महान अंग है। पर्यटकों हेतु भारतीय संस्कृति खासकर शाम के समय एक सांस्कृतिक एवं सामान्य मनोरंजन का साधन है। शाम के समय मनोरंजन

के कार्यक्रम, संगीतशाला, प्रमाण, संरक्षित किले और ध्वनि निर्माण आदि सभी ये किसी भी देश की इस विशेष कला में मदद देते हैं। परेड व स्वागत समारोह, संगीत समूहों के साथ स्थानीय संगीतों के स्रोतों के मनोरंजन में मदद करते हैं। इसी तरह टेपरिकार्डिंग के फोटोग्राफ जो पर्यटक प्रयोग के लिए स्वदेश में खरीद सकते हैं। वे भी सांस्कृतिक स्मृतियों हेतु उस देश की संगीत की सुन्दरता व खुशी को फिर से याद करने के साधन हैं।

खान-पान—भारतीय पारम्परिक शराब, मद्यपान, बीयर, स्प्रिट आदि का उचित तौर पर उपयोग करने की बहुत संभावना है। हमारे पास विविध क्षेत्रीय खान-पान एवं स्वास्थ्यवर्द्धक व प्राकृतिक पेय पदार्थ हैं जो कि पर्यटकों के लिए महत्त्वपूर्ण सिद्ध हो सकते हैं।

पर्यटक स्थानीय खान-पान की वस्तुओं जो कि स्थानीय/मौलिक किस्म की हैं जो पसन्द करते हैं। खान-पान उद्योग द्वारा सैलानियों पर एक स्थायी पहचान बनायी जा सकती है। संरक्षित खान-पान एवं पेय पदार्थ, शराब व बीयर, उपभोग हेतु ताजा खाना आदि खान व पेय पदार्थों में सांस्कृतिक आकर्षण की पहचान हैं।

कृषि—किसी भी क्षेत्र की कृषि उस स्थान की संस्कृति की एक आकर्षक एवं रोमांचक पहलू की परिचायक है। काफी पर्यटक खेती, पालतू जानवर, मुर्गीपालन, दुग्ध उद्योग, फसलें, ताजे फल व सब्जियाँ, शहद, पेय इत्यादि में रुचि रखते हैं एवं खेती में उत्पादित अन्य वस्तुओं का शीघ्रता से आनन्द लेते हैं, इस तरह कृषि एवं सम्बन्धित सेवाओं का विकास स्थानीय यात्राओं का एक रोमांचकारी हिस्सा है।

उद्योग—किसी भी क्षेत्र का औद्योगिक विकास यात्रा व भ्रमण हेतु एक महत्त्वपूर्ण आकर्षण है। असंख्य अन्तर्राष्ट्रीय यात्री क्षेत्रीय अर्थव्यवस्था में लगन रखते हैं। ऐसी यात्राकृत देश के उद्योग, वाणिज्य एवं उत्पादित वस्तुओं को देखना चाहते हैं। विदेशी पर्यटकों द्वारा उद्योगों का दर्शन करने से स्थानीय संस्कृति में लगन पैदा होती है और उन्हें स्थानीय वस्तुएँ एक स्मारिका के रूप में क्रय हेतु लालायित करेंगी। वे स्वदेश वापसी के बाद भी उन वस्तुओं का क्रय कर सकते हैं।

ऐतिहासिक-स्मारक—इसके अन्तर्गत भारत की कला एवं भवन-निर्माण कला आती है। यूरोप एवं अमेरिका के काफी पर्यटक इसके दर्शनाभिलाषी हैं। विरासती-स्मारकों को निम्नलिखित चार मुख्य भागों में बाँटा जा सकता है—हिन्दूकालीन स्मारक, भारतीय मुस्लिम स्मारक, बौद्धकालीन स्मारक और यूरोप व ब्रिटिश एसोसिएशन से सम्बन्धित स्मारक।

इन समस्त स्मारकों का प्रयोग सांस्कृतिक पर्यटन के लिए किया जा सकता है। इस तरह के पर्यटन की प्रबल सम्भावनाएँ हैं तथा इसके वर्तमान प्रयोग की अपेक्षा भविष्य में अधिक प्रयोग करने की संभावनाएँ हैं।

प्राकृतिक सौंदर्य—लगभग 50 प्रतिशत पर्यटक महसूस करते हैं कि उनकी भारत यात्रा की इच्छा का महत्त्वपूर्ण कारण यहाँ की प्राकृतिक सुन्दरता है।

व्यवसाय—पर्यटन उद्योग का अभिन्न अंग खरीददारी है। यदि इसे उचित तौर पर संगठित किया जाय तो व्यापार व खरीददारी हमारे आगन्तुकों का एक महत्त्वपूर्ण अनुभव हो सकता है।

वन्य जीव-जन्तु—भारत में प्राकृतिक सम्पदा बहुत अधिक है। यहाँ के वन, नदी व सरोवर, विभिन्न जंतुओं की शरण-स्थली हैं, यथा—शेर, बाघ, एक सींग वाला रेण्डियर, बर्फीला, बाघ, जंगली गधा व अनेक प्रकार की परदेशी पक्षियों को यहाँ के बहुत से वन्य प्राणी शरण स्थलों में सुरक्षित किया जा रहा है जिनमें कि प्रकृति प्रेमी पर्यटक पशु एवं पक्षियों की उनकी प्राकृतिक कार्यकलापों व आदतों को देखने का आनंद उठा सकते हैं।

सम्मेलन पर्यटन—यह अत्यधिक विशिष्ट स्थान प्राप्त करता जा रहा है। अन्तर्राष्ट्रीय सम्मेलन, महासम्मेलन, अन्तर्राष्ट्रीय संगठनों की वैधानिक संस्थाओं की बैठकें व अन्य असंख्य सम्मेलन, सभायें, राष्ट्रीय सम्मेलन आदि हर साल विभिन्न देश में आयोजित होती हैं। स्थानीय, राज्यस्तरीय, राष्ट्रीय व अन्तर्राष्ट्रीय सम्मेलन लगातार आयोजित किये जाते हैं। देश संस्थाओं, संघ, संगठनों, मैत्रिक संघों, सोसाइटी, शिक्षण संस्थाओं, व्यावसायिक समूहों, शिक्षण विज्ञापनों व अन्य संस्थाओं की वार्षिक सभाएँ होती रहती हैं। इन सम्मेलनों में हजारों की संख्या में व्यक्ति भाग लेने हेतु सम्मिलित होते हैं। ये भाग लेने वाले लोग बहुत दिनों तक उन देशों के शहरों में ठहरते हैं जहाँ सम्मेलन होते हैं। बहुत से देश इन सम्मेलनों के गम्भीर आर्थिक पहलू से अच्छी तरह परिचित हैं। उन्हें उचित इमारतें निर्मित करने होते हैं, यन्त्रों से सुसज्जित कक्षों का निर्माण उनके संचालन हेतु करना होता है।

भारत में सैलानी विभिन्न उद्देश्यों से आते हैं, उनकी भारत भ्रमण के मुख्य उद्देश्य देश का गहन अध्ययन, पारम्परिक भोजन का स्वाद लेना, पेय पदार्थों का उपभोग एव जितना हो सके स्थानीय लोगों के पास रहना है। बहुत से पर्यटक परिचित वातावरण से अज्ञात स्थानों का सर्वेक्षण करना चाहते हैं। भारत में सभी

किस्म के पर्यटकों हेतु आराम और सुविधायें उपलब्ध हैं। यह एक रंगीला एवं सौन्दर्य सम्पन्न देश है, इसके स्मारक, इमारतें, रीति-रिवाज, पर्व, धर्म, दर्शनशास्त्र, कला आदि इसकी प्राचीन व सम्पन्नता के प्रतीक हैं। यहाँ के वन, पर्वत व घाटियाँ समस्थल व मरुस्थलीय दीवारें इत्यादि प्रकृति प्रेमी व जीव वैज्ञानिकों हेतु बहुत ही रोमांचक विषय हैं।

धार्मिक तीर्थ-यात्राएँ

हिमालय पर्वत, पवित्र गंगा किनारे स्थित हरिद्वार (स्वर्गद्वार), मथुरा और वाराणसी के मन्दिर, भारत के ऐतिहासिक स्थान, खजुराहो के मूर्ति निर्माण, अजन्ता और एलोरा की गुफाएँ ये सभी यात्रियों को सौन्दर्य की आनन्द लेने हेतु निमंत्रित करती हैं। काफी संख्या में हिन्दू, मुस्लिम, ईसाई, बौद्ध आदि धार्मिक ग्रंथों में वार्णित विभिन्न स्थलों की धार्मिक यात्रा पर जाते हैं, जिनमें अधिकतर हिन्दू धर्म के होते हैं। हिन्दू धर्म से तीन नये धर्मों का जन्म हुआ है—बौद्ध धर्म, जैन धर्म एवं सिक्ख धर्म। इसके अलावा मुस्लिम ईसाई, जोरोस्टर्स, सलिज भी अपना अस्तित्व रख सकता है।

किसी भी विदेशी को भारत यात्रा से एक सांस्कृतिक प्रभाव के असर का अनुभव होता है। व्यापक रूप में भारत में पर्यटन से सांस्कृतिक सम्पर्क के किसी-न-किसी पहलू पर विद्यमान होता है। अतः यह एक सम्भावित सांस्कृतिक पर्यटन है, जो विदेशी भारतीय संस्कृति का ज्ञान करना चाहते हैं उन्हें भारतीय जीवन को देखना चाहिए। भारत की सांस्कृतिक यात्रा में, मन्दिर स्थलों का दर्शन, जहाँ राष्ट्रीय नृत्य का प्रदर्शन होता है, वस्तुओं और आभूषण निर्माण के स्थान, जैसे बनारस की काल्पनिक जरीदारी कला जहाँ पर कि विदेशी भारत की सांस्कृतिक सम्पत्ति का ज्ञान कर सकें तथा साथ ही आधुनिकता के विकास की जानकारी हासिल कर सकें। 1969 में पर्यटन मन्त्रालय द्वारा लिए गए कई व्यक्तिगत साक्षात्कारों में ऐसा प्रतीत हुआ कि 54 प्रतिशत पर्यटक भारत में यात्रा करना इसलिए पसन्द करते हैं क्योंकि यहाँ इतने सुन्दर मानवीकृत महल व मंदिर हैं।

सांस्कृतिक पर्यटन को पंचवर्षीय योजनाओं में विशिष्ट स्थान दिया गया है। यह सुझाव दिया गया कि कुछ चुने हुए पुरातत्व केन्द्र के चारों ओर इस प्रकार के मास्टर प्लान बनाये जायें जिससे कि उनके पर्यावरण व प्राकृतिक सुन्दरता की बनावट को सुरक्षित रखा सके। कुछ वर्ष पूर्व भारत ने यूनेस्को की मदद से इन

योजनाओं को तैयार किया। एलीफेन्टा, अजन्ता व एलोरा की गुफायें बौद्ध धर्म के केन्द्र, सारनाथ, गया, नालन्दा, राजगृह, कुशीनगर, श्रावस्ती, साँची तथा बीजापुर, एहोल, बादामी, पटाड़रवाल, हम्पी, खजुराहो, भुवनेश्वर, पुरी एवं कोणार्क को योजनाओं के अधीन लिया गया है।

पुरातन काल से ही मानव ने उन स्थानों का वर्णन किया है जहाँ पर इन्हें पवित्रता का अनुभव हुआ है, या जहाँ पर उन्हें अपने भगवान के वास का अनुभव हुआ है। इसी तरह धर्मयात्रा प्रारंभ हुई, जो सदियों से स्पष्ट थी तथा आज भी स्थानीय परिस्थितियों के अनुसार बदलती रही और आगे भी बदलती रहेगी। भारत में आस्था है कि भगवान विशेष स्थान में निवास करते हैं। मिस्र ज्यूज व ग्रीक के लोगों में तो धार्मिक स्थलों की यात्रा करने की बहुत ही प्रबल धारणा रही है। इस्लाम के अन्तर्गत यह बहुत ही उच्च सीमा पर पहुंच गया है। घोषित देवदूतों में मुस्लिम धर्म के तहत हर मुसलमान के लिए अपनी जिन्दगी में एक बार मुहम्मद के जन्मस्थान मक्का की यात्रा करना बहुत ही अनिवार्य समझा गया है।

ईसाई धर्म के अनुयायी का मानना है कि उन धार्मिक स्थानों की तीर्थयात्रा की जाय जो कि उनके ईश्वर की सांसारिक जिन्दगी की यादों से विनियोजित रही हैं। वे मुख्य स्थल जिनकी ईसाई धर्म के मानने वाले तीर्थयात्रा करते हैं जो ये हैं : वेथालियम व येरूशलम। तीर्थयात्रियों की संख्या में वृद्धि होने के साथ-साथ उनके द्वारा किये गए तीर्थस्थानों की संख्या में भी वृद्धि होती है।

जबकि पूर्व दिशा में तीर्थस्थानों की संख्या कम हो रही थी उसी समय पश्चिम में उनकी संख्या में वृद्धि होती रही है। पश्चिम में यह धार्मिक शहरों की श्रद्धांजलि व उनके मकबरों के लिए प्रारम्भ हुई थी। तीर्थयात्री ऋषि एवं मुनियों की समाधियों की तरफ अग्रसर होते थे : क्योंकि वे इनकी दैविक सफलता व वरदान में विश्वास करते थे। चमत्कारिक शक्तियों को करने वाले विख्यात व्यक्तियों की तरफ भी दूर-दूर से भक्तजन और श्रद्धालु आकर्षित होते थे। अफ्रीका में सबसे अधिक शहीदों के मकबरे हैं। रोम को तो विश्व के महत्त्वपूर्ण पवित्र स्थल होने का यश प्राप्त ही है क्योंकि यहाँ गौरव प्राप्त सेन्ट पाल व सेन्ट पीटर के मकबरे स्थित हैं। तीर्थयात्रा का एक दूसरा प्रयोजन यह है कि पवित्र स्थानों से धार्मिक अवशेषों को प्राप्त किया जाय। बहुत से स्थानों में यह सही समझा जाता है कि कुछ वस्तुएं जिसका मृत-आत्मा से सम्बन्ध है उसे प्राप्त किया जाय। धर्म प्रेमी पवित्र कागज पर गिरी हुई मोम को लेते हैं।

कैथोलिक भक्त गोवा में एक सन्त की ममी युक्त देह की उंगली को मोड़ते हैं। कुछ भक्त संन्यासी एवं शहीदों के मकबरे से धूल को ले जाते हैं। कुछ तीर्थयात्री धार्मिक मन्दिरों से 'प्रसाद' ले जाते हैं। बहुत से लोग अपने पापों की शुद्धता के लिए तीर्थयात्रा पर जाते हैं। इसे हम खोजी तीर्थयात्रा कह सकते हैं। इसी तरह मन की इच्छा पूरी होने पर भी बहुत से भक्त देवी-देवताओं को धन्यवाद देने हेतु तीर्थयात्रा करते हैं।

इस तरह धार्मिक उद्देश्य से की गई यात्रा के पीछे ईश्वर की इच्छानुसार भक्ति की आज्ञा पालन करने की भावना होती है :

ऐतिहासिक तथ्यों के आधार पर ये साक्ष्य मिलते हैं कि बहुत से व्यक्ति अपने घर व निवास स्थान धार्मिक व राजनीतिक कारणों से त्यागते हैं। तीर्थयात्रा का बहाना बनाकर वे दूसरे स्थानों पर बसने के लिए चले गए हैं। उदाहरणार्थ—अग्रजपूरिन्टेस, जिन्हें, तीर्थयात्रा का जनक कहा जाता है, उन्होंने मैसाच्यूसेट्स में प्लेमाउथ कालोनी को बसाया। 1620 में उन्होंने फ्लावर में एक साथ यात्रा की। मध्यकाल में असुरक्षित जीवन एवं उत्तेजित लुटेरों तथा युद्ध नबाबों के कारण तीर्थयात्रियों के साथ बड़े-बड़े झुण्डों में हथियार लैश सुरक्षाकर्मियों के साथ यात्रा करते थे। वे आक्रमणकारियों तथा विदेशी शासकों के खिलाफ भी धर्मयुद्ध हेतु कार्य करते थे।

पुरातन काल से ही भारत धार्मिक तीर्थयात्राओं के लिए विख्यात रहा है। धार्मिक ज्ञान की खोज व आध्यात्मिक शान्ति प्राप्त करने हेतु व्यक्ति हर समय भारत की यात्रा करने के लिए आते हैं। धर्म प्रेमी सैलानियों को भारत की स्मारक धरोहर में बहुत ही लगाव है। भारत के सभी स्थानों को भिन्न-भिन्न कारणों से पवित्र स्थान माना जाता है। यहाँ की नदियाँ एवं ताल, पर्वत, समुद्रतट, कस्बे व मन्दिर समस्त स्वदेशी व विदेशी पर्यटकों के आकर्षण हैं। भारत अनेक धर्मों का जन्म स्थान रहा है। हिन्दू, बौद्ध जैन व आज का इस्लाम धर्म, ईसाई, सिक्ख जोरेस्टर सब हमारे धर्मनिरपेक्ष देश में सौहार्द के साथ निवास करते हैं।

इस वर्ग में तीर्थ काफी संख्या में हैं। इन्हें निम्नांकित भागों में विभक्त किया जा सकता है—

लगातार भ्रमण करने वाले तथा भारत में निवासित व्यक्ति व सैलानी विश्व के अनेक भागों में हैं। ये व्यक्ति अपनी प्राचीन पीढ़ियों से संबंधित स्थानों को खोजना चाहते हैं। अमेरिकन और यूरोपियन हिन्दू, बौद्ध, ईसाई व सिक्ख धर्म के कुछ पहलुओं में रुचि रखते हैं। जापान, थाईलैण्ड, श्रीलंका आदि से बढ़ते हुए असंख्य

सैलानी जो कि बौद्ध धर्म से सम्बन्धित केन्द्रों की यात्रा करना चाहते हैं; हिन्दू, मुस्लिम, सिक्ख, ईसाई, जैन, बौद्ध व दूसरे सम्प्रदाय व धर्मों के मानने वाले को पवित्र स्थानों की अपनी जिन्दगी में एक बार जरूर दर्शन करने पड़ते हैं।

वर्तमान समय में यह एक सामान्य बात बन चुकी है कि यात्री अपनी व्यावसायिक यात्रा में पर्यटन स्थल व पवित्र स्थलों की यात्रा भी शामिल करते हैं : जिसकी वजह से अन्य देशों से भारत में यात्री अनवरत आते रहते हैं। भारत सरकार कुछ साल पहले धार्मिक पर्यटन के विकास पर ध्यान दिया था। लेकिन वर्तमान समय में भी बहुत से धर्म स्थान उपेक्षित हैं। दक्षिण-पूर्व एशिया के देशों से पर्यटकों को बौद्ध रुचि स्थलों के विविध पैकेज प्रदान करने से, पर्यटकों को बढ़ाने का बड़ा स्वर्णिम सुअवसर है। इन यात्राओं में बौद्धगया, जहाँ भगवान बुद्ध को आत्मज्ञान प्राप्त हुआ, सारनाथ, जहाँ शान्त हिरन वाटिका में बुद्ध भगवान ने अपना प्रथम ज्ञानोपदेश दिया, साँची जहाँ बहुत बड़ा स्तूप है और विहार में स्थित राजगीर को सम्मिलित किया जा सकता है। विख्यात बौद्ध स्थान जैसे अजन्ता और एलोरा और प्राचीन नालन्दा विश्वविद्यालय सैलानियों में एक विशेष रुचि का निर्माण करते हैं।

उड़ीसा के ईसाई गिरिजाघर, दक्षिण भारत के सुन्दर कारीगरकृत मन्दिर, दिल्ली में मन्दिरों, इमारतों एवं पवित्र स्थानों की कतारें आदि सुन्दर ऐश्वर्यवान धार्मिक स्थानों को आगन्तुकों द्वारा दर्शन करने हेतु भारत की एक व्यापक यात्रा की जा सकती है। धार्मिक यात्राओं की सफलता हेतु यात्रा निर्देशक का अच्छा चुनाव होना चाहिए, उन्हें विभिन्न धार्मिक स्थलों का ज्ञान हो तथा ये अच्छी बुद्धिमत्ता से पर्यटकों के प्रश्नों का जवाब दे सकें।

बौद्ध धर्म जो कि शुरुआत से समारोहों से रहित था। यह वर्तमान में तीर्थयात्रा का स्थान बन चुका है। वे स्थल जहाँ बुद्ध ने जन्म लिया, परम ज्ञान प्राप्त किया, प्रवचन दिया, निवारण निर्माण प्राप्त किया, उन दर्शनाभिलाषी लोगों के लिए निर्वाण की प्राप्ति का वचन पूरा करते हैं। अपना पूर्ण निवारण प्राप्ति के पूर्व भगवान बुद्ध ने चार स्थानों को बताया जिनकी हरेक को पवित्र मानने वाले का दर्शन करना चाहिए। ये स्थल हैं—लुम्बिनी वाटिका, जहाँ भगवान का जन्म हुआ, बौद्धगया, जहाँ उन्हें परम ज्ञान प्राप्त हुआ, सारनाथ की हिरन वाटिका, जहाँ उन्होंने कानून के चक्र को चलाया और कुशीनगर जहाँ पर उन्हें निर्वाण प्राप्त हुआ। बौद्ध धर्म के पवित्र ज्ञान के चार अन्य स्थान हैं—श्रावस्ती, अन्यावस्था, राजगृह व वैशाली अथवा अन्य चार के साथ मिलकर आठ पवित्र महत्व स्थान होते हैं।

प्राचीनकाल से ही यात्री एवं तीर्थयात्री इन स्थलों की यात्रा इस भावना से करते हैं कि भगवान बुद्ध यहाँ पर विद्यमान हैं। सम्राट अशोक स्वयं एक बार इस तीर्थ यात्रा पर गये एवं उन्होंने इस तीर्थयात्रा को 'धर्मयात्रा' धर्मनिष्ठा की यात्रा की संज्ञा दी। वर्तमान तीर्थयात्री अपनी पुरानी यात्राओं में बौद्ध धर्म के बड़े-बड़े केन्द्रों को शामिल करते हैं, जैसे–अमरावती, नागार्जुनकोन्डा, साँची, भारहुत, अजन्ता व एलोरा, कारला व भाजा। ये केन्द्र चित्रकारी, वास्तुकला, नक्काशी कला, भवन निर्माण कला के भण्डार हैं, एवं यह भगवान की जीवनी व उपदेशों से प्रेरित हैं, इनकी सुन्दरता व वैभव ने स्वदेशी व विदेशी पर्यटकों को बिना किसी धर्म की भावना से आकर्षित किया है। ये स्थान बौद्ध धर्म की संरचनात्मक चिह्न हैं।

पर्यटन का वर्गीकरण

पर्यटन के कई आकार हैं। ये विभिन्न आकार, समय की अवधि, समूह की संख्या व पर्यटन के आर्थिक प्रभावों पर निर्भर करती हैं। इनके आकार निम्नांकित रूप में बँटे हुए हैं–

समय पर आधारित पर्यटन

इस यात्रा की अवधि व ठहरने की अवधि के आधार पर निम्नलिखित प्रकार वर्गीकृत किया जा सकता है–

1. **मनोरंजक साहसिक पर्यटन**–इसमें रात्रि के ठहरने की व्यवस्था नहीं होती है। प्रायः इसे आन्तरिक अन्तर्राष्ट्रीय दिन की यात्रा या दिन की भेंट यात्रा के रूप में व्यक्त किया जाता है। मनोरंजन हेतु भ्रमण को आई ओ टी ओ की पर्यटन परिभाषा में भी शामिल किया गया है। यह यात्रा 24 घंटे से ज्यादा नहीं होती है। ये यात्राएँ उन स्थानों में अधिक प्रचलित हैं जहाँ अनुकूल विनिमय दरें होने से यात्रा के समय खरीददारी की सुविधाएँ प्राप्त होती हैं।

2. **लघुकालीन पर्यटन**–इसमें लघु यात्राएँ जैसे एक सप्ताह या 10 दिन की शामिल की जा सकती हैं। इस तरह की यात्राओं की संख्या बढ़ने से राष्ट्र के आर्थिक महत्व पर बड़ा अच्छा असर पड़ता है। सामाजिक तौर पर इस प्रकार का पर्यटन उन ग्राहकों के लिए उचित है जो कि दीर्घकालीन छुट्टी प्राप्त नहीं कर सकते हैं।

3. **दीर्घकालीन पर्यटन**–इसके तहत दीर्घकालीन यात्रा को शामिल किया जाता है, जैसे एक पर्यटक के लिए कई सप्ताह व महीनों की यात्रा, आधुनिक पर्यटन में विशेष तौर पर व्यक्तिगत मोटरों का उपयोग होने के कारण यात्राएँ सुलभ हो गयी हैं।

फलस्वरूप एक दीर्घकालीन यात्रा कई देशों में की जा सकती हैं। परन्तु साथ ही कई पर्यटन स्थलों की छोटी यात्रा भी की जा सकती है। यात्रा एवं ठहरने की अवधि किसी विशिष्ट स्थल में कम-से-कम 24 घंटे की होनी चाहिए। इसे लघुयात्रा अथवा दर्शन भेंट यात्रा कहा जा सकता है।

संख्या पर आधारित पर्यटन

इसके अन्तर्गत पर्यटकों द्वारा पर्यटन के व्यक्तिगत अंशों को क्रय करने के आधार पर विभाजित किया गया है–

1. **सामूहिक पर्यटन**–इसे संगठित पर्यटन भी कहा जाता है। सैलानी केवल एक यात्रा की खरीददारी करता है। क्योंकि वह पूर्व भुगतान की गयी राशि में भाड़ा व दूसरी चीजों की कीमतों को होटल के किराये से अलग नहीं कर सकता है। इसे हम एकमुश्त यात्रा भी कह सकते हैं। पर्यटक एक व्यक्ति विशेष सैलानी दल के सदस्य के रूप में पूर्व निश्चित निर्धारित प्रबन्ध के अनुसार भ्रमण करता है।

2. **निजी पर्यटन**–जब कोई भी मानव भ्रमण के लिए निकलता है एवं वे खुद उद्देशित स्थान का चुनाव करते हैं व कार्यक्रम सुनिश्चित करते हैं तथा इसमें किसी भी समय बदलाव की योग्यता रखते है, उसे निजी पर्यटन कहते हैं। इसमें उन्हें यात्रा एवं ठहरने के स्थान की व्यवस्था से कोई मतलब नहीं रहता है। पर्यटक तो स्वयं सीधे मालवाहक, होटल या दूसरे पूर्तिकर्ताओं से अथवा ट्रेवल एजेन्ट्स के माध्यम से, परिवहन आवास व अन्य सुविधाओं का अलग रूप से व्यवस्था कर सकते हैं। व्यक्ति विशेष अथवा परिवार स्वयं इन सुविधाओं की अपनी आवश्यकता की व्यवस्था करते हैं, इसीलिए इसे मुक्त यात्रा भी कहते हैं।

ट्रेवल एजेन्सी इस तरह के पर्यटन में एक पूर्व निश्चित व्यवस्था के अन्तर्गत किसी निहित समस्त दल को एक विशेष उद्देशित स्थान अथवा स्थानों के लिए पूर्व भुगतान के बदले यात्रा में सम्मिलित होने व बिक्री का प्रस्ताव देती है, जिसमें कि समस्त समूह के लिए अथवा एक पूर्व निर्धारित समय सूची होती है। सदस्यों को अपने विषय में कुछ नहीं सोचना पड़ता है क्योंकि समस्त सुविधाओं व सेवाओं का संगनठनकर्ता खुद इंतजाम करता है।

परिवहन साधनों पर आधारित पर्यटन

मोटरकार पर्यटक, वायु पर्यटक, पैदल पथिक पर्यटक, रेल पर्यटक और जल पर्यटक इसके अंतर्गत आते हैं।

भुगतान के सन्तुलन पर प्रभाव के आधार पर

इसके अंतर्गत निम्न भागों में विभाजित कर सकते हैं—

1. निष्क्रिय पर्यटन—इसके देश के नागरिक विदेश की यात्रा पर जाते हैं। यह पर्यटन स्वदेश में प्राप्त विदेशी मुद्रा को लेकर भुगतान के सन्तुलन पर प्रतिकूल प्रभाव डालते हैं।

2. आगवानी पर्यटन—विदेशी पर्यटक के आवागमन से संबंधित है जिसके फलस्वरूप देश के तहत विदेशी मुद्रा के पदार्पण से भुगतान के सन्तुलन पर अनुकूल प्रभाव पड़ता है।

3

पर्यटन के मूल तत्त्व

मानव भिन्न-भिन्न जगहों की यात्राएं करता है तथा कुछ वहीं पर बिताता है, ये सभी क्रियाकलाप पर्यटन के तहत आते हैं। मानव यात्रा मुख्य रूप से ज्ञान प्राप्ति तथा मनोरंजन के उद्देश्य से करता है।

वर्ल्ड टूरिज्म ऑर्गेनाइजेशन के मुताबिक प्रतिवर्ष पर्यटकों की संख्या दुनिया भर में बढ़ रही है। पर्यटकों ने जिन देशों की यात्रा की वहाँ पर मिलियनों डॉलर राशि व्यय की। ये सभी क्रियाकलाप 'पर्यटन' के अंतर्गत आते हैं। अतः पर्यटन की इन सब विचारधाराओं को समझने के लिए एक सर्वमान्य परिभाषा की आवश्यकता महसूस हुई।

वर्ष 1942 में **स्विस प्रोफेसर** Hunzider & Kraff ने पर्यटन की तकनीकी अवधारणा को समझने के लिए एक परिभाषा प्रस्तुत की–"Tourism is the totality of the relationship and phenomenon arising from the travel and stay of strangers, provided the stay of does not infly the establishment of permanent residence and is not connected with a remunerated activity." बाद में इस परिभाषा के International Association of Scientific Experts in Tourism (AIEST) द्वारा स्वीकृत कर ली गयी। इस परिभाषा के अनुसार पर्यटन के निम्नांकित तत्व सामने आए–भ्रमण किये गये क्षेत्र में अस्थाई तौर पर ठहरना, ठहरना धन अर्जित करने से सम्बन्धित न हो तथा अनिवासी यात्रियों द्वारा यात्रा में शामिल होना।

पर्यटन में यात्री एक अज्ञात स्थान को देखने के लिए जाते हैं और उस स्थान पर धन खर्च करते हैं न कि धनोपार्जन साथ ही, यह यात्रा मनोरंजन के लिए करते है। पर्यटक को समझने के लिए पहले पर्यटक शब्द का ज्ञान आवश्यक है।

पर्यटन के प्रमुख घटक

पर्यटन कुछ घटकों से मिलकर बना है, जिनमें से तीन प्रमुख घटकों को वर्णित किया गया है। ये घटक इस प्रकार हैं—परिवहन, स्थानीय दृश्य एवं आवास।

1. **परिवहन**—पर्यटन स्थल तक पहुँचने के लिए परिवहन की जरूरत होती है। ये साधन मोटर कार, रेल, हवाई जहाज, पानी के जहाज आदि हो सकते हैं। इनमें पर्यटक अपनी सीट या वाहन पूर्व से आरक्षित करा सकता है।

3. **आवास**—पर्यटक को रात्रि विश्राम के लिए होटल, मोटल, सराय, धर्मशाला, आदि का प्रयोग हो सकता है। इन स्थानों पर खान-पान व सोने का उचित प्रबन्ध रहता है।

2. **स्थानीय दृश्य**—यह पर्यटकों द्वारा अवकाश के दिनों में अधिकांश देखे जाते हैं तथा ये पर्यटकों की अपनी इच्छा पर निर्भर करता है कि किस प्रकार के दृश्यों या स्थानों का भ्रमण करेंगे।

उपरोक्त तीन घटकों के अतिरिक्त भी कई ऐसे घटक हैं जो पर्यटन को प्रभावित करते हैं। पर्यटकों की अनेक रुचि हैं और यह फैशन की तरह बदलती रहती हैं। फैशन पर्यटन को प्रभावित करने वाला प्रमुख कारक है। पर्यटक एक प्राकृतिक दृश्य को देखने के बाद किसी दूसरी यात्रा के लिए अपना कार्यक्रम बना लेते हैं। यह उनकी रुचि को दर्शाता है। पर्यटन को प्रभावित करने वाले बहुत से कारकों की सूची को पीटर्स (Peters) ने तैयार किया है जो पर्यटन को बहुत प्रभावित करते हैं—

1. **सांस्कृतिक**—ऐतिहासिक भवन और स्मारक, ऐतिहासिक महत्व के स्थान, पुरातन महत्व के स्थल और स्थान, संग्रहालय, आधुनिक सभ्यता, राजनीतिक एवं शैक्षणिक संस्थान, धार्मिक संस्थान।

2. **परम्परागत**—कला और हस्तकला, संगीत, राष्ट्रीय त्योहार, लोक-परम्परा, भ्रातृत्व जीवन एवं रिवाज।

3. **दृश्य**—वन्य जीवन, राष्ट्रीय पार्क Flora & Fauna (वनस्पतियाँ एवं पशु वर्ग) समुद्री एवं पर्वतीय पर्यटक स्थल।

4. **मनोविनोद**—मेलों में भाग लेना एवं देखना, मनोरंजन से संबंधित पार्क, चिड़ियाघर एवं समुद्रीय जीव, सिनेमा एवं थियेटर, राजी जीवन एवं भोजन।

5. **अन्य आकर्षण**—वातावरण, स्वास्थ्य संबंधी पर्यटक स्थल और अन्य महत्वपूर्ण आकर्षण जो प्राप्त न हों।

पर्यटन के प्रमुख भौतिक कारक

1. **ऐतिहासिक एवं सांस्कृतिक कारक**–यह पर्यटकों को लुभाने में महत्वपूर्ण होता है। भारत में आगरा अपने ताजमहल, इटली में पीसा अपनी झुकी मीनार आदि अपने महत्व की वजह से पर्यटकों को लुभाते हैं। हजारों अमेरिकन और कनेडियन यूरोप की पुरानी ऐतिहासिक धरोहर और अपने मूल देश से संबंधित भावुकताओं के कारण यूरोप आते हैं। इंग्लैंड आनेवाला पर्यटक लंदन ऐतिहासिक महत्व व सांस्कृतिक आकर्षणों की वजह से जाते हैं। इसी प्रकार पर्यटक फ्रांस में पेरिस, इटली में रोम तथा रूस में मास्को देखने जाते हैं। भारत के लिए अजंता एवं एलोरा की गुफाएं इसका प्रमुख उदाहरण हैं। ये गुफाएँ 2000 वर्ष पूर्व मानव द्वारा निर्मित राक पर्वत में छुपी हुई भारत की प्राचीनतम धार्मिक वास्तुकला एवं पेंटिंग का सबसे शानदार नमूना है।

2. **सुहावना मौसम**–किसी पर्यटन स्थान पर जाने हेतु वहाँ का मनोहारी मौसम एक महत्वपूर्ण एवं परिणामी आकर्षण होता है। छुट्टियों के लिए सुहावना मौसम एक विशिष्ट स्थान है, इससे पर्यटक अपने खट्टे-मीठे अनुभव बनाता है। करोड़ों पर्यटक अपने देशों से समुद्र के तटों पर सुहावने मौसम एवं सूर्य की किरणों का आनन्द लेने जाते हैं। समुद्र के किनारे की सूर्य की किरणें तथा शीतल मंद पवन पर्यटकों को एक लम्बे समय से आकर्षित करती चली आ रही हैं। वस्तुतः resorts जो समुद्री तटों पर बनाए गए हैं, विकास में अच्छे मौसम एवं सूर्य की किरणों का ही हाथ है। स्पेन, इटली और ग्रीस जैसे यूरोपीय देशों में सुन्दर Beach Resorts को विकसित किया गया है। इटली ने अपने दक्षिणी भाग कैलेब्रीया, सिसली एवं सरडिनिया आदि नगरों को भूमध्यसागरीय तटों पर चमचमाती हुई सूर्य की किरणों का आनन्द लेने के लिए Resorts बनाए हैं। U.S. में मैक्सिकन रिसार्ट, पेसिफिक रिसार्ट और कैलिफोर्निया, फ्लोरिडा एवं हवाई द्वीप का उदाहरण लिया जा सकता है; जहाँ पर्यटकों को आकर्षित करने के लिए रिसार्ट बनाए गए हैं। भारत, श्रीलंका, थाइलैंड, इन्डोनेशिया, आस्ट्रेलिया एवं दूसरे देशों में भी सुहावने मौसम के लिये कुछ प्रयास किये गये हैं। शरद ऋतु का वातावरण, गर्म पवनें एवं सूर्य की किरणें, पर्यटकों को आकर्षित करने में महत्वपूर्ण स्थान रखती हैं। बहुत से क्षेत्र शीत ऋतु में पर्यटकों को आकर्षित करते हैं। उदाहरण के लिए–शिमला।

3. दृश्यों का आकर्षण–यह भी पर्यटकों को अपनी ओर लुभाता है। पर्वत, झीलें, हिमखण्ड, झरने, वन, रेगिस्तान आदि के दृश्य पर्यटकों को अपनी ओर आकर्षित करने में अपना विशेष महत्त्व रखते हैं। आस्ट्रेलिया और स्विट्जरलैंड में आल्पस पर्वत की उत्तरी श्रृंखला, इटली में दक्षिणी श्रृंखला और भारत और नेपाल में हिमालय पर्वतों की श्रृंखला पर्यटकों को पहली दृष्टि में ही आकर्षित करती हैं। महान् प्राकृतिक आश्चर्य जैसे–अमेरिका में विशाल सुरंग, उत्तरी आयरलैंड की विशाल ऊंची सड़कें, नाइजीरिया के झरने, आइसलैंड के गर्म स्रोत, आल्पस पर्वत के हिमखंड, अफ्रीका के जंगल, विशाल नदियाँ, झीलें और रेगिस्तान पर्यटकों को आकर्षित करने और पर्यटन उद्योग को विकसित करने में अपना विशिष्ट महत्व रखते हैं।

4. सुगमताएँ–सुगमता, जैसा कि इसमें नाम से स्पष्ट है कि पर्यटन स्थल तक पर्यटकों को आसानी से पहुंचना, पर्यटक को आकर्षित करने में अपना विशेष महत्व रखता है। जिस स्थान पर आवागमन की सुविधा नहीं है पर्यटक उसे विशेष महत्व नहीं देते हैं। जिस स्थान तक पहुंचने के लिए यातायात का मार्ग अच्छा है तथा यह सही मार्ग पर स्थित है; तो वह स्थान पर्यटकों की इच्छा को प्रभावित करता है। अधिक दूरी की अपेक्षा पास का पर्यटक स्थल यात्रियों को अधिक प्रभावित करता है। विश्व के पर्यटक बाजार जैसे–संयुक्त राज्य, यूरोप, कनाडा, जापान और आस्ट्रेलिया से दूर पर्यटन स्थल होने पर पर्यटकों की संख्या प्रभावित होती है। एक ही क्षेत्र के देशों के पर्यटकों की संख्या भी इन देशों की अधिक है। यूरोप और उत्तरी अमेरिका में आने वाले अन्तर्राष्ट्रीय पर्यटकों में 80% पर्यटक हैं। इसलिए पर्यटक स्थल तक पहुंचने की सुगमता पर्यटन की वृद्धि और विकास में अपना विशिष्ट स्थान रखती है।

पर्यटक देशवासियों से दोस्ती एवं प्रेम का व्यवहार ही अपने देश में जाकर स्थिति का वर्णन करेंगे और एक संतुष्ट पर्यटक ही पर्यटन के विकास में अधिक सहायक सिद्ध होते हैं। फ्रेंच सरकार ने अपने देशवासियों को पर्यटकों से होने वाले लाभ से जानकारी देने के लिए, अभियान चलाया था। भारत सरकार ने भी एक ऐसी ही योजना शुरू की है।

5. सुविधाएँ–पर्यटक स्थलों पर सुविधाओं का होना बहुत आवश्यक है। समुद्र के किनारे बनाए गए रिसार्ट के लिये तैरने, नाव चलाने, नाव में घूमने तथा दूसरी सुविधाएं जैसे–नाचने, मनोरंजन व मन बहलाने का होना जरूरी है। सुविधा दो प्रकार की हो सकती है–एक प्राकृतिक जैसे-समुद्र का किनारा, समुद्र में स्नान, मछली पकड़ने

की सम्भावनाएँ, चढ़ाई के अवसर, दृश्यों का अवलोकन आदि और दूसरी मानव द्वारा निर्मित जैसे-अनेक प्रकार के मनोरंजन के साधन और सुविधाएँ जिसमें पर्यटकों की रुचि के अनुसार खान-पान उपलब्ध हो। समुद्र के किनारे की सुंदर रेत, सूर्य की किरणों से ताड़ और नारियल के वृक्षों के नीचे शरण स्थल और नहाने की सुंदर व्यवस्था इत्यादि पर्यटकों को अपनी ओर आसानी से आकर्षित कर लेते हैं।

6. आवास–किसी भी पर्यटक स्थल के लिए आवास एक मूलभूत आवश्यकता है। घर से दूर पर्यटकों के लिए आवास में सभी सुविधाएँ उपलब्ध होनी चाहिएँ। आवास में सिर्फ खाने और निवास की गणना की जाती है। विगत 25 वर्षों से इसमें कुछ सुधार प्रारम्भ किया गया है। कुछ बोर्डिंग हाऊस एवं छोटे प्राइवेट होटलों के प्रयोग में गिरावट आई है। बड़े होटल सिर्फ महानगर या प्रसिद्ध पर्यटक स्थलों पर ही बनाए गए हैं। हाल के वर्षों में इन आवास स्थलों में सुधार के साथ कुछ औपचारिक सुविधाएँ भी उपलब्ध कराई जाने लगी हैं। नए प्रकार के आवास खासतौर से होलीडे गाँव, अपार्टमेंट हाउस holiday villages, apartment house एवं पर्यटक झोंपड़ी (tourist cottage) इत्यादि बहुत लोकप्रिय हो रहे हैं। पर्यटकों के लिए आवास अपने आप में एक महत्वपूर्ण आकर्षण के केन्द्र हैं। कुछ देश जैसे–स्विट्ज़रलैंड, हालैंड, आस्ट्रेलिया एवं नीदरलैंड अपने होटलों में अच्छी सुविधाएँ, आरामदायक एवं स्वच्छता के कारण ही अपना स्थान बनाए हुए हैं। बहुत से दूसरे देशों में भी बनाए गए Resorts में खाने-पीने एवं स्वच्छ प्रकार अच्छी व्यवस्था है।

4

पर्यटन का आर्थिक प्रभाव

पर्यटन एक उद्योग बन गया है और इसकी आर्थिक महत्व बहुत अधिक है। बीसवीं शताब्दी के समाप्ति के समय से पर्यटन की पहचान आर्थिक विकास के रूप में होने लगी है। पर्यटन से रोजगार सृजन होता है, विदेशी मुद्रा अर्जित होती है एवं विश्व की सभी देशों के मध्य सामंजस्य स्थापित होता है। भारत में पर्यटन को उद्योग का दर्जा सातवीं पंचवर्षीय योजना दिया गया था। पर्यटन का आर्थिक क्षेत्र के तहत रोजगार, आय, विदेशी मुद्रा की प्राप्ति तथा विकास आदि शामिल हैं।

भारत सरकार ने एक राष्ट्रीय कार्य योजना बनाई है जिसके अनुसार सन् 1989 और सन् 1990 में भारतीय पर्यटन उद्योग ने प्रत्यक्ष रूप से 55 लाख लोगों को रोजगार उपलब्ध कराए हैं। अनुमानतः सन् 2020 तक इसमें कई गुना बढ़ोतरी होने की सम्भावना है। पर्यटन उद्योग में प्रत्यक्ष तथा परोक्ष रोजगार करने की अद्भुत सामर्थ्य है। होटल से लेकर भिन्न-भिन्न टूर-ऑपरेटरों, पर्यटन कार्यालय, परिवहन संचालकों, टूरिस्ट गाइडों इत्यादि के रूप में लोगों को प्रत्यक्ष रोजगार मिलता है। होटलों में सब्ज़ी, मांस, मछली, मुर्गी, अनाज इत्यादि आपूर्ति करने वालों, बिजली मिस्त्री प्लम्बर, बढ़ई तथा बिस्तर-पर्दा आदि देने वालों तथा अन्य सभी तरह की मदद के अलावा आपूर्तिकर्ताओं तथा टैक्सी चालकों आदि को भी अप्रत्यक्ष रोजगार हासिल होता है।

पर्यटन से हस्तशिल्प और हस्तकलाएं बेचने वाले दुकान और इम्पोरियम के द्वारा हजारों शिल्पियों, कारीगरों और बुनकारों को रोजगार उपलब्ध होता है। वस्तुतः उत्पादन की अपेक्षा पर्यटन से सम्बद्ध गतिविधियों में रोजगार तथा निवेश का अनुपात कहीं ज्यादा है। यहाँ यह बता देना उचित है कि पर्यटन ने उन क्षेत्रों में रोजगार पैदा किए जहाँ रोजगार के वैकल्पिक अवसर विद्यमान थे। उदाहरण के लिए हिल स्टेशनों को ही लीजिए। इन पर्यटन स्थलों पर अनेक परिवार अपने जीविकोपार्जन हेतु मुख्य तौर पर पर्यटन पर ही निर्भर हैं। स्थानीय होटलों, रेस्तरां, परिवहन, दुकान आदि में स्थानीय जनता को रोजगार उपलब्ध होता है। पर्यटन उद्योग में लगे लोगों की आय से उनके परिवार वालों की जरूरतें पूर्ण होती हैं जिससे दुकानों, अस्पतालों तथा स्कूलों आदि में अप्रत्यक्ष तौर पर रोजगार पैदा होता है। इस प्रकार पर्यटन से विभिन्न वर्गों को रोजगार का अवसर मिलता है।

पर्यटन को विकसित होने से अनके बेरोजगार और अल्प रोजगार वाले लोगों को रोजगार प्राप्त हो रहे हैं। रोजगार संबंधी इन सकारात्मक पक्षों के बावजूद स्थानीय जनता की दृष्टि से कुछ मुद्दों पर ध्यान देना आवश्यक है।

1. पर्यटन द्वारा उत्पन्न किया गया ज्यादातर रोजगार मौसमी होता है। फलस्वरूप रोजगार नियोक्ता अस्थायी रोजगार को प्रधानता देते हैं या मौसम के दौरान बाहर से मजदूर मंगा लेते हैं। इससे सही अर्थों में स्थानीय जनता को रोजगार नहीं मिलता।
2. कतिपय स्थानों पर स्थानीय लोगों की शिकायत होती है कि उन्हें छोटी-छोटी नौकरियां ही मिल पाती हैं, प्रबंधक जैसी नौकरियाँ बाह्य लोगों को ही मिलती हैं। होटल, रेस्तरां, ट्रेवल एजेंसियाँ, दुकानों इत्यादि पर बाहरी व्यक्तियों का स्वामित्व होता है। अतः पर्यटन से हुई आय का लाभ स्थानीय लोगों को नहीं मिल पाता है।
3. मौसम के दौरान पर्यटकों के कारण अनेक आवश्यक वस्तुओं के मूल्य बहुत बढ़ जाते हैं। इससे स्थानीय जनता बुरी प्रकार प्रभावित होती है।

अतएव पर्यटन विकास की योजना बनाते समय इन मुद्दों पर भी विचार करना चाहिए। इन्हें नजरअंदाज करने से पर्यटन स्थलों पर तनाव उत्पन्न होगा।

आय—पर्यटन का रोजगार और आय दोनों में पारस्परिक संबन्ध होता है और इन दोनों का प्रमुख आधार पर्यटक द्वारा ही जाने वाली धनराशि है। जो मजदूरी, वेतन, किराया और अन्य फायदे के रूप में आय होती है। पर्यटन से कई तरह की

वस्तुओं और सेवाओं की मांग होती है। उदाहरणार्थ—आवास, खाद्य तथा पेय, लंबी दूरी के और स्थानीय परिवहन, मनोरंजन, खरीददारी स्थल दर्शनार्थ गाइड आदि। पर्यटकों द्वारा किए गए खर्चे से इन सेवाओं को स्पष्ट आय ही नहीं होती है, वरन् इससे होटलों, रेस्तरां, परिवहन संचालकों और कामगारों, ट्रैवेल अभिकर्ताओं और उनके कर्मचारियों, मनोरंजन गृहों के मालिकों और वहाँ के कर्मचारियों, कलाकारों, शिल्पियों एवं कला की वस्तुएँ बनाने वाले लोगों को भी रोजगार उपलब्ध होता है। इन सभी सेवाओं से जुड़े रोजगार तथा इनसे होने वाली आय निम्नांकित पर आश्रित होती है— पर्यटकों की संख्या, पर्यटकों द्वारा किया गया व्यय और उनके खर्चे करने का ढंग।

इस प्रकार पर्यटन द्वारा अप्रत्यक्ष रूप से बड़ी मात्रा में रोजगार और आय उपलब्ध हो रहे हैं। पर्यटक जो व्यय करता है वह एक आदमी से दूसरे आदमी के हाथों में चला जाता है। परंतु एक व्यक्ति से दूसरे व्यक्ति के पास जाने में राशि घटती चली जाती है, क्योंकि हर व्यक्ति अपना भाग अपने पास रखता जाता है। अब देखना यह है कि पर्यटन और उसके आपूर्तिकर्ताओं और इनसे बेहतर रोजगार प्राप्त करने वाले व्यक्तियों को कितनी आय की आवश्यकता है। इससे एक नया आयाम हमारे समक्ष उपस्थित होता है। पर्यटन से सम्बन्धित उत्पाद वस्तुओं की मांग से और अधिक रोजगार मिलने की संभावना रहेगी और आय में भी वृद्धि होगी। फलस्वरूप इसमें एक के पश्चात् एक शृंखलाबद्ध तरीके से वृद्धि होती जाती है। पर्यटन उद्योग अपने स्थानीय बाजार क्षेत्रों से जितनी अधिक सेवाएँ तथा वस्तुएँ खरीदेगा, उसका गुणित असर उतना ही ज्यादा होगा। सेवाओं और वस्तुओं के आयात की प्रवृत्ति जितना ज्यादा होगी, गुणित प्रभाव उतना घटेगा। भिन्न-भिन्न तरह के करों, चुंगी और प्रवेश शुल्क आदि से केंद्र और राज्य सरकार की भी आय होती है।

विदेशी मुद्रा—पर्यटकों के आगमन से विगत कुछ सालों में विदेशी मुद्रा अधिक अर्जित हुई है। भारत पर पर्यटन के आर्थिक प्रभाव संबंधी संयुक्त राष्ट्र की रिपोर्ट के अनुरूप पर्यटक आगमन में वृद्धि होने पर भी डॉलर की दृष्टि से पर्यटन की आय में कमी देखी गई है। इस परिघटना के कुछ अनुमानित कारण इस तरह हैं—विगत वर्षों में रुपये की अवमूल्यन की ऊँची दर, बजट, पर्यटकों के अनुपात में वृद्धि और बाजार में विदेशी मुद्रा की कालाबाजारी के कारण रिसाव, आदि।

पर्यटन संबंधित आवश्यकताओं की पूर्ति के लिए किसी सामग्री या सेवाओं के क्रय मूल्य को रिसाव कहा जाता है। रिसाव जितना अधिक होगा, विदेशी मुद्रा

का अर्जन उतना कम होगा और कम रिसाव का आशय है अधिक विदेशी मुद्रा अर्जन। इस तरह रिसाव को कम करके विदेशी मुद्रा अर्जन को बढ़ाया जा सकता है। यह सब पर्यटन के प्रकार, स्वरूप और पर्यटकों की श्रेणी पर निर्भर करता है। तीसरी दुनिया के राष्ट्रों की सरकारों को इस रिसाव को कम करने की रणनीति बनानी होगी, जो इस तरह हो सकते हैं—पर्यटकों पर कुछ प्रतिबंध लगाना, जैसे—उन्हें होटल के बिलों का भुगतान और खरीददारी इत्यादि में विदेशी मुद्रा ही देनी होगी, बहुराष्ट्रीय कंपनियों के नियंत्रण को रोकना, खरीददारी इत्यादि में विदेशी मुद्रा ही देनी होगी और स्थानीय संसाधनों का इस्तेमाल कर आयात विकल्प तैयार करना।

इस तरह विदेशी पर्यटन से अंतर्राष्ट्रीय व्यापार को बढ़ावा मिलता है। विदेशी पर्यटक आभूषण तथा कीमती पत्थर, कालीन, कपड़े, हस्तशिल्प और चमड़े के बने सामान खरीदते हैं। ये विदेशी पर्यटक अपने-अपने राष्ट्रों में इन पदार्थों के प्रचार के माध्यम भी बनते हैं। इससे विदेशों में इन चीजों की मांग बढ़ती है और इनके निर्यात में बढ़ोतरी होती है। भारतीय हस्तशिल्प की श्रेष्ठ गुणवत्ता और पर्यटकों के द्वारा विश्वभर में इनके प्रचार होने से इस क्षेत्र की निर्यात संभावनाएँ अत्यधिक बढ़ गई हैं।

पर्यटन में उचित प्रबंधन के द्वारा अधिक लाभ अर्जित किया जा सकता है। नए रोजगार आय के मौके प्रदान कर विदेशी मुद्रा अर्जन, पिछड़े क्षेत्रों में अधिसंरचनात्मक विकास, प्रतिबंधित क्षेत्रों को कुछ सीमा तक अंतर्राष्ट्रीय पर्यटकों हेतु खोलकर अर्थव्यवस्था को एक नई ऊँचाई दी जा सकती है। अतएव अब पर्यटन को एक हाशिए पर खड़े विलासितापूर्ण क्रियाकलाप के तौर पर नहीं देखा जा सकता। निर्यात उद्योग के समान यह भी आर्थिक विकास का एक महत्त्वपूर्ण यन्त्र है, तथापि विकास की प्रक्रिया में मेजबान जनता की भी रक्षा होनी चाहिए।

5

पर्यटन के आर्थिक सिद्धान्त

'आर्थिक' शब्द का तात्पर्य वित्त विभाग से होता है, किसी भी कार्य या प्रयोजन का उद्देश्य विकास से ही संबंधित होता है जिसके माध्यम से उसकी स्थिति को सुदृढ़ किया जा सके जैसे—उत्पादकता में बढ़ोतरी, राजस्व में बढ़ोतरी, भौगोलिक विवरण, कार्मिक क्षेत्र में सुधार लाना, रोजगर के माध्यमों का आंकड़ा, उत्पादन के अधिकतम क्षेत्रों में अधिकतम संतुलन, निर्यात का विदेशी उत्पादन के क्षेत्र में विस्तार करके अनुकूल वातावरण स्थापित करना व देशीय व राष्ट्रीय विकास करना इत्यादि प्रमुख है।

विकासशील परियोजनाओं के लिए पूँजी, विदेशी मुद्रा, परिवहन व निर्माण तथा व्यावसायिक प्रशिक्षण की समुचित व्यवस्था होनी चाहिए। उत्पादित निवेश के लिये जरूरी है कि विदेशी मुद्रा उपलब्ध हो। धनी विदेशी राष्ट्रों की वस्तुएं तभी प्राप्त हो सकती हैं जबकि देश उपभोग की उच्चतम सीमा तक पहुंच गया हो। पर्यटन ही एक ऐसा माध्यम है जो विकसित राष्ट्रों को प्राथमिक कार्यों में व्यस्त कर सकता है। एवं जिन राष्ट्रों में जिन्होंने यह अवस्था पार कर ली है वे अपनी अर्थव्यवस्था की परिपक्वता में इसे प्रेरक की जरूरत के रूप में महसूस करते हैं। पर्यटन की कुछ विशेषताएं जैसे—अपना पारम्परिक अस्तित्व, अर्थव्यवस्था की स्वाधीनता, राष्ट्र के प्रत्येक क्षेत्र का प्रभावित होना, तीव्रगति से विकास के लिये पूंजी के उत्पादन की कम दरें आदि के परिणामस्वरूप यह राष्ट्रीय विकास का बहुत ही महत्वपूर्ण पहलू है।

युनाईटेड चैम्बर्स आफ कॉमर्स के अनुसार, "किसी भी क्षेत्रीय, प्रान्तीय अथवा सामुदायिक विकास कार्यक्रम के लिये पर्यटन की उन्नति एक मुख्य संचालन है। नये व्यापार व नये धन को एक नये क्षेत्र में लाने के मूलतः तीन तरीके हैं, ये हैं—कृषि विकास, औद्योगिक विकास एवं पर्यटन विकास। संभवतः तीनों में पर्यटन विकास एक शीघ्रगामी एवं कम से कम कठिन तरीका है। सम्प्रदायों के विकास की यह नयी धारणा और अवतन विकसित क्षेत्रों से पर्यटन के विकास की विचित्रता से वेतन व व्यापार की रुचि में बढ़ोतरी सम्भव है।

अन्य आर्थिक प्रक्रियाओं जैसी पर्यटन भी एक प्रक्रिया है। हालांकि पर्यटन स्वयं में संगठित उद्योग है परन्तु इसकी सीमाएँ बहुत विशाल हैं। विभिन्न स्थानों पर बिखरी हुई हैं एवं इसके फायदा राष्ट्र की समस्त जनता को उपलब्ध होते हैं। वे सभी व्यक्ति जो पर्यटन स्थलों में निवास करते हैं, पर्यटन क्रिया में सक्रिय होते हैं। समस्त पर्यटक चाहे वे स्वदेशी हों अथवा विदेशी, क्षेत्रीय अर्थव्यवस्था के विकास में लोगों को रोजगार प्रदान करवाने में सहायक होते हैं एवं साथ-ही-साथ अच्छी संस्कृति को कायम करने का अवसर प्रदान करते हैं। हर नागरिक को अपने शहर, संस्कृति, रिति-रिवाज व इतिहास पर गर्व होता है।

श्री पीटर्स (Peters) के अनुरूप पर्यटन के निम्नलिखित प्रमुख पांच कार्य हैं—

1. दुलर्भ मुद्रा अर्जित करके व्यापार संतुलन में योगदान करना,
2. विश्व के कार्यों में लोगों का उत्साह बढ़ाकर सामाजिक फायदा प्रदान करना एवं विदेशी व्यक्ति व विदेशी वस्तुओं का ज्ञान हासिल (प्राप्त) करना,
3. बहु प्रभाव के माध्यम से सामान्य आर्थिक क्रियाओं में सहयोग,
4. जिन क्षेत्रों में औद्योगिक विकास नहीं है वहाँ पर विकास को बढ़ावा देना,
5. रोजगार के अवसर में वृद्धि करना।

पर्यटन की अर्थव्यवस्था तथा गुणक का असर

आर्थिक लाभ—इटली, जर्मनी, अमेरिका, चेकोस्लोवाकिया में आरम्भ से ही राष्ट्र की अर्थव्यवस्था में किए गए पर्यटन के अध्ययन सांख्यिकीय मापदण्ड का पर्यटन में बहुत अधिक महत्व है। पर्यटन के इलाकों में इन अध्ययनों ने विशिष्ट श्रेय दिया है। पर्यटन का विदेशीय स्तर पर आधुनिक युग के अध्ययनों में मूल्यांकन किया गया है, आधुनिक युग में प्रकाशित श्री माइकल पीटर्स (Peters 1969) का

कार्य उल्लेखनीय है। जिन्होंने ये सूचनायें IOTO (अब WTO) स्रोतों से प्राप्त की थीं। उनके अनुसार स्वदेशी व विदेशी पर्यटकों का कुल व्यय विश्व की कुल उपभोक्ता सम्बन्धी खर्चों का करीब 5% है। राष्ट्रीय आय में वृद्धि व अवकाश के वक्त में वृद्धि के कारण बढ़ोतरी दर में वृद्धि हुई है। अंतर्राष्ट्रीय पर्यटन की माँग और आय दोनों में समानता देखने को मिलती है।

लाभ की प्राप्ति के लिए आर्थिक विकास को तेज किया जा सकता है। इसलिए ये फायदे किसी भी उपक्रम के उद्देश्यों के रूप में प्राप्त किए जा सकते हैं। फायदा प्राप्ति चाहे वे नकारात्मक हों अथवा सकारात्मक एवं जिनका उद्देश्यों से कोई सम्बन्ध न होने पर भी कुछ मिले-जुले कारणों से महसूस हो सकते हैं।

अंतर्राष्ट्रीय सद्भावना की अनदेखी करते हुए भारत ने पर्यटन की आर्थिक स्थिति को बढ़ावा दिया है। इस तरह मुख्य उद्देश्य रहा है पर्यटन के आर्थिक फायदा जैसे पर्यटन का राष्ट्र की अर्थव्यवस्था में प्रभाव, रोजगार के साधनों का सृजन, विदेशी मुद्रा का अर्जन तथा राष्ट्र की आय का साधन आदि मालूम करना, जो कि अदृष्टिगत व्यापार के माध्यम से प्राप्त करने का एक अच्छा अवसर था। यह भी उदाहरणीय है कि यूगोस्लाविया एवं बुल्गारिया जैसे साम्यवादी राष्ट्रों ने भी पर्यटन के लाभ को समझ लिया है एवं एक महत्वपूर्ण पर्यटक मार्किट स्थापित कर ली है। ब्लाडिमीर अन्कुडिनोभ, विदेशी पर्यटन बोर्ड के विभागाध्यक्ष के अनुसार–

"बिजली, विज्ञान, प्लास्टिक संगणक एवं बहुत से अन्य उद्योग प्राचीन उच्च कोटि के उद्योगों की अपेक्षा बड़ी तीव्र गति से विकसित हो रहे हैं। परन्तु यहाँ एक उद्योग है जो कि वृद्धि दर में किसी नये आने वाले उद्योग से प्रतिस्पर्धा कर सकता है। यह उद्योग है–पर्यटन।"

पर्यटन के विभिन्न फायदों का आंकड़ा हम तभी पता कर सकते हैं जब पयर्टन के बड़े पैमाने पर उत्पादन कर व व्यापार आधार पर विशाल प्रभावों का अध्ययन हो। आज यह विश्व का उद्योग है, जिसमें बहुत ही ज्यादा वित्त निवेशित है। आवास, परिवहन पर्यटन स्थल क्षेत्र एवं सहायक सुविधाएँ व सेवाएँ, जो कि पर्यटन के मुख्य पहलू हैं, पर किए गए नियोजन से पर्यटन-प्रिय राष्ट्रों में बहुत ही उच्च्व आय प्राप्त होती है। रोबर्ट इरवेज ने विकासशील अर्थव्यवस्था में पर्यटन के योगदान के सन्दर्भ में बताया कि उत्पादन के साधनों का पर्यटन में उपयोग करने से कितनी अधिक आय प्राप्त होती है, यह तभी मालूम हो सकता है जबकि पर्यटन व अन्य वैकल्पिक क्षेत्रों में उत्पादन के कार्य का सही अनुमान लगाया जाए।

गुणक का असर—पर्यटन एक व्यवस्था अथवा उद्योग है जो अर्थशास्त्र के नियमों व सिद्धातों के द्वारा प्रभावित होता है। पिछले 40 वर्षों में पर्यटन से सम्बन्धिकता अर्थशास्त्रियों ने एक सिद्धांत की खोज की जिसे पर्यटन के गुणक प्रभाव के नाम से पुकारा जा सकता है। 1959 में प्रोफेसर पाल ए साइमूलशन, अध्यक्ष अर्थशास्त्र विभाग, मोसेचेसेस्ट इन्स्टि्यूट ऑफ टेक्नोलोजी ने एक गुणित सिद्धांत की खोज की थी। इस सिद्धांत का सूत्र इस तरह है—

$$K = \frac{1}{c}$$

$$1 - \frac{K}{Y}$$

इस सिद्धांत के अनुरूप 'K' गुणित 'C' पर आश्रित है जो कि क्रमशः उपभोक्ता व आय के पर्यटन के सम्बन्ध के द्योतक हैं; इस प्रकार—

K= गुणक

C= उपभोग में परिवर्तन

Y= आय में बदलाव

उपरोक्त सिद्धांत के सूत्र से पर्यटन भी संबंधित होता है या लागू होता है पर्यटक व्यय करने के बाद थमता नहीं, अर्थात् वह खर्च होता ही रहता है। यह राष्ट्र की अर्थव्यवस्था में तब तक विचलन भ्रमण करता रहता है जब तक पर्यटक किसी स्थान की यात्रा करता रहता है व उस क्षेत्र में धन व्यय करता है। यही धन स्थानीय लोगों की आय का साधन बन जाता है। फिर से यह आय खर्च की जाती है और यह धन प्रक्रिया एक दूसरे की बीच लगातार चलती रहती है। राष्ट्रीय आय पर उस तरह के खर्च का व्यापक प्रभाव पड़ता है। राष्ट्रीय मुद्रा जो कि विदेशी मुद्रा हेतु विनिमय की जाती जो राष्ट्र के पर्यटन विभाग को एक गुणित के अनुपात में आश्रित होता है जो कि समस्त राष्ट्रीय अर्थव्यवस्था के विभिन्न शाखाओं में पुनः वितरित होती रहती है।

अन्य राष्ट्रों से आये हुए पर्यटक जब वहाँ अपना धन खर्च करते हैं वो धन उस राष्ट्र की आर्थिक व्यवस्था को प्रभावित करता है। जैसे जब कोई यात्री अपने होटल बिल का भुगतान करता है तो होटल प्रबंध के माध्यम से प्राप्त किया गया धन भिन्न-भिन्न ऋणों के भुगतान अथवा विदेशी पर्यटनों के दूरभाष, कर्मचारी सेवाओं, वस्तुओं तथा अन्य सेवाओं पर व्यय किया जायेगा। जो लोग इस तरह होटलों

से धन प्राप्त करते हैं वे अपनी निजी सेवाओं अथवा यात्राओं हेतु भुगतान करते हैं। यात्रियों के माध्यम से प्राप्त यह धन दुबारा खर्च किया जाता है जो अर्थव्यवस्था के विभिन्न भागों में प्रवेश करता रहता है। वस्तुतः हर समय नवीन आय सृजित की जाती है। जैसे आय का भुगतान, विदेशी में निवेशित धन संचय आदि जो कि धन को विचलन से पृथक् कर ले।

आये हुए पर्यटकों के वित्त या धन की असीन परिवर्तन शृंखला गुणक के असर को विकसित करती है। इसमें जितने अधिक लोग होंगे उतनी ही राष्ट्रीय आय को लाभ होगा।

पर्यटकों द्वारा खर्च किया गया धन वहाँ के राष्ट्र की अर्थव्यवस्था पर अलग-अलग प्रभाव डालता है। व्यय की इस धारणा में टपकन की वजह से आने वाले खर्च की धाराओं से क्षेत्र की आय उतार-चढ़ाव आता रहता है। इस तरह का अनुभव केवल अनुमान लगाकर ही किया जा सकता है। इन सब मामलों में इस बहाव का प्रभाव केवल एक वर्ष तक ही देखा जा सकता है। हालांकि एक वर्ष के पश्चात् भी धन की राशि विभिन्न हाथों में परिवर्तित होती रहती है। यह अनुमान है कि 12 महीनों के पश्चात् इस धन का अर्थव्यवस्था पर कोई विशेष प्रभाव नहीं रहता है। इस तरह के टपकन के मुख्य कारण निम्न हैं–

(1) बचत (संचय)
(2) आयात
(3) विदेशों के निवेश
(4) देश के बाहर पर्यटन (विदेश यात्रा)।

जितना ज्यादा टपकन होगा उतना ही गुणित कम होगा। इस टपकन के कारण आने वाले खर्व की धारायें कुछ व्यय के चक्र को पूर्ण करने पर शून्य की सीमा तक पहुंच जाती हैं।

पर्यटकों के माध्यम से किया गया व्यय दो तरह के प्रभाव प्रदर्शित करता है–

पर्यटक का प्रत्यक्ष असर–पर्यटक के माध्यम से किए गए क्षेत्रीय खर्च से पैदा प्राथमिक आय को प्रायः प्रत्यक्ष प्रभाव कहा जाता है।

पर्यटक का अप्रत्यक्ष असर–तत्पश्चात् अर्जित की गयी आय को अप्रत्यक्ष प्रभाव कहते हैं।

उदाहरणस्वरूप एक पर्यटक किसी भी पर्यटन इलाके में 800 रुपयों को खर्च करता है, उसमें से श्रमिकों और मालिकों के लिए 400 रु. आमदनी होती है, एवं

आयात करने के परिणामस्वरूप आय 800 रुपये खर्च व्यय चक्र से टपकन के रूप में बाहर हो जाती है। दूसरे चक्र में, 500 रु. में से 40% टपकन होने से 200 रु. रह जाता है। तीसरे चक्र में 200 रु. घटकर 800 रु. रह जाते हैं एवं यह चक्र तब तक चलता रहेगा जब तक कि यह राशि शून्य तक नहीं पहुंचती है, यदि हम समस्त अप्रत्यक्ष आय को प्रत्यक्ष आय में जोड़ दें तो कुल रकम 1000 रु. बनती है, क्योंकि 1000 रु. प्रत्यक्ष आय (500 रु.) का दुगना हुआ है। गुणक निकालने का यह बहुत ही सीधा व सरल ढंग है, परन्तु व्यावहारिक दृष्टि से प्रत्येक चक्र में टपकन से सम्बन्धित आँकड़े मालूम करना बहुत ही कठिन कार्य है।

हम एक और उदाहरण लेते हैं, एक नवनिर्मित होटल इकाई ले लीजिए जो कि विदेशी कम्पनी के अधिकार में है। कुछ मान्यताएँ इस तरह हैं :

होटल की आय	10,00,000 रु.
स्वदेशी माल के क्रय का मूल्य (खान-पान, गोस्त आदि)	3,00,000 रु.
आयात किए गए विदेशी माल का मूल्य (शराब, पेय पदार्थ, साबुन आदि)	2,00,000 रु.
राष्ट्र के कर्मचारियों को भुगतान किया गया वेतन	3,00,000 रु.
	8,00,000 रु.
	2,00,000 रु.

कुल लाभ 2,00,000 रु. में से, 1,00,000 रु. निर्यात किया गया एवं 1,00,000 रु. उसी समय देश के उद्योगों में विनियोग/निवेशित किया गया है, 3,00,000 रु. के राष्ट्रीय माल के तहत कृषि तथा अन्य स्वदेशी उद्योगों से खरीदा गया सामान है। इस 3,00,000 रु. में से विभिन्न औद्योगिक कर्मचारियों को मजदूरी दी जाती है। यह मजदूरी पुनः वितरित हो जाती है एवं अन्य क्रय करने में योगदान करती है इस तरह प्राप्ति का अंश गुणक के प्रभाव में और भी बढ़ोतरी कर देता है। 2,00,000 रु. आयात के लिए व्यय किया जाता है व 1,00,000रु. का मुनाफा राष्ट्र से विदेशी राष्ट्रों में चला गया। इस तरह 3,00,000 रु. राष्ट्र की हानि है जिसको टपकन के नाम से पुकारा जाता है।

इस प्रकार प्रारंभ की 10,00,000 रु. की रकम में से 7,00,000 रु. (3,00,000 रु + 3,00,00 + 1,00,000) ही राष्ट्रीय चक्र की क्रिया में रहता है एवं

सक्रिय रूप से चलित रहता है। यदि यह मान लिया जाय कि यह अनुपात आने वाली अवस्था में भी यही रहता है, तो हम इस धन के चलन के प्रभाव की निम्न तरह गणना कर सकते हैं–

अवस्था	चलन का प्रभाव
1. आरंभिक खर्च	दस लाख
2. द्वितीय चक्र	$1 \times 0.7 = 0.7$
3. तृतीय चक्र	$1 \times 0.7 \times 0.7 = 0.7^2$
4. चतुर्थ चक्र	$1 \times 0.7 \times 0.7 \times 0.7 = 0.7^3$
5. पंचम चक्र	$1 \times 0.7 \times 0.7 \times 0.7 \times 0.7 = 0.7^4$
6. NCR चक्र	$1 \times 0.7 \times 0.7 \times 0.7 \times 0.7 \times 0.7 = 0.7^5$

गुणित करने पर प्रतीत होता है कि धन का प्रति 'N' चलन निम्न के बराबर है–

$$N = \frac{1}{1\text{-}07} = 3.33$$

3.33 को इस उदाहरण में, गुणक का प्रभाव कहा जा सकता है। दूसरे शब्दों में, प्रारम्भ में किए गये पर्यटकों के व्यय का प्रभाव आरंभ होता है, जिससे विभिन्न स्रोतों पर तीन गुना ज्यादा प्रभाव पड़ता है।

पर्यटकों द्वारा किया गया खर्च किसी भी निर्धारित इलाकों के आमदनी में अपने आप बढ़ती रहती है। यह व्यय की गयी रकम बढ़ती रहती है एवं गुणित का गुणक कही जाती है। यह प्रदर्शित करती है कि पर्यटक खर्चों के परिणामस्वरूप आय में कितनी वृद्धि होती है। यदि पर्यटकों का व्यय 10 लाख रु. है व गुणित का मूल्य 1.9 है तो आय में 19 लाख रु. की वृद्धि हो जायेगी। जैसे ही होटल मालिक स्थानीय परिवहन व रेस्टोरेन्ट मालिक व अन्य मालिकों से आय प्राप्त करते हैं, इस आय में वृद्धि होना आरंभ हो जाती है। दूसरी तरफ कर्मचारी अपना वेतन भुगतान करते हैं। मकान मालिक व अन्य प्राप्तकर्ता अपनी आय व्यय करते हैं। इस तरह कुल आय का भाग प्रत्यक्ष रूप में पर्यटकों के माध्यम से किए मूल खर्चे के योग से ज्यादा होता है। कितना अधिक यह गुणित होगा, यह अनुमान इस बात पर निर्भर करता है कि हर अवस्था में प्रारम्भिक आय में से कितना पुनः व्यय की गयी अर्थात् वह राशि जो बचत नहीं है एवं कितने टपकन थे जो कि उस धन से पैदा होती है और जो देश के आयात करने के परिणामस्वरूप बाहर चला जाता है। उदाहरणार्थ–पर्यटकों के

माध्यम से आयात किये गये वस्तुओं पर किए व्यय आय से बहुत ही कम बढ़ोतरी करते हैं। पर्यटन आय गुणित के माध्यम से अनुमान लगाया जा सकता है कि विदेशी पर्यटकों के व्यय का स्वदेशी अर्थव्यवस्था पर क्या प्रभाव पड़ता है। जब कभी गुणित एक से अधिक होगा (जो प्रायः अधिकांश दशाओं में होता है) तो पर्यटन से प्राप्त के लाभों को पूर्णतः प्रदर्शित नहीं कर सकती है। गुणित के मान व समुदायों की आय व रोजगार के क्षेत्रों में प्राप्त फायदा अर्थव्यवस्था में टपकन की वर्तमानता (मौजूदा) के अनुरूप घटते रहते हैं।

गुणक आंकड़ा

प्रथम स्थिति—गुणक के आंकड़े का पता लगाने के लिए जरूरी है कि यात्री के द्वारा किया गया खर्च आय या आमदनी के तदानुरूप तय किया जाएँ। हर पर्यटक खर्च का विभक्तिकरण पृथक्-पृथक् मदों में कर सकते हैं यथा—आवास, खान-पान, खरीददारी, स्थानीय परिवहन, खेल व मनोविनोद एवं अन्य छोटी मदें, जैसे—डाक टिकट, समाचार-पत्र आदि। समूह समारोह अथवा पैकेज यात्रा की वजह से आवास व खान-पान के व्यय का अलग-अलग विभाजन करना बड़ा ही जटिल है। पैकेज यात्रा में तो होटल के आवास के खर्च में ही समस्त अथवा कुछ खाने-पीने के खर्चे ही शामिल होते हैं। इसी तरह पर्यटन स्थलों में स्थित होटल तो अमेरिकी प्लान प्रदान करते हैं। व्यय करने के ढंग से पर्यटन के रोजगार सम्बन्धी स्रोत एवं इसका राज्य की आय में महत्वपूर्ण योगदान निर्धारित किया जाता है क्योंकि प्रति वर्ग में अलग-अलग श्रमिक गुणक अनुपात है तथा हर श्रेणी में कर सीमा शुल्क एवं उत्पादन शुल्क के विभिन्न रूप हैं।

दूसरी स्थिति—द्वितीय परिक्रमा में टैक्सी चालक, बैरा, दुकान मालिक जो कि प्रथम परिक्रमा से लाभान्वित हैं अपना फायदा व आय स्थानीय उत्पादित वस्तुओं व सेवाओं में व्यय करते हैं।

तीसरी स्थिति—तृतीय परिक्रमा में, द्वितीय परिक्रमा के लाभान्वित वर्ग अपने वेतन का कुछ अंश वस्तुओं व सेवाओं में व्यय करते हैं।

चौथी व परवर्ती स्थिति—द्वितीय, तृतीय व परवर्ती परिक्रमाओं का व्यय उन वस्तुओं पर होता है जो कि कच्चे माल, खान-पान से भिन्न होता है, जो अप्रत्यक्ष रूप से राष्ट्रीय आय को गति प्रदान करेगी। पर्यटकों का व्यय वस्तुओं व सेवाओं की पूर्ति करने वालों को आय प्रदान करता है और अन्य उद्योगों में भी आय सृजन करता

है। व्यय के द्वितीय, तृतीय व परवर्ती परिक्रमा को एकमुश्त करके राष्ट्रीय आय, राजकीय आय व रोजगार में पर्यटन की आय का साधन है।

मूल घटक—गुणक के माध्यम से आयात व संचय (टपकन) को समझा जा सकता है। निर्यात अथवा पर्यटकों के व्यय के माध्यम से की गयी आर्थिक क्रियाओं के प्रत्येक रुपये में एक नयी सम्पत्ति का सृजन होता है। कुछ प्राकृतिक लाभों से यदि एक निर्यात उद्योग कम गुणित के कारण भी निर्यात वृद्धि कर सकता है, तो इस तरह के उद्योग को अन्य उद्योगों जिनमें गुणित की अधिकतम मात्रा है परन्तु निर्यात बिक्री योग्यता प्राप्ति की सीमितता है, की अपेक्षा अधिक मान्यता प्राप्त होती है। जैसे बहुत से कृषि उद्योगों में बहुत ही उच्चतम गुणित है क्योंकि कृषि उत्पादन में कम से कम आयात की गयी वस्तुओं की जरूरत होती है। संभवतः कृषि क्षेत्रों में जीवनयापन निम्न स्तर का होता है तथा उनकी आय में बहुत जल्दी उतार-चढ़ाव देखने को मिलता है जो कि मार्केट की परिस्थितियों, सम्पत्ति व अन्य बाह्य शक्तियों पर निर्भर करता हैं।

दूसरी तरफ, कुछ उत्पादन में लगे हुए उद्योगों में ऊँची मजदूरी प्रदान करने से रहन-सहन के स्तर को ऊँचा करने में मदद मिलती है। परन्तु ये उद्योग अधिकतर कल-पुर्जे व कच्चा माल आयात करते हैं, इसीलिए इनमें गुणित कम ही होता है।

पर्यटन उद्योग में तो गुणित का प्रभाव बड़ी ही नाटकीयता से मालूम किया जा सकता है। मूल रूप से यह दो प्रमुख बातों (तत्वों) पर निर्भर करता है :

प्रत्येक चलन परिपथ में हानि का प्रभाव होगा, यह भी सम्भव है कि पर्यटन के माध्यम से छोड़े हुए धन का 1/10 अथवा 1/3 निर्यात किया जाय, यदि प्राप्त किया गया धन निर्यात किया जाय तो परिस्थितियाँ कुछ आश्चर्यजनक रूप ग्रहण कर लेती हैं। इस दशा में पर्यटन उद्योग पूर्णतः सक्रिय रहता है एवं दूसरे स्वागतकर्ता राष्ट्र को कोई फायदा प्राप्त नहीं होता है।

यह वित्त चलन में अनेक दफा एक व्यक्ति के हाथ से दूसरे व्यक्ति के हाथ में परिवद्धित होता रहता है। एक वर्ष के भीतर इन चलनों की संख्या में चार-पाँच से दस पन्द्रह तक वृद्धि हो सकती है। जितना जल्दी इनका चक्कर परिभ्रमण होगा उतना ही अधिक गुणक का प्रभाव होगा, अतएव यह अति जरूरी है कि राष्ट्र के नागरिक पर्यटकों से प्राप्त धन को व्यय करने के इच्छुक होंगे। उपभोग व व्यय की क्रिया तीव्र होनी चाहिए। यदि लोग इस धन को संचय करने में जुट जाएँ अथवा अनुत्पादक बचत में लगा दें (जैसे सोना, चाँदी, जेवर आदि) तो गुणक के प्रभाव का

बिलकुल लोप हो जायेगा। आधुनिक अर्थशास्त्री इसी विचार के प्रेरक हैं कि धन यथा-शीघ्र खर्च होना चाहिए।

गुणक के असरों व प्रभावों के प्रक्रिया को पूरा होने के लिए पर्यटक खर्च को छः उप-क्षेत्रों या विभागों में बांटा गया है, जो निम्नलिखित हैं—

खर्च का ब्योरा या	*खर्च का प्रतिशत*
आवास	25
खान-पान	32
खरीददारी	25
हृदयावलोकन एवं मनोविनोद	15
स्थानीय परिवहन व्यवस्था	5
अन्य	3
	100

यह वर्गीकरण विदेशीय यात्रियों के किसी भी राष्ट्र या क्षेत्र में जाने के पश्चात् किये हुए खर्च से जुड़ा है। कुछ अन्य प्रकार का वर्गीकरण जो उपरोक्त प्रक्रिया को सर्वमान्य हैं, निम्नलिखित प्रकार हैं—

व्यय की मदें	*प्रतिशत*
खान-पान	35%
आवास	30%
खरीददारी	25%
स्थानीय परिवहन	5%
अन्य	5%

निम्नलिखित बिंदुओं से पर्यटन के गुणक को समझा जा सकता है—

1. पर्यटकों के माध्यम से देश के भ्रमण में इस्तेमाल किए जाने वाले यन्त्रों व ईंधनों का आयात किया जाना। स्थानीय लोगों के माध्यम से क्रय की गयी वस्तुओं जैसे कपड़ा अथवा उपभोग किए जाने वाले शीघ्रकालीन सामान का अधिकतम भाग या तो पूर्णतः अथवा आंशिक में आयात किया जाना।
2. पर्यटकों के माध्यम से उपभोग किए गए खान-पान व सामग्री की खरीददारी का अधिकतर प्रतिशत जो आयात किया गया।

विदेशों में पुनः विनियोजन, संचय में देरी करना, इन टपकनों की वजह से अर्थव्यवस्था की उपभोग सम्पन्नता व क्षमता कम रहेगी जो कि बचत का एक अन्य तरीका है एवं साथ ही पलटाव की क्रिया भी कम रहेगी।

वस्तुतः समझा जा सकता है श्रमिक द्वारा उत्पादित या प्रदान की गयी सेवाओं की लागत तिहाई (1/3) के लगभग बराबर होगी।

वस्तुतः सम्पूर्ण वर्गों या श्रेणी के सालाना लेन-देनों का क्रम ज्यादा नहीं होगा। इसलिए यह आवश्यक है कि एक साल के भीतर खर्च के पांच चक्रक होंगे। कुछ अर्थव्यवस्था में लेन-देन संख्या, पलटाव की क्रिया का पूर्णतः लोप होने से पहले, 13 तक पहुंच सकती है परन्तु फिर भी ये अतिरिक्त लेन-देन क्षेत्र की कुल आय में कोई खास प्रभाव नहीं पड़ेगा।

व्यावहारिक रूप से, बहुत-सी परिस्थितियों में चौथी व पाँचवीं लेन-देन के पश्चात् किसी दी गयी श्रेणी में धन का विचलन फिर से नहीं हो पाता है। इस तरह का अनुमान आंशिक रूप में बहुत से लेन-देने की छोटी संख्या को छोड़ने हेतु तथा अंशतः पूर्व स्थिति कायम रखने हेतु लिया गया है। हालांकि व्यक्तिगत रूप में ये लेन-देन छोटे होते हैं परन्तु वे सामूहिक रूप में पर्यटकों के व्यय के पलटन की क्रिया को होटलों से प्राप्त मदों की अपेक्षा ज्यादा ऊपर उठा देते हैं।

पर्यटन में विभिन्न निर्यात समाग्रियों की तरह खर्च के ब्योरे की प्रक्रिया के अनुसार एक नवीन आमदनी का निर्माण व विकास होता है। कृषि, खान, साज-सज्जा तथा अन्य उद्योग, जिनमें आयात की बहुत ही कम जरूरत होती है, की अपेक्षा पर्यटन में गुणित का अंश बहुत कम होता है। अतएव पर्यटन के गुणित के प्रभावों की प्रशंसा करने के बजाय यह उचित होगा कि पर्यटन के उन मूल लाभों की तरफ जोर दिया जाय जिनकी वजह से यह कृषि व अन्य उत्पादक वस्तुएँ जो कि निर्यात की जाती हैं, उनकी अपेक्षा अपना पृथक अस्तित्व रखते हैं। उदाहरण के तौर पर पर्यटन या यात्रा का निर्यात व्यापार के रूप में विशिष्ट लाभ यह होता है कि जो सामग्री इसके अन्तर्गत पैदा की जाती है वह कुछ अजीब व अनोखी होती है। कोई भी अन्य उद्योग, पर्यटन के माध्यम से प्रदान की गयी वस्तु के समान वस्तु प्रदान नहीं कर सकता है। जितना अधिक वह गुणित होगा उतना ही अधिक परियोजनाओं में विनियोजन होगा, उनमें यात्रा उद्योग के विकास से अधिकततम फायदा होंगा, गुणित के फायदा भिन्न-भिन्न हो सकते हैं, परन्तु यह सम्भव है कि इसका कारण केवल यह नहीं कि गुणित के वास्तविक लाभों में भिन्न-भिन्न लेन-देनों में विभिन्नता है अपितु गुणित

को निकालने की प्रणाली भी भिन्न हो सकती है। गुणित की दर शुद्ध अर्जित विदेशी मुद्रा के माध्यम से निकाली जाती है। जितनी अधिक टपकनें होगी उतनी यह कम होगी। 1957-59 में पूर्वी एशिया व प्रशान्त राष्ट्रों में सर्वेक्षण किया गया एवं इन देशों की निम्न औद्योगिक प्रगति को देखा जाय तो प्रतीत होता है कि भारत की समस्त पर्यटन सम्बन्धित आवश्यकताएँ स्वदेश में ही उपलब्ध हैं एवं टपकन कुल प्राप्ति के 5 प्रतिशत से अधिक नहीं है। यह उचित होगा कि गुणक को कुछ ऊँचा ही अनुमानित किया जाय।

पर्यटन गुणित के गणना की पद्धतियां

यहाँ पर पर्यटन गुणित की गणना के लिए निम्न चरण हैं–

एक पर्यटक के माध्यम से किया गया खर्च 2000 रु. है।

प्रथम वर्ष में पर्यटक के माध्यम से धन व्यय करने के बाद सम्भवतः 5 अथवा 6 लेन-देन होंगे।

करीबन 13-14 लेन-देनों के बाद धन स्वयं समाप्त हो जायेगा।

खर्च करने के चरण तथा प्रतिशत में आंकलन निम्न प्रकार है–

मद	*प्रतिशत व्यय*
खान-पान	32%
आवास	25%
हृदयावलोकन तथा मनोविनोद	10%
अन्य	5%
स्थानीय परिवहन	7%
खरीददारी	23%

पर्यटकों की खरीददारी से इस बात की पुष्टि होती है कि लगभग 40% आयात की गयी मदें अपने देश को ले जाते हैं और इस क्रय की 30 प्रतिशत ऐसी वस्तुयें हैं जो कि स्थानीय प्रक्रिया पर निर्भर करती हैं एवं स्थानीय कच्चे माल के माध्यम से निर्मित की जाती हैं। यह एक मानवीय पहलू है कि जितना आयात का प्रतिशत ज्यादा होगा एवं आयात पर निर्भरता होगी उतना ही पर्यटक रुपये के पलटाव की क्रिया कम होगी। जब आयात पर धन व्यय किया जाता है, तो धन राष्ट्रीय अर्थव्यवस्था से बाहर चला जाता है जिससे देश को नुकसान उठाना पड़ता है।

उपभोग के तरीके

जिन विधियों एवं सूत्रों को प्रयोग में लाया गया है उन सूत्रों को हर सूची पर पृथक्-पृथक् तरीके से प्रयोग या लागू किया जा सकता है गुणित के सिद्धांत में 'उपभोग में परिवर्तन' को कुल व्यय व प्रथम खाने के उत्तर को माना जा सकता है, इस व्यय को 'आय में परिवर्तन' मानकर प्रतिशत प्रति रुपये पलटाव अथवा गुणित के रूप में निकाला जा सकता है।

कुल व्यय अथवा आय में 3272/50 रु. व उपभोग में 2272/50 रु. बदलाव है एवं उपभोग की प्रवृत्ति से गुणक की संख्या दो = रु. 2272/50 ÷ 3272/50 = 69.4 प्रतिशत है। 50 प्रतिशत उपभोग की प्रवृत्ति से गुणक की संख्या 2 होगी, गुणक एक साधारण तरह की क्रिया में विद्यमान होता है, यह किसी भी विशेष स्थान पर विद्यमान रहता है। दूसरी तरफ, पर्यटन एक फैला हुआ व विनम्र तरह का संचालन है जिसमें पर्यटक अपने धन को विभिन्न तरह के सामान व सेवाओं पर व्यय करते हैं, जिनकी खरीददारी का सम्पूर्ण अर्थव्यवस्था पर बहुत ही तीव्र प्रभाव पड़ता है।

एक साधारण गुणित बचत की सीमान्त प्रवृत्ति का व्युत्क्रम है। मान लीजिये कि उपभोग की प्रवृत्ति = 4/5 व बचत की सीमान्त प्रवृत्ति = 1/5, तो पर्यटन का गुणित = 5 होगा। टपकनें व बचत से व्यय का प्रभाव (धारा) मन्द हो जाती है। बचत की सीमान्त प्रवृत्ति टपकनें व संचित धन का ही मिश्रण है। जितनी ज्यादा बचत की सीमान्त प्रवृत्ति होगी उतना ही गुणित कम होगा, यदि बचत की सीमान्त प्रवृत्ति 1/3 है तो गुणक 3 होगा।

केन्ज का व्यय का गुणक

श्री केन्ज़ के अनुरूप–

$$K=\frac{1}{S+M}+\frac{1}{1-C+M}$$

K = गुणक

S = बचत की सीमान्त प्रवृत्ति

M = आयात की सीमान्त प्रवृत्ति

C = उपभोग की सीमान्त प्रवृत्ति

इसी तरह क्लेमेन्ट के अध्ययन के अनुरूप जिन राष्ट्रों में कम पलटाव हेतु

ज्यादा टपकनें हैं, पर्यटकों का किया गया व्यय अदृश्य होने से पहले करीब प्रतिवर्ष 3.2 अथवा 3.5 बार पलटाव होता है, आर्थिक दृष्टि से विकसित राष्ट्रों में जहाँ टपकनें कम हैं यह सम्भवतः उच्च पक्ष में 4.3 तक हो सकता है, 3.2 गुणक बहुत कम है एवं किसी भी सामान्य अवस्था में पैदा हो सकता है।

यह विभिन्न उद्योगों के भिन्न-भिन्न कच्चे माल के आकार को ध्यान में नहीं रख सकता है। इसके अनुसार स्वतंत्र भाग में वृद्धि होने से सम्पूर्ण अर्थव्यवस्था में गुणित के एक ही प्रभाव होंगे।

यह विविध व्यवसाय एवं उद्योगों के पृथक्-पृथक् कच्चे माल के बनावट के कारण एक घृष्ट पद्धति की जरूरत है एवं इसके लिए अन्तर्उद्योगीय लेन-देन के मिश्रण की जरूरत होती है।

अतएव,

$$Kt = \frac{\Delta T}{\Delta V}$$

जहाँ पर कि,

ΔT= पर्यटकों से प्राप्त आय में बदलाव (निर्यात)

ΔT= राष्ट्र की आय में प्रवाहित बदलाव जिनका कारण पर्यटकों से प्राप्त काम के परिवर्तन, जिसमें कि लेन-देन मिश्रण में एक नियत गुणक दिया है। लेन-देन का मिश्रण नियत गुणक व विभिन्न क्षेत्रों के अर्जित एक नियत पर्यटकों से प्राप्त आय। इस गुणक का आशय उद्योगों के अन्तर्गत तभी रूप में व्यक्त होता है, जब इसकी मान्यताओं को विश्लेषण में स्वीकृति प्रदान करे।

इस प्रकार, यदि $(I-A)^{-1}$ जो कि लियोनटिफ का पद है तो इसमें I = परिचित ढांचा है व A = तकनीकी गुण के ढांचा तो $\Delta Y = \Delta T\ (I-A)^{-1}$ जहाँ पर कि T = पर्यटक प्राप्ति के वृत्त खण्ड का संकेतक है।

उपभोग को भी यदि इस ढाँचे के अन्दर लें तो लियोनटिफ के एक बन्द प्रणाली में $Kt = (I-A)^{-1}$।

केन्ज़ का समस्त अर्थव्यवस्था के लिए भारित गुणक सभी व्यक्तिगत क्षेत्रों, वर्गों के लिए है। भारित गुणक समस्त व्यक्तिगत क्षेत्रों/वर्गों हेतु है। क्योंकि पर्यटकों से प्राप्त राशि बहुत से वर्गों के माध्यम से अर्जित की जाती है, इसलिए पर्यटन का गुणक हर वर्ग हेतु वही होगा जो कि लियोनटिफ के पाद में है, एवं जिन वर्गों के माध्यम से पर्यटक प्राप्ति आय के वितरण के माध्यम से भारित है।

पिटर का गुणक

पिटर ने एक जिज्ञासापूर्ण औसतन गुणित का विकास किया जो अग्रलिखित है–

$$Kt = \frac{1}{S - ea}$$

जिसमें,

Kt = पर्यटन का गुणक

S = बचत की प्रवृत्ति

ea = नागरिकों के माध्यम से विदेशों में पर्यटन व्यय की सीमान्त प्रवृत्ति

'ea' गुणक आयात की अन्तिम आयात प्रवृत्ति को दर्शाती है। वस्तुएं व सेवायें, जो कि देश के नागरिक विदेशी पर्यटन के वक्त उपभोग करते हैं।

पिटर का गुणित पर्यटन अर्थव्यवस्था में एक औसत गुणित है। यह पर्यटन खर्चों के गुणित के प्रभावों का प्रदर्शन नहीं है।

अमेरिकी प्रशासन द्वारा आयोजित अध्ययन दल ने पर्यटक खर्च और उसके प्रभाव को ज्ञात करने हेतु प्रशान्तद्वीप तथा 17 अन्य राष्ट्रों का अध्ययन किया। इस अध्ययन के अनुरूप प्रारम्भ में किया गया व्यय एवं साथ में उन लोगों के माध्यम से प्राप्त पर्यटक मुद्रा पुनः व्यय को ध्यान में रखकर एक आर्थिक क्रिया का सार जन्म लेती है तथा सिद्ध होती है, जो कि 3.2 से 4 बार ऊँची थी। न्यूनतम गुणित, उन राष्ट्रों में मान्य है, जहाँ पर विदेशी मुद्रा में टपकनों का प्रतिशत तुलनात्मक रूप में अधिक है एवं उच्चतम गुणित उन देशों पर लागू होता है जिनमें टपकनें कम हैं अथवा बिल्कुल नहीं हैं।

गुणक को प्रभावित करने वाले तत्व

गुणक को प्रभावित करने वाले मुख्य कारक निम्न हैं–

1. विदेशों में मार्केट से सम्बन्धित क्रियाओं पर किए गये विदेशी मुद्रा की लागत।
2. विदेशी पर्यटकों के उपभोग हेतु किया गया आयात।
3. इसके तहत पर्यटन के उद्देश्य से किए गए आयात व्यय जिसमें वे वस्तुएँ, सामान व यंत्र आते हैं जो होटल निर्माण व अन्य पर्यटक सुविधाओं हेतु आयात की गई हों

4. पर्यटन व्यापार पर विनियोजित विदेशी पूँजी पर अर्जित फायदा को बाहर प्रेक्षित करना।
5. पर्यटकों को भिन्न-भिन्न सुविधायें प्रदान करने हेतु आयात की गयी पूर्तियाँ।

इन समस्त टपकनों का शुद्ध प्रभाव यह है कि इनसे निर्यात किए गए राष्ट्रों में आय अर्जित होती है तथा रोजगार के स्रोत बढ़ते हैं। अतएव, जितनी अधिक टपकनें होंगी उतना ही कम गुणित फायदा होगा। परिणामस्वरूप स्वदेशी अर्थव्यवस्था को पर्यटन का फायदा कम प्राप्त होगा।

जहाँ तक गुणक का संबंध है यह अनुमान लगाया जा सकता है कि भारत में आयात पर कठोर प्रतिबन्ध है इसलिए गुणित उच्च स्तर पर ही रहेंगे।

पर्यटन उद्योग अभी तक पूर्ण रूप से विकसित नहीं हुआ है बल्कि यह अभी तक विकास की दशा में अग्रसर है। इस उद्योग को प्रोत्साहन देने के लिए होटल, रेस्टोरेंट, यातायात और संचार साधनों की व्यवस्था सुलभ करानी चाहिए। यह सत्य है कि पर्यटक अन्य सुविधाओं का कम ही उपभोग करते हैं परन्तु अन्य क्षेत्रों जैसे आलीशान होटल उच्च श्रेणी के रेस्टोरेन्ट आदि में विनियोजन का मुख्य कारण पर्यटन के माध्यम से अर्जित आय की आकांक्षाओं पर आधारित होते हैं। विकासशील देशों की पर्यटन विनियोजन के परिणाम प्राप्त करने से पूर्व का फायदा अर्जन समय बहुत ही कम होता है।

गुणित के फायदे में भिन्नता होती है। परन्तु इस विभिन्नता का मुख्य कारण प्रणाली में मतभेद है न कि विभिन्न राष्ट्रों में प्रयोग किए गये गुणित के वास्तविक गुण। ये अनुमान विभिन्न क्षेत्रों में अनुमानित पर्यटक गुणित की विभिन्नता को प्रदर्शित करते हैं, जो कि निम्न हो सकते हैं–

1. यह भी जरूरी है कि प्रवासी जो कि विदेशी भी हैं, के माध्यम से अर्जित आय एवं विदेशी व देशवासी के माध्यम से प्रेक्षित आय के हर क्षेत्र में अन्तर किया जाय। क्योंकि यह आय अर्थव्यवस्था में पुनः खर्च नहीं की जायेगी। इनके गुणित का प्रभाव नहीं पड़ेगा।
2. प्रत्येक क्षेत्र से प्राप्त कुल लाभ, कुल मजदूरी व वेतन, किराया, ब्याज के अनुमान से देश की उत्पादन वस्तुओं को निकाला जा सकता है; जिसके माध्यम से आय के तत्वों (Y) को गुणित किया जा सकता है। अतएव आँकड़ों की कमी एवं अन्य आर्थिक सन्दर्भों से सिद्धांतों को उधार लेने से राष्ट्र के लोगों की आय को समझने का सरल उपाय है।

3. यह विभिन्नता गलत तरीके इस्तेमाल करने के कारण भी हो सकती है। श्री जिन्दर के अनुमान जो कि पूर्वी कैरिवियन के सम्बन्ध में थे, में मुख्य समस्या गलत प्रणाली का प्रयोग था, जिसके परिणामस्वरूप गुणित स्वयं गुणन हो गया।
4. आँकड़ों की कमी के कारण भी यह हो सकता है। कुछ औसत गलत स्थानों पर इस्तेमाल हो जाने से प्रणाली से संबंधित संदिग्ध तरह की गलतियाँ भी हो सकती हैं।
5. यह विभिन्नता पर्यटन उद्योग में पर्यटन प्राप्ति के बनावट में अन्तर होने के बजाय अर्थव्यवस्था के आकार में विभिन्नता अथवा उपभोग के आकार के कारण हो सकती है।

इन कुल देश के उत्पादन के तत्वों के मुख्य ढाँचे से अलग करने से अप्रत्यक्ष आय के प्रभाव पर बहुत ही तेज असर पड़ने से विभिन्न क्षेत्रों तथा सम्पूर्ण अर्थव्यवस्था के गुणित के आधार पर प्रभाव पड़ता है। आमतौर पर देखा गया है कि विदेशी प्रवासियों द्वारा प्राप्त होने वाली आय को जनहित के कार्यों पर व्यय नहीं किया जाता, जबकि आजकल हर राष्ट्र कल्याणकारी कार्यों के बढ़ावे पर जोर दे रहा है। पर्यटन उद्योग में विदेशी मालिकों के प्रभुत्व व विदेशी का दक्ष रोजगारों में होने के परिणामस्वरूप यह सम्भव है कि राष्ट्र की आय का राष्ट्रीय गुणित कुल राष्ट्रीय उत्पादन के गुणित के मुकाबले में कम होगा।

मान्यताएँ—जिन लघुकालीन नीतियों के सम्बन्ध में यह माना जाता है कि सभी स्रोत्र और मजदूरों तथा पूंजी का सही प्रयोग नहीं हो पा रहा है। ऐसी परिस्थितियों में प्रयोग हेतु केन्ज ने मूल गुणित सिद्धान्त बनाया। इन परिस्थितियों में एक बन्द अर्थव्यवस्था में वास्तविक आय व रोजगार में वृद्धि हो सकती है। यदि अन्तिम मांग के किसी भी तत्व में स्वतंत्र वृद्धि हो तो वास्तविक आय में वृद्धि गुणित के आधार पर निर्धारित की जा सकती है।

एक स्वतंत्र अर्थव्यवस्था में आय सृजन की क्रिया, बचत की सीमांत प्रबृत्ति से प्रतिबन्धित होती है। परन्तु जब तक $S+m<1$ है, गुणक भी इकाई से अधिक रहेगा। ये समस्त समान मान्यताएँ जो कि समाज हेतु समस्त स्रोतों के शून्य अवसर लागत के समान समझी जाती हैं, लागू की जा सकती हैं। जहाँ पर किसी वर्गीय गुणित को उस वर्ग की अन्तिम उत्पादन वृद्धि के परिणामस्वरूप असली आय में वृद्धि को प्रदर्शित करने हेतु प्रयोग किया जाता है। परन्तु एक विकासशील अर्थव्यवस्था

में, विशेषतौर पर न प्रयोग की जाने वाली अंश पूंजी को इस अर्थव्यवस्था की विशेषता नहीं कहा जा सकता है। वर्तमान परिपेक्ष्य में यह सैद्धान्ति और अनुभव प्राप्त करने में कोई मदद नहीं पहुंचता है। अतः इसके अनुसार श्रम मूल्य विहीन है।

अवएव सामान्यतः यह मान लिया जा सकता है कि स्रोतों की विकासशील राष्ट्रों में अवसर लागत स्थिति होगी, इस तरह की परिस्थितियों में कम वक्त में अन्तिम मांग में वृद्धि होने से कीमतों में वृद्धि हो सकती है। हालांकि मूल्यों में वृद्धि होने से आय के वितरण, उपभोग की प्रवृत्ति तथा उपभोग के आकार में भी बदलाव की सम्भावना होगी।

अनुमानित पर्यटक गुणित

क्र. सं.	*शोध करने वाली संस्था*	*गुणित*	*देश*
1.	पर्यटन की लागत एवं फायदा का अध्ययन, पर्यटन विभाग हेतु एन.सी.ए.ई.आर. द्वारा किया गया अध्ययन	3.2-3.6	भारत
2.	पाकिस्तान के पर्यटन हेतु मास्टर प्लान, 1965	3.3	पाकिस्तान
3.	न्यूहेम्पसायर में अवकाशकालीन यात्रा व्यापार, स्टेट आफ न्यूहेम्पसायर 1962, अर्थ विकास का विभाग	1.6-1.7	न्यूहेम्सायर
4.	चेछी एण्ड कम्पनी, वाशिंगटन, डी.सी.	1.36	वहामाज
5.	पाल जी क्रेग, हवाईयन पर्यटन का भविष्य में विकास तथा इसका पड़ोसी द्वीप समूहों पर प्रभाव 1963, आर्थिक शोध केन्द्र, हवाई विश्वविद्यालय,	.09-1.7	हवाई
6.	हेरी जीक्लेमेन्ट, पर्यटन का प्रशांत तथा सुदूर पूर्व में भविष्य, 1961, चेछी एण्ड कम्पनी, वाशिंगटन, डी.सी.यू.एस., डिपार्टमेंट आफ कॉमर्स के लिए	3.2-4.3	प्रशांत तथा सुदूर पर्व
7.	पैयरा गौरा, नेमाल विभाग प्रोस्पेस्टिम सुर	1.2-1.4	लेवेनोन

	एपोर्ट इन टूरिज्म डेवलेपमेन्ट इकोमिक दि लेवान 1967, डिपार्टमेन्ट रिसर्च इन डोकुमेन्टेसन ओ.एन.टी., लेवलोन		
8.	आयरलैंड में पर्यटन के अर्थशास्त्र का अध्ययन, 1966	2.7	आयरलैंड
9.	डेनियल वी. स्यूटस, ग्रीक अर्थव्यवस्था का आर्थिक ढाँचे का नमूना 1964, पृ. 119-121, आर्थिक शोध केन्द्र, एथेन्स	1.2-1.4	ग्रीस

इससे स्पष्ट समझा जा सकता है कि उपरोक्त देशों में अधिक आय वाले समाज में विदेशों से आयातित वस्तुओं के प्रयोग में वृद्धि से वितरण को पुनः लाभ होगा। आयात की क्रिया में विचलन की प्रवृत्ति रहेगी ताकि आयात की औसत प्रवृत्ति में वृद्धि हो, इसके अतिरिक्त, यदि विनिमय दर नियत है तो स्वदेशी मूल्य में वृद्धि की प्रवृत्ति रहेगी, जिससे उत्पादित वस्तुओं के विकल्प के रूप में आयात अधिक होगा, यह मानने का कारण यह है कि उद्योगों के मध्य के लेन-देन के ढाँचे के गुणक (ढाँचे में उद्योग सहित) में आश्रित होकर ही बदलाव आयेंगे एवं ये बदलाव आयात गुणक पर प्रभाव डालकर गुणित में भी कमी लायेंगे। परिणामस्वरूप इस तरह पीटर्स का यह सुझाव गलत होगा कि सामान्य नियम के समान विकासशील राष्ट्रों ने यदि पर्यटन गुणक को माना है, तो पर्यटक व्यय में बदलाव होने से आय में भी चौगुनी वृद्धि हो जायेगी।

इसके अतिरक्त जब तक अंश पूंजी व मजदूर-शक्ति के प्रयोग बावत अतिरिक्त सूचनाएँ उपलब्ध नहीं हैं, गुणित जो प्रदर्शित करना चाहता है वह ठीक स्पष्ट नहीं होगा—भले ही वह उद्योगों के मध्य के लेन-देन के ढांचे से निकाला गया है।

"हालांकि अंश पूंजी व मजदूर-शक्ति के भाग जहाँ पूर्णतः प्रयोग में नहीं हैं, उन दशाओं में पर्यटक गुणक हमें इस समस्या के समाधान हेतु कोई सूक्ष्मकालीन ढंग नहीं बतलाता है। यदि अन्य निर्यात उद्योगों में अत्यधिक क्षमता है, तो पर्यटन का विस्तार इस क्षेत्र में कोई खास सहायता नहीं कर पायेगा। क्योंकि इन उद्योगों से स्रोतों का विचलन नहीं हो पाता है। केवल दीर्घकाल में ही यह विचलन होता है, परन्तु इन स्रोतों का विवरण विभिन्न समस्याएँ पैदा करता है। दूसरी तरफ यदि अधिकतम क्षमता स्वदेशी उद्योग में है तो यह महसूस होगा कि लघु काल में घाटे के बजट के माध्यम से सरकारी व्यय में वृद्धि से यह अधिक प्रभावशाली होगा क्योंकि कम-से-कम सरकारी व्यय की हिदायतें प्रभाव डालने हेतु कुछ विशेष किस्म की बनायी जा सकती हैं।

पर्यटक गुणित की आलोचना के आधार पर यह तथ्य दृष्टिगत होता है कि पर्यटक गुणित का जिस तरह से प्रयोग किया जा रहा है उसमें पर्यटन के विस्तार से प्राप्त होने वाले दीर्घ गामी फायदों का ही आकलन किया जाता है। वो परिस्थितियाँ जिनमें यह हो सकता है बिल्कुल ही अवास्तविक हैं, जैसे पर्यटन के माध्यम से प्रत्यक्ष व अप्रत्यक्ष रूप में इस्तेमाल किए गए समस्त स्रोतों की अवास्तविक शून्य अवसर लागत।

पर्यटन में गुणित के प्रभावों को स्वीकार किया गया है। अमेरिका के वाणिज्य विभाग के माध्यम से गठित सर्वेक्षण सन् 1560 में प्रशान्त द्वीप व पूर्वी एशिया के राष्ट्रों हेतु स्थापित किया गया था। इसके अनुसार गुणित प्रभाव कई राष्ट्रों में 3.2 से 4.5 तक रहता है। नेशनल काउन्सिल ऑफ इकोनोमिक्स रिसर्च ने भारत हेतु गुणक का अनुमान 3.6 और 3.2 लगाया है। विनियोजन, निर्यात और राज्य उपभोग के व्यय में वृद्धि के समान इसका भी गुणित प्रभाव पड़ता है। इससे समझा जा सकता है कि पर्यटकों द्वारा व्यय धन का प्रभाव उस राष्ट्र की अर्थव्यवस्था पर पड़ता है।

भारत में पर्यटन के विकास के अधिकतम आर्थिक फायदा प्राप्ति हेतु यह जरूरी है कि इस उद्योग में उपभोग होने वाली मुख्य आयात वस्तुओं पर कड़ी नजर रखी जाय, आयात वस्तुओं की जगह पर स्थानीय वस्तुओं को प्राथमिकता दी जाये। इससे पर्यटक गुणित की वृद्धि में महत्वपूर्ण प्रभाव पड़ेगा इससे पूरे राष्ट्र की अर्थव्यवस्था लाभान्वित होगी।

पर्यटन का आर्थिक विकास में योगदान

विकासशील देशों के लिए पर्यटक एक वरदान से कम नहीं है जो उस राष्ट्र की आर्थिक विकास में महत्वपूर्ण योगदान देता है।

सम्पूर्ण विश्व में पयर्टन में जो धन सामान्य निवास स्थान से बाहर अर्जित किया जाता है वह पर्यटन के स्थलों में व्यय होता है। पर्यटकों के व्यय से प्राप्त होने वाले क्षेत्रों में जो क्रय शक्ति में वृद्धि होती है यही पर्यटन का सबसे आश्चर्यजनक आर्थिक प्रभाव है। पर्यटन व्यय के कारण जो धन के प्रभाव का सृजन होता है, वह गुणक के प्रभावों के माध्यम से समस्त अर्थव्यवस्था में अपना स्थान निश्चित कर लेता है।

6

राष्ट्रीय आय में पर्यटन का योगदान

मानव प्राचीनकाल से घुमक्कड़ प्रकृति का जीवधारी है वह हमेशा कुछ न कुछ नया करने की सोचता है जिससे पर्यटन (खोज) को बढ़ावा मिलता है या वो नवीन प्राकृतिक संसाधनों से कुछ अद्‌भुत करिश्मा दिखाने का प्रयास करता है, ये सब करने के लिए वो एक स्थान से दूसरे स्थान पर भ्रमण (पर्यटन) करता है, जो वर्तमान समय में एक आमदनी का जरिया हो गया जिसका रूप आज के समय में एक बड़े उद्योग के समान हो गया है। राष्ट्रीय और अन्तर्राष्ट्रीय दोनों ही स्तर पर होने वाली आय से राष्ट्रीय आय में वृद्धि होती है। हालांकि स्वदेशी पर्यटन के क्षेत्र में यह तथ्य सत्य नहीं उतरता है, क्योंकि जहाँ तक खान-पान के व्यय का प्रश्न है यह अर्थव्यवस्था में एक स्थान से दूसरे स्थान में परिवर्तित होता रहता है। पर्यटन के तहत सेवाओं व उपभोक्ताओं की वस्तुओं की मांग सम्मिलित है, अन्यथा इनका उत्पादन ही नहीं होता। इससे अत्पादन के क्षेत्रों को बढ़ावा मिलेगा, जिससे स्वयं राष्ट्रीय उपभोग में वृद्धि होगी। क्योंकि पर्यटन व्यय के आकार का प्रभाव उत्पादन की वृद्धि में परिलक्षित होता है, अतः विभिन्न क्षेत्रीय कच्चे माल के माध्यम से उस क्षेत्र व अन्य क्षेत्रों में आय वृद्धि की क्रिया से देखा जा सकता है। यह विकास उपभोग से बिल्कुल स्वतंत्र है एवं इससे समस्त अर्थव्यवस्था पर धारावाहिक प्रतिक्रिया के रूप में प्रभाव पड़ता है। आवास का निर्माण, पर्यटकों हेतु शहरीकरण, आधारिक संरचना की संस्थापना, बढ़ते हुए पर्यटन के परिवहन व यन्त्र आदि कुछ उदाहरण हैं, इस तरह समझा जा सकता है कि पर्यटकों की माँग की पूर्ति के लिये विनियोजन में वृद्धि हो रही है। यहाँ वेग सिद्धान्त लागू होता है परन्तु यदि प्रति समय यह कम दर से बढ़ रही हो

तो यह बिल्कुल लागू नहीं होगा एवं समान रूप में पर्यटन में भी लागू होता है। पर्यटन के क्षेत्र में उन्नति का द्विमुखी विकास व संचित विकास कायम रहना चाहिए।

इन माँगों का विनियोजन के वेग वृद्धि पर प्रभाव विभिन्न क्षेत्रों में परिलक्षित होता है जिसका विवरण निम्न तरह है :

1. पर्यटकों के माध्यम से क्रय की जाने वाली वस्तुओं के उत्पादन में वृद्धि।
2. नये व्यापारिक संस्थानों का निर्माण।
3. खाद्य सामग्री, मांस, पेय पदार्थ तथा अन्य कृषि सम्बन्धी वस्तुओं का उत्पादन। वित्तीय क्षेत्र, बैंकिंग, बीमा व अन्य व्यावसायिक सेवाओं का पुनःनिर्माण।
4. होटल व अन्य सहायक आवास का निर्माण। परिवहन के साधन व सह-कल पुर्जों आदि का उत्पादन।
5. संस्थापना तथा आधारित संरचना के कार्य, सड़कों का जाल, स्वच्छता, जल व बिजली की पूर्ति, हवाई अड्डे, शहरीकरण की योजनाएँ।

पहले दो का राष्ट्र की अर्थव्यवस्था पर बहुत ही अधिक प्रतिकूल प्रभाव पड़ता है।

पर्यटन राष्ट्रों की वित्तीय व्यवस्था में प्रमुख भूमिका रखता है। देश की वित्तीय व्यवस्था में पर्यटन के योगदान को ज्ञात करने के लिए आवश्यक हो जाता है कि स्वदेशी और विदेशी दोनों ही स्तर पर प्राप्त होने वाली आय के सही आंकड़े उपलब्ध हों। अतएव अन्तर्राष्ट्रीय यात्रा से प्राप्ति व राष्ट्रीय आय की तुलना इस महत्ता की सूचक हो सकती है। इन आँकड़ों से प्रतीत होता है कि बारबडोज में राष्ट्रीय आय का एक बहुत ही अच्छा अंश पर्यटकों के माध्यम से योगदान किया जाता है। इसके अतिरक्त मैक्सिको, जोर्डन, पनामा व स्पेन में पर्यटन एकमात्र महत्वपूर्ण निर्यात रहा है एवं कनाडा में अखबारी कागज के पश्चात द्वितीय स्थान रखता था। ब्रिटेन में यह बहुत ही काफी रकम स्टर्लिंग में अर्जित करता है। पर्यटन 24 से भी अधिक राष्ट्रों में निर्यात की जाने वाली तीन मुख्य मदों में से एक है। पर्यटकों से प्राप्त आय का अदृष्टिगत निर्यात के क्षेत्र में आस्ट्रेलिया, कनाडा, कोस्टारिका, डोमिन रिपब्लिक, इक्वेडर, इल सलभडोर, हन्डूराज, आयरलैंड, इटली, मैक्सिको, पुर्तगाल, स्पेन व स्विट्जरलैंड में प्रथम स्थान है। बहुत से राष्ट्रों में राष्ट्रीय आय के साथ पर्यटन से प्राप्त आय का एक अच्छा अनुपात है। भारत में पर्यटन आय, राष्ट्रीय आय में बहुत ही कम योगदान करती है। 1971-72 के संयुक्त राष्ट्र संघ के विकास कार्यक्रमों व इण्डियन मार्केट रिसर्च ब्यूरो के सर्वेक्षणों के अनुसार, पर्यटन प्राप्ति के सरकारी आँकड़े

असली पर्यटन अर्जन के प्रत्यक्ष व अप्रत्यक्ष स्रोतों से 50 प्रतिशत से अधिक नहीं है।

पर्यटन की महत्ता तभी परिदर्शित की जा सकती है, जबकि अवकाश लेने वाले एवं व्यापार-यात्रा आदि करने वाले लोगों के कुल व्यय का अनुमान लगाया जाय एवं इस व्यय की तुलना राष्ट्रीय आय की मदों के आँकड़ों से की जाय। इस तरह एक व्यक्तिगत परिवार हेतु पूरे एक वर्ष हेतु कुल आय-व्यय के बजट की समस्या है। यही समस्त राष्ट्र पर लागू होती है। पारिवारिक खर्च के अतिरिक्त केन्द्रीय, राज्य व स्थानीय अधिकारी व व्यापारिक संगठनों का भी ऐसा होता है। इन सबके हिसाब रखने के सिद्धांत व अर्थशास्त्र के नियम एक समान हैं। प्रति वर्ष राष्ट्र के कुल व्यय व उत्पादित माल व सेवाओं का मूल्य आँका जाता है। राष्ट्र में व्यक्तिगत व संघीय संस्थाओं की आय के जोड़ को ही राष्ट्रीय आय कहते हैं। यह एक वर्ष के अन्दर उत्पादित वस्तुओं तथा संस्थाओं का मूल्य है इसकी गणना करने के ढंग को उत्पादन प्रणाली कहते हैं।

इसकी आय प्रणाली जिसमें व्यक्तिगत व संघीय आय का जोड़ करते हैं, एवं व्यय प्रणाली जिसमें लोगों के क्रम के मूल्य, जिसमें जो क्रय व संचय किया गया, के योग से तुलना की जाती है। इस तरह ये तीन प्रणालियाँ, उत्पादन प्रणाली आय प्रणाली व व्यय प्रणाली एक-दूसरे पर नियंत्रण का कार्य करते हैं। इन तीनों प्रणालियों के अनुमान का सार एक ही है और वह है कुल राष्ट्रीय उत्पादन। कुल राष्ट्रीय उत्पादन में से कुछ राशि पूंजी को अटल रखने अथवा इसके ह्रास हेतु रखा जाता है, ताकि पर्यटन के माध्यम से निर्मित राष्ट्रीय आय ज्ञात हो सके। यही एक वर्ष की न्यूनतम राशि है जो कि पर्यटन व्यय के माध्यम से उत्पादित होती है। ज्यों ही पर्यटक व्यय करना आरंभ करते हैं राष्ट्रीय आय में वृद्धि होने लगती है। वह होटल मालिकों, रेस्टोरेन्ट, यात्रा संचालक आदि को धन भुगतान करते हैं। यह धन प्राप्त करने वालों की आय में जुड़ जाता है एवं राष्ट्रीय आय का अंश बन जाता है। इसी तरह होटल मालिक भी रेस्टोरेन्ट, टूर ऑपरेटर आदि को धन भुगतान करते हैं। यह धन प्राप्त कर्त्ताओं के आय में जुड़ जाता है एवं राष्ट्रीय आय का अंश बन जाता है। ठीक इसी भांति रेस्टोरेन्ट मालिक व टूर संचालक इस धन को वेतन, मजदूरी, पूर्ति, ब्याज व किराये के रूप में भुगतान करते हैं और इससे फिर राष्ट्रीय आय में वृद्धि हो जाती है। यह प्रक्रिया तब तक चलती रहती है जब तक कि वित्त में बनी रहती है लेकिन इसका औसत बहुत कम है।

पर्यटन से प्राप्त धन

पर्यटन से हुए सम्पूर्ण लाभ को निम्नलिखित सूत्र से निकाला जा सकता है–

कुल आय = N × L × e

जिसमें,

N = पर्यटकों की प्रतिदिन की संख्या

L = प्रति पर्यटक प्रतिदिन औसत खर्च,

e = प्रति पर्यटक प्रतिदिन औसत खर्च,

पर्यटन से प्राप्त शुद्ध आय की निम्न सूत्र के माध्यम से गणना की जा सकती है :

शुद्ध आय = N × L (E - D -c)

जिसमें;

N = प्रतिदिन पर्यटकों की संख्या

L = प्रति पर्यटक प्रतिदिन ठहरने का औसतम समय

e = प्रति पर्यटक प्रतिदिन का औसत खर्च

D = सामुदायिक सेवाओं पर बोझ

c = विशेष माल व सेवाओं के इस्तेमाल का बोझ

'N' या 'L' में वृद्धि होने से 'D' व 'C' दोनों में वृद्धि होगी। परन्तु केवल 'e' में वृद्धि होने से (बिना N और 'L' में वृद्धि के) 'c' में वृद्धि होगी परन्तु 'D' में कोई वृद्धि हो भी तो बहुत कम वृद्धि होगी। इसी भांति पर्यटन से शुद्ध आय निकालने में 'e' को एक महत्वपूर्ण पहलू माना जा सकता है। अधिकतर दशाओं में 'c' में वृद्धि होने से 'e' में वृद्धि हो जाती है। हालांकि 'e' में वृद्धि ठीक उसी अनुपात में नहीं होगी। यदि हम यह अनुमान लगाएँ कि 'e' में X प्रतिशत वृद्धि होती है और ठीक इसी तरह 'c' में 'Y' प्रतिशत वृद्धि होती है तो पर्यटन से प्राप्त शुद्ध आय का उच्च स्तर अथवा नयी आय मापने का सूत्र निम्न तरह होगा :

N × L (e + Xe–C–Yc–D)

इस प्रकार ज्ञात हो जाता है कि पर्यटन में हुई वृद्धि से या पर्यटन माध्यम के असर से परिवर्द्धनों को नापने का "e" एक विशिष्ट प्रक्रिया है।

= [NL (e + Xe – C – Yc – D] – (e–D–c)

= NL (Xe – Yc) = शुद्ध आय में वृद्धि।

इस तरह यह स्पष्ट है कि पर्यटन से प्राप्त शुद्ध आय अथवा यात्रा यंत्र के प्रभाव में परिवर्तनों को मापने का 'e' एक महत्त्वपूर्ण पक्ष है।

इसको हम किसी विशेष संख्या के माध्यम से वर्णित नहीं कर सकते हैं क्योंकि 'e' और 'c' का असली अस्तित्व एवं 'X' व 'Y' का सम्बन्ध ज्ञात करने हेतु हमें हर शहर का अध्ययन करना होगा।

इन सभी सूत्रों में अंकगणितीय परिणाम स्पष्ट नहीं थे। जितना c अथवा 'e' अधिक होंगे उतने ही कम अंकगणितीय परिणाम होंगे। अन्य पक्षों की तुलना में जितना सूक्ष्म 'L' होगा उतने ही कम अंकगणित के परिणाम होंगे।

इसके लिए एक नवीन सूत्र है–

$$\frac{\frac{E}{L}}{e} \; or \; \frac{E \times e}{L}$$

जिसमें, E = प्रति पर्यटक कुल व्यय

L = प्रति पर्यटक ठहरने के औसतन दिन

e = प्रतिदिन औसत व्यय

इस दशा में तीन पक्षों के सम्बन्ध – 'E' 'L' व 'e' इच्छित अंकगणितीय परिणाम प्रदान करते हैं। जितना ही 'E' व 'e' की तुलना में 'L' उच्च होगा उतने ही कम अंकगणितीय परिणाम होंगे। यह सूत्र 'e' के वर्गीकरण करने के समरूप है। इसकी गणना अंकगणित के माध्यम से की जा सकती है एवं इसे बीजगणित के माध्यम से भी साबित किया जा सकता है।

(a)

$$\frac{\frac{E}{L}}{e} = \frac{\frac{E}{E/e}}{c} = \frac{E}{\frac{E}{c \div \frac{e}{1}}}$$

$$= \frac{E}{\frac{E}{e} \times \frac{1}{e}}$$

$$= \frac{E}{\frac{E}{e2}}$$

$$= E \times \frac{E_2}{E}$$

(b)

$$\frac{E \times e}{L}$$

$$= \frac{E \times e}{E/c}$$

$$= E \times c \times \frac{e}{E}$$

$$= e_2$$

यह स्पष्ट है कि इस सूत्र में 'e' के वर्गीकरण में बदलाव करने से परिणाम में भिन्नता आ जाती है क्योंकि इसमें 'e' लुप्त है, पर्यटन से शुद्ध आय व यात्रा-यंत्र की क्षमता नापने में 'e' विशेष महत्वपूर्ण स्थान रखता है।

इस प्रकार "E,L" और 'e' के विसारती मेल व सम्बन्ध को खर्च दक्षता औसत की संज्ञा दी जा सकती है। यहाँ पर्यटक को दिये गये समय में कितनी गतिशीलता से खर्च करता है। 'e' पर जोर डालने का मललब ही पर्यटन से आय एवं यात्रा यंत्र की क्षमता को परिलक्षित करना है। यह व्यय खर्च करने की क्षमता दर न्यू सेलिडोनिया में करीबन 90 है। जहाँ पर मूल कीमतें बहुत ही कम हैं एवं हांगकांग में 1500 है, जहाँ पर पर्यटक विश्व में अन्य किसी भी स्थान के मुकाबले प्रतिदिन अत्यधिक खरीददारी करते हैं। उच्च दर से यह ज्ञात होता है कि तुलनात्मक रूप में वह राष्ट्र पर्यटकों को उनके ठहरने के अर्से में एक अच्छी मद व्यय करने को आकर्षित करने में सफल है। एक निम्न दर प्रतिदिन कम व्यय एवं लम्बे ठहरने के अर्से की द्योतक है। इस दर से किसी भी राष्ट्र के पर्यटन व्यापार के आकार और मौसमी समस्याओं के कारण यात्रा-यंत्रों के बेकार रहने के वक्त को नहीं नापा जा सकता है। यदि हम ESR को कुल व्यय के आधार से ही तुलना करें तो इस पहलू में वृद्धि प्रतीत होती है। इससे यह भी परिदर्शित होता है कि मित्र-मित्र राष्ट्र किस हद तक उच्च किस्म का आवास, दर्शनीय स्थान व पर्यटक क्रियाओं एवं खरीददारी सुविधायें प्रदान करने में सफल रहे हैं।

पर्यटन तथा राष्ट्रीय आय का भुगतान

पर्यटन में विदेशी आय का कुछ ही व्यक्तियों के अधिकार में होने के कारण देश की वित्त प्रबन्ध के उन्नति व विकास में एक विशिष्ट विकट समस्या है।

मध्यकाल में बचत को सोने, चांदी, जेवर अथवा मूल्यवान धातु के रूप में परिवर्तित किया जाता था। द्वितीय अवस्था में, बचत को भूमि व वन सम्पत्ति के रूप में किया जाता था। परिवर्तनशील पूंजी नियोजन कृषि हेतु उत्पादनहीन भूमि में किया जाता था। पर्यटक ने राष्ट्रीय आय को कुछ ही व्यक्तियों के हाथ में संचय होने से रोका है, इसने व्यय के अवसरों का सृजन किया। इससे बचत को यात्रा, सामुद्रिक यात्रा, ललित कला दर्शन, स्वास्थ्य लाभ, पर्यटन स्थल, अन्तर्राष्ट्रीय क्रीड़ा समारोह, महा सम्मेलन, प्रदर्शनियों, मेलों आदि में व्यय करने का अवसर मिलता है। इन सबसे धन का पुनः वितरण होता है, जिससे रोजगार के अवसरों में वृद्धि होती है, अन्य क्षेत्रों में बेरोजगारी घटती है। इन सबका यह प्रभाव पड़ता है कि अविकसित क्षेत्रों जिनकी तरफ कोई ध्यान नहीं दिया गया था, में विकास होने लगता है। सामाजिक दृष्टि से आय के वितरण में सुधार की क्रिया से आय में वृद्धि अधिक प्रभावशाली होगी। आय का स्थिर होने से अथवा वितरण न होने से कोई विकास नहीं होता है।

पर्यटन विदेशीय निर्यात

व्यापार से जुड़े प्रत्येक व्यक्ति आयात और निर्यात के अन्तर्गत आते हैं। जिसे भौतिक व्यापार भी कह सकते हैं। परन्तु इससे महत्वपूर्ण निर्यात का एक अन्य तरीका, सेवाएं हैं जो अदृष्टिगत निर्यात हैं। इसके तहत निम्न हैं–

(1) बैकिंग सेवायें,
(2) परिवहन सेवायें,
(3) पर्यटन व्यापार,
(4) बीमा सेवायें।

पर्यटन व्यापार सेवाओं का व्यापार है हालांकि इसके तहत कुछ भौतिक मदें जैसे खान-पान आदि भी शामिल हैं।

यह समझना जरूरी है कि पर्यटन की विदेशी या अन्तर्राष्ट्रीय व्यापार में क्या उपयोगिता है? सर्वप्रथम पर्यटन उद्योग के अन्तर्गत आता है जहाँ पर यह पर्यटन शब्द व्यापार से संबंधित है। इसकी उत्पादित वस्तु है–सेवायें प्रदान करना। जो कि एक अदृष्टिगत वस्तु है एवं इसको अन्य व्यापारिक वस्तुओं की भांति ही व्यापार में विनिमय व विपणन किया जाता है। अधिकतर राष्ट्रों में यह बहुत ही विशद है। पिछले कुछ समय से भारत ने पर्यटन व्यापार को पर्याप्त प्रोत्साहन दिया है। परिणामस्वरूप यह राष्ट्र की आय अर्जन का बहुत ही महान उद्योग बन चुका है।

कभी-कभी पर्यटन के विपरीत प्रभावों के कारण अन्तर्राष्ट्रीय व्यापार में असामंजस्य की स्थिति बन जाती है।

कोई व्यक्ति दूसरे देश में किसी न किसी न किसी उद्देश्य की पूर्ति के लिए जाता है। उसी को पर्यटन के अंतर्गत समझा जा सकता है। यदि हम ब्रिटेन जायें एवं वहां पर अपना धन व्यय करें तो उन्हीं के देश में रहकर ब्रिटेन की पर्यटक सेवाओं का आयात करते हैं। इस तरह की अजनबी परिस्थिति इसलिए पैदा होती है क्योंकि हम व्यक्तियों अथवा आदमियों से सम्पर्क कर रहे हैं। अभौतिक वस्तुओं से तो उद्योगों में विशेषकर कर से सम्बन्धित समस्यायें पैदा होती हैं, परन्तु इसके कुछ फायदा भी हैं, इससे सर्वाधिक लाभ वस्तु को बाहर भेजने से है। क्योंकि फुटकर खर्चे व सेवाओं के खर्च विदेशी एजेन्टों को देने के बजाय भारतीय कम्पनियों को दिए जाते हैं। इससे राष्ट्र को बड़ी मात्रा में आय (धन) प्राप्त होती है।

पर्यटन के लिए अपनी सेवाओं पर प्रत्येक देश का एक विशिष्ट अधिकार होता है। हर राष्ट्र अपने खान-पान हेतु प्रसिद्ध है, इसके अपने रीति रिवाज, भव्य दृश्य, इतिहास, विशेष समारोह हैं, जो पर्यटकों को अपनी तरफ आकर्षित करते हैं। भारतीय पर्यटन की ब्रिटेन के पर्यटन से तुलना नहीं की जा सकती है, ये दोनों बिल्कुल भिन्न है। ब्रिटेन में यात्रा करने वाले पर्यटकों की तुलना में भारत में आने वाले पर्यटकों के कुछ भिन्न उद्देश्य होते हैं।

यह बात बिल्कुल सत्य है कि व्यापार की संरचना जितनी विशाल होगी पर्यटन का स्वरूप उतना ही बड़ा होगा। क्योंकि यह एक दूसरे राष्ट्रों के मध्य सम्पर्क स्थापित करते हैं, एवं इससे राष्ट्रीय लोगों का आपस में विचार विनिमय होता है जो कि अपने मित्रों को व्यापार हेतु किसी विशेष कारण हेतु तथा अन्त में शुद्ध आनन्दनीय मनोरंजन यात्रा हेतु लालायित करते हैं। यह मुख्य धारणा है कि यात्रा के विशद आकार का जन्म धनी राष्ट्रों में होता हैं। धनी राष्ट्र वही है जहाँ अन्तर्राष्ट्रीय पर्यटन व्यापार उचित रूप में विकसित है। क्योंकि राष्ट्रीय अस्तित्व का यह एक बहुत ही लाभकारी स्वरूप या आकार है।

अन्तर्राष्ट्रीय व्यापार के महत्व को एक परिवार के उदाहरण के माध्यम से भली-भांति समझा जा सकता है। अगर हर परिवार को स्वावलम्बी बनना है, तो उनके पास इतना वक्त नहीं होगा कि किसी व्यवसाय व व्यापार में दक्षता हासिल कर सके। सेवाओं का विनियम न होने से राष्ट्र गरीब हो जायेगा। जितना ज्यादा विशिष्टीकरण का स्तर होगा उतना ही व्यापार से विनियम होगा, परिणामस्वरूप इससे व्यापार में भाग लेने वाले लोगों में धन वृद्धि होगी।

यह कहा जाता है कि यात्रा करना जीवन हेतु अनिवार्य नहीं है। यात्रा केवल उन्हीं राष्ट्रों के माध्यम से की जा सकती है जहाँ कि निवासित लोगों के जीवन की न्यूनतम आवश्यकताओं को पूर्ण कर सकते हैं, एवं इसके पश्चात् उनके पास इतनी आय हो कि वे यात्रा में भाग ले सकें। यात्रा एक तरह की वस्तु है जिसके उपभोग करने से और अधिक उपभोग करने की प्रबल इच्छा होती है। कुछ वस्तुएँ हैं जैसे डबल रोटी। आय में वृद्धि होने से इसकी माँग में घटौती होती है। इसी तरह कुछ वस्तुएँ हैं जिनकी माँग अपरिवर्तित रहती है। कुछ अन्य मामलों में आय वृद्धि से मांग में वृद्धि नहीं होती है। उदाहरणार्थ, स्याही। यात्रा के बारे में बिल्कुल विपरीत नियम लागू होता है, जितना ज्यादा आप धनी होंगे उतना ही आप विश्व यात्रा करना चाहेंगे एवं लोगों से मिलना चाहेंगे। यात्रा के आनन्द कुछ लोगों हेतु समाप्त नहीं होते हैं।

आमतौर पर कहा जा सकता है कि यात्रा करने से सबसे अच्छा भविष्य उन लोगों का है जो अधिकतर यात्रा करते रहते हैं। एक यात्री जो विदेशी यात्रा कर चुका है फिर से भविष्य में अन्य राष्ट्रों की यात्रा करना चाहता है। यदि उसके पास अधिक धन हो तो वह अपना अधिक धन व समय अन्तर्राष्ट्रीय पर्यटन का आनन्द लेने में व्यय करना चाहेगा। अर्थशास्त्रियों का सुझाव है कि अन्तर्राष्ट्रीय पर्यटन पर किए गये व्यय की रकम का स्वतंत्र रूप में खर्च करने योग्य आय के साथ प्रत्यक्ष सम्बन्ध होता है। यह एक सैद्धान्तिक विचार है जो कि व्यावहारिक जीवन में मान्य है। इसका अर्थ आप की उस रकम से है जो कि यात्रा जैसी अनावश्यकताओं पर व्यय करने हेतु जीवन की जरूरी चीजें जैसे खान-पान, रहन-सहन, कपड़ा इत्यादि को पूर्ण करने के पश्चात् उपलब्ध होती है। यह देश की आमदनी के रचना से जुड़ी है। आमदनी को खर्च करने में तमाम सामग्री व उपभोक्ता की चीजें जैसे-रेफ्रिजरेटर, अच्छा घर, कार, अति प्रिय क्रियायें, फोटोग्राफी आदि पर्यटन से सम्बन्धित हैं। लेकिन इनको खरीदने का भिन्न तरीका होता है, अक्सर ये वस्तुयें यात्रा उद्योगों की प्रतिस्पर्धी होती हैं।

पर्यटन का महत्वपूर्ण उद्देश्य अंतर्राष्ट्रीय व्यापार में आधुनिक प्रगति का साधन है। विशद यात्रा आन्दोलन के पैमाने में आय का एक समान वितरण होने का मुख्य कारण उन्नीसवीं व बीसवीं सदी में व्यापार उद्योग व परिवहन के साधनों में वृद्धि से समाज में क्रांति उत्पन्न हो गयी है। इसी वक्त अन्तर्राष्ट्रीय व्यापार में एक बहुत बड़ा फैलाव हो रहा था; जिससे न केवल माल व वस्तुओं के विचलन से विश्व भर में बहुत बड़े पैमाने पर प्रत्येक किस्म के अन्तर्राष्ट्रीय लेन-देनों में वृद्धि हुई जिससे राष्ट्र की अर्थव्यवस्था में भी गतिशीलता उत्पन्न हुयी है।

देश के निर्यात व्यापार और आयात यात्रियों के परिवहन दोनों में ही घनिष्ठ संबंध है। बिना किसी शंका के कहा जा सकता है कि यात्रा से मार्केट का सृजन होता है; क्योंकि यात्रियों में अधिकतर व्यापारी होते हैं अतएव एक अच्छे फलते-फूलते पर्यटक आन्दोलन से भविष्य में आने वाले समय में पर्यटक राष्ट्र की अर्थव्यवस्था में अहम् कड़ी सिद्ध होंगे।

पर्यटन के माध्यम से भिन्न-भिन्न राष्ट्रों के मध्य पैदा होने वाले लेन-देन व धन सम्बन्धी विचलन चालू एक पूंजी दोनों ही प्रकृति के होते हैं, ये निम्न हैं–

(1) विदेशी, अन्तर्राष्ट्रीय, हवाई व सामुद्रिक कम्पनियों के माध्यम से किया गया भुगतान–इससे भी व्यापार सन्तुलन के अन्य उद्देश्य दृश्यगत मदों में दिखाया जाता है अर्थात् सेवाओं व धन सम्बन्धी लेन-देन के अन्य आयात व निर्यात।

(2) पर्यटकों के माध्यम से क्रय किया गया पूंजी सम्बन्धी सामान–मोटरकार, पुरानी कीमती वस्तुयें आदि व्यापार के सन्तुलन में आयात-निर्यात माल के तहत सम्मिलित किए जाते हैं।

(3) यात्रा किए गए देश में पर्यटकों के माध्यम से किया गया व्यय–ये व्यय आवास, खान-पान; खरीददारी तथा स्थानीय परिवहन आदि पर किए जाते हैं। यह मद भुगतान के संतुलन के पर्यटन खाते में अलग रूप में परिलक्षित होते हैं।

(4) कर लाभांश–जिन राष्ट्रों में पूंजी का उद्गम हुआ उनमें पूंजी पर प्राप्त फायदा को प्रेरित करने के धन-सम्बन्धी हस्तांतरण के लेन-देन होते हैं। ये भी भुगतान संतुलन में अन्य अदृश्यगत मदों के तहत सम्मिलित किए जाते हैं।

(5) विदेशी मुद्रा विनियोजन–विशेषकर आवास व्यवस्था में विदेशी पूंजी विनियोजन भी भुगतान संतुलन में पूंजी खाते के तहत सम्मिलित होती है।

(6) वित्त समस्या–विदेशों में पर्यटन उद्योगों में कार्यरत राष्ट्रीय नागरिकों के माध्यम से हस्तांतरित धन विदेशों में पर्यटन कार्यालय व विज्ञापन हेतु प्रदान किए गए वित्त का हस्तांतरण। यह मदें भी भुगतान सन्तुलन में अन्य अदृश्यगत मदों के तहत सम्मिलित की जाती हैं।

भुगतान सन्तुलन का सकारात्मक प्रभाव

विदेशी यात्रियों द्वारा किये गये खर्च का देश के भुगतान पर अत्यधिक असर पड़ता है। अन्तर्राष्ट्रीय पर्यटकों के व्यय किये बिना बहुत से प्रशान्त व सुदूर पूर्व के राष्ट्रों में बहुत ही कमजोर भुगतान सन्तुलन रहता था। फलतः बहुत से राष्ट्रों को

आयात में कमी करने को बाध्य होना पड़ता था। ब्रिटेन, स्पेन, इटली, आयरलैंड, न्यूजीलैंड, स्विट्जरलैंड व मैक्सिको में पर्यटन एक महत्वपूर्ण योगदान कर सकता है। एक व्यक्ति विशेष के बाबत जो उसकी है, ठीक उसी के विपरीत एक राष्ट्र को बहुत धनी होना अनिवार्य नहीं है। निरंतर सकारात्मक सन्तुलन होने से भी राष्ट्र की अर्थव्यवस्था पर मुद्रास्फीति के प्रभाव पड़ते हैं। इसका उदाहरण जर्मन की 1968-69 की आर्थिक परिस्थितियाँ हैं। बहुत से जर्मन लोगों ने पर्यटन के रूप में सम्पूर्ण यूरोपियन राष्ट्रों में यात्रा करके जर्मन मार्क्स को व्यय करना आरम्भ किया ताकि आन्तरिक मुद्रास्फीति को घटाया जा सके। दूसरी तरफ हम एक विकासशील राष्ट्र का विचार करते हैं। क्योंकि इस राष्ट्र को आधारित संरचना व मूल उद्योगों के निर्माण के वास्ते, बहुत से यन्त्र व अन्य सामान विदेशों से आयात करने होते हैं। इसलिए भुगतान में संतुलन न होने से नुकसान की अधिक संभावना रहती है। अतएव उनके लिए लाभदायक होगा कि नकारात्मक व्यापार सन्तुलन के क्षतिपूर्ति हेतु विदेशी पर्यटकों को आमन्त्रित करें, सैद्धान्तिक रूप में, पर्यटन के आर्थिक प्रभाव तभी अच्छे होते हैं जबकि पर्यटकों के सन्तुलन के सकारात्मक भुगतान सन्तुलन की अपेक्षा अच्छे हों, अतएव सकारात्मक भुगतान सन्तुलन में यह उम्मीद होगी कि पर्यटक सन्तुलन नकारात्मक हो, एक राष्ट्र जो सकारात्मक पर्यटक सन्तुलन से फायदा प्राप्त करता है उसके लिए यह जरूरी होगा कि विदेशी पर्यटक जो उनके देश में यात्रा करते हैं उनकी अपेक्षा उसके स्वयं के विशेष श्रेणी नागरिक (धनी वर्ग) विदेशों में कम व्यय करें। इस स्थिति में विनियम नियंत्रण करना आवश्यक होता है।

किसी भी व्यक्तिगत राष्ट्र का व्यापार खाता उस राष्ट्र की अर्थव्यवस्था में पर्यटन के महत्व को मापने का सरल उपाय है। विदेशी पर्यटकों के माध्यम से किया गया व्यय किसी भी देश के भुगतान संतुलन की स्थिति को सकारात्मक रूप में प्रभावित करता है। पर्यटन से अर्जित आय निम्न तथ्यों पर निर्भर करती है :

(1) उनके ठहरने का औसत समय।

(2) आने वाले पर्यटकों की संख्या।

(3) किसी विशेष समय में मूल्यों का स्तर।

आन्तरिक पर्यटन—आर्थिक दृष्टि से आन्तरिक पर्यटन अत्यधिक लचकशील दिखाई पड़ता है। चूंकि इसके द्वारा दो प्रकार के पर्यटनों का विकास होता है। प्रगतिशील पर्यटन व्यापार एक प्रभावशाली पर्यटन पर ही निर्भर करता है। इस पर्यटन यन्त्र के माध्यम से ही स्थानीय पर्यटन व्यापार के सृजन के साधन, जैसे—होटल,

परिवहन, दर्शनीय स्थल आदि से निर्मित होते हैं। आन्तरिक पर्यटन से आय का सृजन होता है जिसके परिणामस्वरूप स्थानीय नागरिक स्वदेश में यात्रा कर सकते हैं। इस तरह की आय से स्थानीय लोगों की आय में वृद्धि होगी जो कि विदेशी यात्रा करने की क्षमता रखते हैं एवं देश में असंख्य पर्यटकों के आगमन को देखते हुए वे भी विदेशों की यात्रा के लिए प्रेरित होते हैं।

बाह्य पर्यटन--बाह्य पर्यटन से किसी भी पर्यटन का निर्माण नहीं होता। बाह्य पर्यटन के द्वारा नये विचारों या ख्यालों व भावनाओं का विकास होता है। एक राष्ट्र हेतु जो बाह्य पर्यटन है वही दूसरे राष्ट्र हेतु आन्तरिक पर्यटन कहा जा सकता है।

स्थानीय पर्यटन--स्थानीय पर्यटन हेतु निर्माण किए गए आवास में कुछ-न-कुछ आयातित पूर्ति व यन्त्र भी सम्मिलित होते हैं। बहुत से स्थानीय पर्यटन आयातित ईंधन के माध्यम से संचालित परिवहन के माध्यम से यात्रा करते हैं एवं आयातित खाद्य व पेय पदार्थ का उपभोग करते हैं, दूसरी तरफ स्थानीय पर्यटक के माध्यम से निर्मित यात्रा तन्त्र विदेशी पर्यटकों से विदेशी मुद्रा अर्जित करने का साधन बन जाते हैं। इस तरह अन्तर्राष्ट्रीय पर्यटन से भुगतान संतुलन निकालने में बड़ी सुविधा मिलती है। यह स्पष्ट है कि पर्यटन के भिन्न-भिन्न आकार आपस में पूर्णतः सम्बन्धित हैं एवं इनका भुगतान संतुलन की स्थिति पर विभिन्न प्रभाव पड़ते हैं।

कुछ अर्थशास्त्री इस विचार वाले हैं कि अन्तर्राष्ट्रीय पर्यटकों के व्यय की महत्ता का अध्ययन स्थानीय नागरिकों के माध्यम से विदेशों में यात्रा किए गए व्यय को ध्यान में रखकर करनी चाहिए। दूसरे शब्दों में अन्तर्राष्ट्रीय पर्यटकों के खर्च की तुलना विदेशों में यात्रा करने वाले नागरिकों (बाह्य पर्यटन) के माध्यम से किए गये खर्च से करनी चाहिए ताकि पर्यटन के भुगतान संतुलन की स्थिति का सही आंकलन किया जा सके। यह तर्क अक्सर पर्यटन की महत्ता को कम करने हेतु किया जाता है।

7

पर्यटन के वित्त प्रयोजन

किसी भी कार्य को करने के ससांधन की आवश्यकता होगी चाहे वो पर्यटन हो, शिक्षा, खेल, विकासशील योजनाएँ इन सबके लिये वित्त (धन) की आवश्यकता होती है। यहाँ हम पर्यटन में वित्त का प्रयोजन स्पष्ट करना चाहते हैं। विदेशी पर्यटन एक प्रकार का साधन है। जिसके द्वारा अन्तर्राष्ट्रीय यात्रियों से ली गयी व अर्जित अन्तर्राष्ट्रीय वित्त को स्वदेशी लोगों के द्वारा से विदेशों में हुए खर्च के लिए उपयोग किया जा सकता है। किसी भी राष्ट्र के सन्तुलित व सही आर्थिक विकास हेतु बहुत से साधारण आर्थिक उद्देश्य होते है। पर्यटन इन उद्देश्यों को प्राप्त करने का एक माध्यम है। पर्यटन विकसित करने के कुछ साधारण आर्थिक उद्देश्य निम्न तरह हैं–

1. पर्यटन से क्षेत्रीय विकास में सुविधा तथा वृद्धि होती है।
2. पर्यटन के माध्यम से श्रमिकों की बहुतायत वाले स्थानों में बेरोजगारी समाप्त करने में मदद मिलती है।
3. एक निर्यात व्यापार के समान पर्यटन विदेशी मुद्रा अर्जित करता है जो कि व्यापार संतुलन को सुधारने में सहायक होती है।

आगन्तुक पर्यटकों के खर्च के अन्तर्गत सम्पूर्ण व्यय भी सम्मिलित हैं, उदाहरणस्वरूप बाहर से आने वाले पर्यटकों के द्वारा खुद के रुकने से किये गये व्यय का भुगतान इस प्रकार से होता है जैसे–आवास, खान-पान, स्थानीय परिवहन, दर्शनीय स्थल, मनोविनोद; खरीददारी व स्थानीय यात्रा अभिकर्ताओं के माध्यम से अर्जित कमीशन।

प्रायः आने वाले पर्यटकों की संख्या अथवा पर्यटक राशि की संख्या को पर्यटक खर्चों के समानान्तर समझा जाता है। इसका अर्थ यह है कि पर्यटक संख्या में वृद्धि स्वतः ही पर्यटन से अर्जित आय में वृद्धि का सूचक है, जब कभी यह सम्बन्ध सही नहीं उतरता तो इसके मुख्य कारण निम्न हो सकते हैं–

मुद्रा के मूल्य ह्रास अथवा पुनर्मूल्यांकन के माध्यम से दखलंदाजी करने से।

सीमापार से यात्रियों का अचानक पदार्पण, जिसका विदेश राष्ट्रों से प्राप्त आय पर थोड़ा-सा ही प्रभाव पड़ता है।

पर्यटकों के व्यय का कोई अंश मापदंड के तहत सम्मिलित होने से वंचित है।

विदेशी भुगतान संतुलन = E–(H÷A+R+O+X) (BP)

जहाँ पर,

BP = भुगतान संतुलन

E = विदेशी पर्यटकों के माध्यम से किया गया कुल व्यय

H = होटल निर्माण की विदेशी मुद्रा लागत

A = होटल के ह्रास के वर्षों की अवधि

R = होटल निर्माण हेतु आवश्यक पूंजी पर प्रतिवर्ष प्रेक्षित की जाने वाली फायदा व ब्याज की धनराशि।

O = विदेशों में संचालन की वार्षिक लागत जो कि पर्यटन विकास कार्यक्रमों के हिस्से हैं।

E = आयातित सामान जिसकी पर्यटकों को जरूरत होती है।

अंतर्राष्ट्रीय पर्यटन पर भुगतान संतुलन का प्रतिकूल प्रभाव निम्नवत् है–

1. रोजगार से जुड़ा पर्यटन एक उद्योग है यात्रियों की सामग्री पूर्ति हेतु रोजगार के मौके उपलब्ध होते हैं। इस क्षेत्र में नये रोजगार सृजन करके एवं साथ ही अन्य क्षेत्रों जैसे निर्माण कार्य, परिवहन आदि में बढ़ावा देकर रोजगार के स्तर में वृद्धि करती है, अन्य क्षेत्रों, विशेषकर कृषि के क्षेत्रों में यह अप्रत्यक्ष रूप में उत्पादकता की वृद्धि करती है, क्योंकि यह मानव-शक्ति को रोजगार के लुप्त साधनों अथवा मौसमी अर्द्ध-रोजगारों को स्वयं की तरफ आकर्षित करती है। विशद रूप में, पर्यटन को श्रमिकों का उपयोग करने वाला क्षेत्र समझा जाता है एवं इसके रोजगार पैदा करने का अधिकतर प्रभाव उन क्षेत्रों में समझा जा सकता है; जहाँ पर अन्य आर्थिक क्रियाओं हेतु सीमित साधन विद्यमान हैं।

2. रेस्टोरेन्ट और अन्य यात्री से जुड़े सेवाओं के लिए मजदूरों की आवश्यकता पड़ती है। यह माननीय है कि विकासशील राष्ट्रों में विकसित राष्ट्रों की अपेक्षा होटल के कर्मचारियों एवं कमरे-बिस्तरों का अनुपात प्रायः अधिक होता है। अनुभव से ज्ञात होता है कि एक बिस्तर की व्यवस्था से व्यक्ति को रोजगार मिलता है। उदाहरणार्थ, 1000 बिस्तर वाली इकाई में अनुमानतः 500 व्यक्तियों को उस होटल में रोजगार मिलता है और अन्य 500 स्थान अन्य सहायक व्यवसायों जैसे—लान्ड्रीज, विक्रय केन्द्रों, स्मारिका निर्माताओं व व्यापारियों, मनोविनोद स्थलों। सामान-वाहक, वाहन-चालकों उत्पादक व विक्रेताओं, मनोविनोद व्यापारियों, आदि क्षेत्रों में उपलब्ध हो जाते हैं। निर्माण उद्योग पर तो अत्यधिक प्रभाव पड़ता है क्योंकि पर्यटन में बहुत-सी इमारतें, होटल, अतिथि गृह, पर्यटक बंगले, घर चैलटे, युवा होस्टल, पर्यटक-लघु निवास स्थल, निवासित कक्ष, सामूहिक आवास आदि का निर्माण होता है। बड़ी मात्रा में कक्षों के निर्माण में अधिक मात्रा में कारीगरों की आवश्यकता होती है जिससे उसको रोजगार मिल जाता है।

3. पर्यटन के माध्यम से रेस्टोरेन्ट व्यावसायिकों, यात्री स्थानों को यातायात एवं हस्त व्यवसायों के पथ-पदर्शक इत्यादि के रूप में प्रत्यक्ष कार्यों का विकास होता है। पर्यटकों के माध्यम से क्रय की गयी वस्तुओं के अलावा, प्रायः हस्तकारिता वस्तुएँ, कढ़ाई और चीनी मिट्टी व पीतल के बर्तन, जेवर एवं चित्रकारी सम्बन्धी वस्तुओं पर भी पर्यटक बहुत आकर्षित होते हैं। पर्यटन उद्योग में प्रत्यक्ष रूप में रोजगारित लोगों के माध्यम से किया गया व्यय होटल उद्योग में अप्रत्यक्ष पेशों को जन्म देता है। ये रोजगार पर्यटन उद्योग से सम्बन्धित है, एवं पर्यटन के विस्तार के परिणामस्वरूप वे निर्माण में रोजगार के अवसरों में वृद्धि करते हैं। जो अप्रत्यक्ष रूप में पर्यटन उद्योग में रोजगारित है। वे माल व सेवाओं की मांग के कारण अन्य क्षेत्रों में रोजगार के अवसरों का सृजन करते हैं। इस तरह की अतिरिक्त मांग को पूर्ण करने हेतु माल व वस्तुओं के उत्पादन हेतु अधिक व्यक्तियों की जरूरत होती है। आय व रोजगार वृद्धि का चक्र तब तक धीरे-धीरे चलता रहेगा जब तक यह पूर्णतः समाप्त नहीं हो जाती है, यह प्रवृत्ति रोजगार से गुणित के कारण विद्यमान रहती है।

4. यह स्थल बाहर भी रोजगार के अवसर उपलब्ध कराने में सहायक सिद्ध होते हैं तथा इसका श्रेय पर्यटन के उद्योग को ही माना जाता है। यह उद्योग अन्य

उद्योगों की अपेक्षा लोगों को प्रत्यक्ष व अप्रत्यक्ष रूप से रोजगार प्रदान करता है। पर्यटन उद्योग से लाभान्वित वे व्यक्ति हैं जो कि होटलों, ट्रैवल एजेन्सी, हवाई कम्पनियों आदि में काम करते हैं अथवा टैक्सी चालक, पुष्प-विक्रेता, स्मारिका-विक्रेता, सब्जी-विक्रेता, गोस्त-विक्रेता, हाउसकीपर, भोजन विशेषज्ञ, प्रतीक्षक, मनोविनोदकर्ता आदि के साथ-साथ बहुत से दक्ष व अदक्ष श्रमिकों जैसे स्वागतकर्ता कर्मचारियों, चैम्बरमेड, पोर्टर, किचन स्टाफ, माली इत्यादि की भी महत्वपूर्ण भूमिका होती है।

5. अधिकतर लागत लाभों के तर्कों पर ही केन्द्रित रही; क्योंकि विनियोजन की लागत को पर्यटन के लाभों की दृष्टि में रखकर आँका जाता है। श्री रिचर्ड के अनुरूप "पर्यटन व्यापार के प्रत्येक प्रत्यक्ष 100 कार्यों हेतु अन्य उद्योगों में अनुमानतः 63% कार्य अप्रत्यक्ष रूप में पर्यटन व्यापार पर आश्रित होते हैं। साधारण आर्थिक शब्दों में यह रोजगार गुणित 1.6 है। ब्रिटेन में दस लाख पाउन्ड पर्यटन व्यय से राष्ट्र के अन्दर (स्वदेशी पर्यटन से भी रोजगार को जोर मिलता है) पर्यटन के व्यापार में सम्भवतः 860 कार्यों को प्रोत्साहन मिलता है अथवा आकर्षित किया जाता है एवं सशक्त अर्थव्यवस्था में लगभग कुल 1255 कार्यों को सहायता मिलती है।
6. होटल निर्माण हेतु आवश्यक विदेशी पूंजी पर प्रेक्षित ब्याज व लाभ। विदेशी विज्ञापन व प्रमोशन से सहित पर्यटन विकास के कार्यक्रमों के संचालन को चालू रखने हेतु विदेशी मुद्रा की लागत। विदेशी पर्यटकों के उपभोग हेतु खान-पान, पेय, ईंधन, विशेष पूर्ति सहित आयातित वस्तुओं की विदेशी मुद्रा लागत का भुगतान संतुलन पर प्रभाव का ज्ञान प्राप्त करना होगा। पर्यटन के माध्यम से विदेशी व सार्वजनिक कोष का बोझ हल्का हो जाता है। पर्यटन उस पूंजी को अर्जित करता है जिसको लोग विनियोजन करने हेतु निर्णय नहीं कर पाते हैं। अधिकांश राष्ट्रों में पर्यटन एक बहुत ही महान उद्योग है। जिसमें लोग बड़ी संख्या में आवास, खान-पान, परिवहन, मनोरंजन, सेवा उद्योग व स्मारिका व्यापार में तल्लीन हैं।
7. पर्यटन तथा रोजगार—पर्यटन बेरोजगारी समाप्त करता है।
8. यह दूसरे उद्योगों की अपेक्षा अधिक रोजगार के अवसर प्रदान करता है। कितनी ही तरह की व्यापारिक कम्पनियाँ जैसे—होटल, रेस्तरां, ट्रेवल एजेन्ट्स, टूर ऑपरेटर्स, उपहार विक्रय केन्द्र, परिवहन आदि पर्यटन डालर का एक बहुत

बड़ा अंश अर्जित करता है। इसके परिणामस्वरूप बहुत सारी अन्य सहायक अथवा उच्चस्तरीय व्यापारिक कम्पनियाँ, वाहन चालक, फोटोग्राफर, केश-शृंगारक, चिकित्सक, दन्त चिकित्सक आदि लाभान्वित होते हैं।

9. पर्यटन बेरोजगारी समाप्त करने का एक बहुत बड़ा पहलू है, जिन क्षेत्रों में श्रमिकों का बाहुल्य है वहां बेरोजगारी है। उनके लिए पर्यटन एक समाधान है, क्योंकि पूंजी नियोजन की दृष्टि से श्रमिक शक्ति के इस्तेमाल का प्रतिशत अधिक है। बेरोजगारी को समाप्त करने में पर्यटन के महत्व को निम्न बिंदुओं द्वारा समझा जा सकता है—

(क) यह माना जाता है कि रोजगार के आँकड़ों में केवल वेतनभोगी वर्ग को ही शामिल करते हैं एवं मालिक व स्वरोजगारित व्यक्तियों को इसके अन्दर शामिल नहीं किया जाता है। पर्यटन से सम्बन्धिन सेवाओं की कई छोटी-छोटी इकाइयों के माध्यम से पूर्ति की जाती है जो कि पूर्ण मानव शक्ति का एक बहुत बड़े अंश का प्रतिनिधित्व करता है।

(ख) सरकारी आँकड़ों में, पर्यटन सेवाएं और अन्य सेवाएं जो पर्यटन से संबंधित नहीं हैं व समानान्तर अन्य खान-पान क्रियाओं में रोजगारित व्यक्तियों में कोई भिन्नता नहीं होती है। इसी तरह पर्यटन के रोजगार को छोटे-छोटे क्षेत्रों जैसे ट्रेवल एजेन्सी आदि से सम्बन्ध होने पर भी अलग दिखाने की बजाय परिवहन के विभिन्न भागों के तहत प्रदर्शित किया जाता है।

(ग) पर्यटकों से सम्बन्धित अधिकतर क्रियाएँ मौसमी होती हैं जिससे इसमें लगे लोगों को काफी उतार-चढ़ाव का सामना करना पड़ता है।

इन तथ्यों से विकासशील राष्ट्रों में पर्यटन के विस्तार के लाभों का अनुमान लगाने में मदद मिलती है। इससे पर्यटन रोजगार में वृद्धि के अवसरों का अनुमान लगाया जा सकता है। साथ ही यह पर्यटन विकास हेतु सार्वजनिक वित्त प्राप्त करने का एक सुदृढ़ तर्क भी है। प्रशान्त तथा सुदूर पूर्व के राष्ट्रों में पर्यटन के एक सर्वेक्षण के अनुरूप पर्यटन खर्च का 64% वेतन व मजदूरी पर व्यय होता है।

सभी पर्यटन उद्योग या व्यवसाय को अगर पर्यटन बाजारीकरण के रूप में ग्रहण किया जाए तो इस व्यवसाय में रोजगार से संबंधित सभी लोगों का आंकड़ा जल्द ही प्रर्याप्त अनुमानों से ज्ञात किया जा सकता है। इन आँकड़ों से यह प्रतीत होता है कि अन्य उद्योग व सेवाओं में कुल रोजगारित व्यक्तियों के अनुमानतः 2% व्यक्ति

होटल, रेस्तरां व लान्ड्रीज, फुटकर सेवाएँ, ट्रेवल एजेन्सीज, स्मारिका व्यापार, पेय पदार्थ, दवाइयाँ, फोटोग्राफी का सामान आदि में कार्य करने वाले व्यक्तियों को शामिल नहीं किया गया है। **श्री मेडेलिक** के अनुसार, "पर्यटन रोजगार का एक स्रोत है, विशेषतः उन क्षेत्रों हेतु जिनमें रोजगार के वैकल्पिक साधन सीमित हैं। जैसे कि उद्योग विहीन के वे क्षेत्र जिनमें दर्शनीय आकर्षक व जलवायु के अतिरक्त प्राकृतिक साधनों की कमी है।" श्री रोउथ के अनुमानों का सुझाव है कि ब्रिटेन में कुल कार्य करने वाली जनसंख्या का 5% पर्यटन उद्योग के माध्यम से अपनी जीविका अर्जित करती है। ब्रिटेन में बहुत से क्षेत्र हैं जहाँ पर कुल कार्य करने वाली जनसंख्या के 10% से अधिक लोग मुख्य तौर पर पर्यटकों को सेवायें प्रदान करने में व्यस्त हैं। कुछ क्षेत्रों व स्थानों में यह अनुपात विशेषतः अधिक है, एवं कुछ पर्यटन स्थलों में 20% से भी अधिक है।

श्री लिकोरिश के अनुमानों के अनुरूप ब्रिटेन में कुल कार्य करने वाले लोगों का कम-से-कम 7% पर्यटन उद्योग में रोजगारित हैं। स्विट्जरलैंड में किए गए एक अध्ययन के अनुरूप यह उद्योग ग्रीष्मकाल में 140,000 लोगों को रोजगार प्रदान करता है। जिसमें से 70,00 होटलों में कार्य करते हैं, पर्यटन उद्योग में कार्य करने वालों में से करीब आधा प्रतिशत आवास प्रदान करने वाली इकाइयों में कार्यरत हैं।

व्यापार का आँकड़ा

राष्ट्र का उत्पादन या वित्त प्रबन्ध के कुछ व्यापार में दूसरे देश के पर्यटन से उत्पन्न किये गये प्रत्यक्ष अथवा अप्रत्यक्ष व्यापार का प्रतिशत अनुमान विदेशी पर्यटन के योगदान से लगाया जा सकता है। यह अनुमान है कि पर्यटन आय के गुणित प्रभाव, पर्यटन रोजगार के गुणित प्रभावों के बराबर होते हैं। यदि हम अर्थव्यवस्था की रोजगार की प्रबलता में सम्भावित मूल्य और पर्यटन रोजगार के सामान्य अनुपात की दर को माप सकें तो हम औसत रोजगार का अनुमान लगा सकते हैं। इस तरह रोजगार-आय अनुपात के सिद्धान्त के माध्यम से रोजगार उपलब्धि में पर्यटन के योगदान का अनुमान लगाया जा सकता है। क्योकि हमारे पास अनुमान लगाने व पर्यटन क्षेत्र के रोजगार व आय के विशद आँकड़े एवं पर्यटन क्रियाओं के उत्पादन के कार्यों के प्रयोग के आँकड़े उपलब्ध नहीं हैं।

पर्यटन व्यवसाय का उद्देश्य उस आमदनी से है जो उपभोगी वस्तुओं का

आँकड़ा प्रस्तुत करती है। यह एक आम धारणा है कि पर्यटन व्यय द्वारा पैदा वेतन व मजदूरी उस व्यय का 50% होती हैं।

वेतन व मजदूरी का भुगतान पर्यटक द्वारा किये गये 1 वर्ष में व्यय से होगा। 1000 रुपये के पर्यटन व्यय पर गुणित के प्रभाव का अध्ययन करने पर यह प्रतीत होता है कि इससे एक ऐसी अर्थव्यवस्था पैदा होती है; जिसमें 540 रु. (कुल पर्यटन व्यय का 54%) वेतन व मजदूरी के रूप में भुगतान किये जा सकते हैं। यह सम्भव है कि विदेशी यात्रियों को प्रदान की जाने वाली सेवाओं में सम्बन्धित उद्यमों में कर्मचारियों की संख्या का अनुमान लगाया जा सकता है। भारत में कर्मचारियों तथा होटल कक्षों का अनुपात 2.5:1 स्वीकार किया गया है। यूरोप में यह अनुपात 1:1 व उत्तरी अमेरिका में 008:1 अनुमानित किया गया है। यात्रा उद्योग का अनुमान लगाना कठिन है कि पर्यटन के विभिन्न उद्यमों जैसे रेस्तरां, अतिथि गृह, विक्रय केन्द्र, परिवहन सेवायें, संग्रहालय आदि जो पर्यटकों की आवश्यकताएँ अप्रत्यक्ष रूप में पूर्ण करते हैं, में कितने रोजगार आरोपणीय हैं। भारत में पर्यटन रोजगार के अभी तक कोई आँकड़े उपलब्ध नहीं हैं। कुछ अर्थशास्त्रियों का विचार है कि पर्यटन के माध्यम से सृजित प्रत्यक्ष व अप्रत्यक्ष रोजगारों का राष्ट्र की कुल रोजगार व्यवस्था में लगभग उतना ही अनुपात है जितना कि पर्यटन का राष्ट्रीय आय के योगदान में है।

भारत जैसे उन्नतिशील राष्ट्र में पर्यटन को संवर्धन से वित्त उद्भव तथा व्यवसाय में अत्यधिक बल मिलेगा। 1968 में एँगलिया में किये गये अध्ययन के अनुरूप यह सुझाव दिया गया कि प्रति 2,400 के पर्यटन खर्च के लिये एक नया रोजगार सृजन किया गया है।

श्री जी. एच. ब्लाके व आर. एल. लोलेस के अनुसार, "प्रत्येक छह नयी होटल शयनों हेतु प्रत्यक्ष रूप में एक एवं अप्रत्यक्ष रूप में बहुत से अन्य रोजगारों का सृजन होगा। राष्ट्र के महत्वहीन भागों हेतु यह बहुत ही महत्वपूर्ण तथ्य है। उदाहरणार्थ—दक्षिणी क्षेत्र, जहाँ रोजगार के स्रोत बहुत ही सीमित हैं। इस तरह क्षेत्रीय विकास हेतु विशेषतः कार्य करने के साधन सृजन की दृष्टि से पर्यटन एक महत्वपूर्ण पहलू है।"

वस्तुतः पर्यटन व्यवसाय में दक्षता देने की वित्त की तीव्र गति व उच्च कोटि को अनुभवी विदेशी क्रमिकों की आवश्यकता होती है। परन्तु साथ-ही साथ यह असंख्य स्थानीय लोगों को रोजगार प्रदान करती है। पर्यटन सेवाओं से कम दक्ष कर्मचारियों का अनुपात बहुत ही उच्च होता है, भारत जैसे राष्ट्र में जहाँ कि अदक्ष

मजदूरों की अधिकता होने से, यह विशेषतया बहुत ही अनमोल है। यात्रा उद्योग में प्रारम्भिक अवस्था में ये सेवायें उच्चस्तरीय निपुण/ दक्ष नहीं लगतीं, परन्तु इन सेवाओं में कुछ दक्षता के स्तर की जरूरत होती है। यात्रा-पर्यटक उद्योग में प्राचीन समय से ही कार्य के दौरान प्रशिक्षण आदि की व्यवस्था रही है। ताकि श्रमिकों में पर्यटन से सम्बन्धित दक्षता के विकास हेतु स्थानीय शैक्षणिक व व्यावसायिक प्रशिक्षण स्रोतों पर निर्भर न रहना पड़े। स्थानीय व्यक्तियों को प्रशिक्षण देकर जटिल तथा उच्च कोटि के दक्षतापूर्ण स्थानों में नियुक्त किया जा सकता है : "रोजगार सृजन में विदेशी पर्यटन के प्रत्यक्ष योगदान का अनुमान अर्थात् प्रारम्भ में खर्च की गयी पर्यटक खर्च की किस्त सृजन किया गया रोजगार का अनुमान लगाना बड़ा ही मुश्किल है एवं समान मापदण्ड भी नहीं लगाया जा सकता है, क्योंकि भारतीय अर्थव्यवस्था में विशद आँकड़े अथवा पर्यटन व्यय व रोजगार का पर्यटन क्रियाओं में प्रति व्यक्ति आय के वर्गीकरण का बड़ा अभाव है।"

पर्यटन के विकास से प्रशासन को लाभ

पर्यटन पर सरकार के द्वारा किये गये विकास से कितनी आमदनी होती है? सरकार को सम्पूर्ण यात्रा उद्योग से कर के रूप में प्राप्त राशि, खान-पान सेवाओं पर सीमा तथा उत्पादन कर जो कि पर्यटकों हेतु क्रय व प्रयोग की जाती है राजस्व आय का एक मुख्य स्रोत है। केन्द्रीय, राज्य व स्थानीय सरकारों के माध्यम से विभिन्न तरह के कर प्राप्त किये जाते हैं। पर्यटन उद्योग पर्यटकों के व्यय (खर्च) पर आधारित है। परिणामस्वरूप केन्द्रीय, राज्य व स्थानीय सरकार को कर से बहुत ही कम राजस्व प्राप्त होगा।

हमारे देश में पर्यटन के व्यय का अनुमान अथवा गुणांक करीब 302 है एवं इस गुणित के परिणामस्वरूप पर्यटकों के माध्यम से किये गये व्यय से राष्ट्रीय आय निर्मित होती है। इसमें कुछ धन कर रूप में चला जाता है। प्रत्यक्ष व अप्रत्यक्ष करों से केन्द्रीय व राज्य सरकारों को प्राप्त होने वाले कर के अंश का राष्ट्रीय आय का आकलन में प्राचीन तरीका अपनाया जाता है। विदेशी पर्यटन के कारण औसत राष्ट्रीय आय जो उच्च अथवा निम्न गुणित से पैदा होती है; उससे इस अनुपात से गुणा किया जाता है ताकि विदेशी पर्यटन से अर्थव्यवस्था में प्राप्त कर राजस्व आय मालूम हो सके। राष्ट्र को पर्यटन के माध्यम से प्राप्त कुल कर राजस्व आय का अनुमान राष्ट्र की कुल अर्जित आय व कुल अनुमानित राष्ट्रीय आय के परस्पर

सम्बन्ध से मालूम की जा सकती है। यह अनुमान लगाया गया है कि यह सम्बन्ध प्रायः 10% है, अतएव कुल राजस्व आय इस तरह होगी–

कुल राजस्व आय = पर्यटकों के माध्यम से किया गया वार्षिक खर्चा × गुणक × व्यापार द्वारा पैदा किये गये कर का प्रतिशत पर्यटन उद्योग के प्राप्त करों से सरकार को मुख्य-मुख्य परियोजनाओं को चलाने में वित्तीय मदद मिलती है। ये कर हवाई अड्डा कर, शराब व तम्बाकू कर, ईंधन कर, एवं देश में आयातित वस्तुओं पर कर आदि के रूप में प्राप्त होता है। एक बहुत बड़ी राशि जो कि पर्यटन के बिना अर्जित नहीं हो पाती, सरकार को सड़क, स्कूल, चिकित्सालय आदि के निर्माण एवं अन्य जरूरी सामाजिक सेवाओं की पूर्ति हेतु उपलब्ध हो जाती है।

पर्यटन कर राजस्व में कितना योगदान है इसका अनुमान लगाना कठिन है। पर्यटन से आय की गणना करने हेतु पर्यटन उद्योग में कार्य करने वाले लोगों के माध्यम से द्वितीय व पुनः होने वाले चक्र में क्रय किये गये माल, सामान व सेवाओं के कर को भी ध्यान में रखना होगा। पर्यटन के स्वभाव को देखते हुए भारत जैसे राष्ट्र में यह बहुत ही असंभव है कि सरकारी आय का अनुमान लगाया जाये, केवल सरकार के माध्यम से अर्जित राजस्व कर, जो पर्यटकों पर लगाया जाता है, का ही अनुमान लगाया जा सकता है। उदाहरणार्थ–कई राष्ट्रों में पर्यटकों के माध्यम से प्रस्थान के वक्त भुगतान किया गया प्रति व्यक्ति कर होटल बिलों पर अतिरिक्त चार्ज व हवाई, रेल व सड़क यात्रा-पत्रों पर विक्रय कर। प्रत्यक्ष कर जो सरकार के माध्यम से प्राप्त किया जाता है वह तो अर्जित राजस्व का एक छोटा-सा अंश होता है, कुछ अर्थशास्त्रियों का विचार है कि पर्यटन से प्राप्त सरकारी राजस्व का अनुमान उस अनुपात से लगाया जा सकता है जितना कि करों का राष्ट्रीय आय के स्वयं का योगदान है।

पर्यटन एक अन्तर्राष्ट्रीय वित्त व मुद्रा को एकत्रित का प्रमुख साधन है। यह निर्यात उद्योग पर्यटन को विस्तृत मानने वाले पर्यटन के द्वारा एकत्रित विदेशी धन की ओर संकेत करते हैं। अथवा वे कुछ स्तर पर प्रत्यक्ष रूप में अथवा गुणित के संचालन से अर्जित मुद्रा का कुछ देश की वस्तुओं पर हुए प्रभावों को वर्णित करते हैं। हर राष्ट्र का यह उद्देश्य है कि पर्यटन उद्योग को एक निर्यात की भांति विकसित किया जाय; ताकि औद्योगिक यंत्र प्राप्त हो सकें व स्वावलम्बी विक्रय के लिये साधारण वातावरण निर्मित किया जा सके। व्यापार के विशद आकार, वस्तुओं की विभिन्नता, अत्यधिक संख्या में होने एवं साथ ही वित्त लाभों के कारण पर्यटन एक

बहुत बड़ी आर्थिक क्रिया एवं विदेशी पूंजी के अर्जन का एक महत्वपूर्ण स्रोत बन चुका है।

यह कथन अमान्य अथवा अस्वीकार नहीं कर सकते कि अत्यधिक उन्नतिशील देशों में पर्यटन वित्त विकास के लिए और विपरीत बिना पर्यटन की स्थिति में सही करने का एक माध्यम है। साथ ही साथ यह भी सत्य है कि जिन राष्ट्रों में रहन-सहन का स्तर अधिक ऊँचा है उनमें पर्यटन विदेशी मुद्रा के असंतुलन को ठीक करने में बड़ा योगदान करता है। कुछ वर्षों से पर्यटक प्राप्त करने वाले राष्ट्रों में विदेशी मुद्रा की प्राप्ति में बहुत तीव्र गति से वृद्धि हुई है। पर्यटन के माध्यम से बहुत से राष्ट्रों जैसे—जापान, हांगकांग, स्पेन, इटली, मॉरिसस, युगोस्लाविया, फ्रांस आदि की अर्थव्यवस्था में सुधार आया है। यहाँ तक कि पूर्वी यूरोप के राष्ट्र जो आरम्भ में शर्मीले व इच्छुक न थे—वे भी पर्यटन के आधारभूत सिद्धांतों को मानने लगे हैं एवं पर्यटन यातायात को विदेशों में यूगोस्लाविया प्रवाहित होने हेतु कानून व नियमों में ढील दे रहे हैं। युगोस्लोवाकिया प्रथम राष्ट्र था जिसने प्रवेश-पमर बीजों को समाप्त किया एवं रूस व भारत ने होटलों व अनुपूरक आवास सुविधाओं के लिए आवश्यक कदम उठाए हैं।

पर्यटन ही एक ऐसा साधन है जो बिना राष्ट्रीय स्रोतों को प्रभावित किये बड़ी मात्रा में विदेशी मुद्रा को अर्जित करता है। अतएव पर्यटन एक निर्यात व्यापार के रूप में प्रमुख स्थान रखता है एवं स्वयं अद्वितीय स्थान स्थापित किए हुए है। विदेशी पर्यटन की सदैव से ही प्रशंसा की गयी है; क्योंकि इससे अन्तर्राष्ट्रीय अर्थव्यवस्था में विदेशी मुद्रा प्रवाहित होती है। इससे विदेशों से क्रय करने के वरदान सम्पूर्ण राष्ट्र में बिना किसी भेदभाव के फैल जाते हैं। क्योंकि इन सम्पत्तियों से परिवहन के यन्त्र व उद्योगों हेतु माल का आयात प्रत्यक्ष रूप में उन वर्गों की उत्पादन शक्ति वृद्धि करने में इस्तेमाल किया जाता है; जिनका पर्यटन से कोई सम्बन्ध नहीं होता है। पर्यटन के उत्तेजित प्रभाव से आय में वृद्धि होती है जिससे विशेष गुण वाली निर्यातित वस्तु के भाग्यहीन प्रभाव को जीत लिया जा सकता है।

उदाहरणस्वरूप एक रेस्टोरेन्ट में निर्यात आमदनी उन सामग्रियों से उपलब्ध होती है जो आम तौर पर निर्यात नहीं की जा सकती है जैसे—दूध, अण्डे, मक्खन व अन्य खान-पान की वस्तुएँ।

वाणिज्य के दृष्टिकोण से पर्यटन एक अदृश्य निर्यात है। एक वाणिज्य के आयात व निर्यात व्यापार में सदैव देश से वस्तुओं का अन्दर आने एवं बाहर जाने

का क्रम बना रहता है। हर निर्यात करने वाले राष्ट्र भुगतान सन्तुलन की स्थिति पर नजर रखते हुए भाव व वस्तुओं का आन्तरिक उपयोग न करके विदेशों को निर्यात करते हैं। इसका उद्देश्य यह नहीं कि उनके यहाँ वस्तुओं की प्रचुरता है। अपितु विदेशी मुद्रा के अभाव के एकमात्र कारण एवं भुगतान सन्तुलन को अनुकूल बनाने हेतु निर्यात किया जाता है। निर्माणकर्ताओं की स्वयं की असुविधाओं के बल पर माल का निर्यात किया है। पर्यटन के क्षेत्र में ग्राहक, स्वागतकर्ता की तरफ अग्रसर होता है। यह एक बहुत ही सकारात्मक सत्य है। पर्यटन उद्योग में पारस्परिक स्तर पर माल का निर्यात किये बिना एक बहुत बड़ी विदेशी मुद्रा अर्जित होती है। यही एक व्यापार है जिसमें निर्यातक देश बिना किसी बलिदान के फायदा प्राप्त करता है।

पर्यटन में न तो किसी माल को जहाज के माध्यम से विश्व भर में भेजा जाता है और न ही किसी किस्म के भाड़े व कर का भुगतान करना पड़ता है। इसका मार्केट स्वदेश में ही होता है। खान-पान की वस्तुएं स्मारिकाओं व अन्य विलासितापूर्ण वस्तुओं जैसे गलीचे, जेवरात आदि वस्तुओं हेतु बहुत से नये क्रेता मिलते हैं जो कि अन्यथा कभी भी देश में नहीं आने देते। फुटकर व्यापारियों, हस्तकारों व कृषकों हेतु बहुत धन आ जाता है, हर खर्चीले पर्यटक हेतु योजनाएँ बनाई जाती हैं, ताकि उच्च किस्म की विलासितापूर्ण वस्तओं की बिक्री से विदेशी मुद्रा अर्जित की जा सके। बढ़ती हुई अत्यधिक जनसंख्या के साथ-साथ हम स्वयं किन्हीं भी वस्तुओं की बचत बलिदान के रूप में करके देश के बाहर भेजने के परिश्रम के बिना, विदेशी मुद्रा अर्जित कर सकते हैं। विदेशों से आये पर्यटक ठीक हमारे दरवाजे पर ही विदेशी मार्किट का प्रतिनिधित्व करते हैं। ऋण व मदद से भविष्य की पीढ़ी पर बहुत बड़ा बोझ पड़ता है क्योंकि मूलधन व ब्याज के भुगतानों के अतिरक्त राष्ट्र के स्वाभिमान व स्वालम्बन की महत्ता पर विपरीत पर्यटक विकसित राष्ट्रों की तरफ से विकासशील व अर्द्ध-विकसित राष्ट्रों हेतु सहायता का स्रोत है एवं उनकी राष्ट्रीय अर्थव्यवस्था का एक बहुत बड़ा साधन है।

पर्यटन से प्राचीन नगरों का सुधार

अन्य उद्योगों की तरह पर्यटन एक निदेशित इलाके या क्षेत्र का निर्माण करता है। पर्यटन कुछ पृथक्-पृथक् प्रकार से अपने संचालन इलाके में परिवर्तन करता है। कुछ परिस्थितियों में और व्यवसायों की तुलना में यह तथ्य इस व्यवसाय का उद्योग में खरा साबित होता है, सम्बन्धित क्षेत्र की जीवनचर्या, रहन-सहन व संस्कृति ही

इस उद्योग के कच्चे माल व निर्मित माल के प्रतीक हैं। बहुत से ऐतिहासिक महत्व के शहर व स्थान एवं इमारतें व स्मारक हैं जो कि पर्यटन के स्रोत हैं, जिनका और कोई विकल्प नहीं है। ये अपनी साधारण विशेषताओं के कस्बे हैं; जिन्होंने अपनी वास्तुकला की श्रेष्ठता एवं आगन्तुकों को आकर्षित करने की विशेषता को आज भी सुरक्षित रखा है एवं जिनकी वजह से पर्यटक के माध्यम से उनकी पुरानी सम्पदा का नया प्रयोग हुआ है। किले बड़े-बड़े गिरिजाघर स्मारक, संग्रहालय चित्रशाला, पुराने विश्वविद्यालयों के जन्म स्थल, राजमार्ग, चौकोर स्थल आदि इन स्थलों को पर्यटक कर उद्देशित स्थान बना देते हैं।

मोटर वाहनों के कारण व्यक्तिगत गतिशीलता में वृद्धि के फलस्वरूप पर्यटकों को अपनी तरफ आकर्षित करने के लिए कस्बों का सुंदरीकरण किया जाता है। फलस्वरूप इनकी विशेषताओं को संरक्षित करने का एक उत्तरदायित्व भी हुआ। एक शहर में पर्यटक विशेष रूप से एक पैदल अनुवेषक (पथिक) है। वह शहर उसके स्वागत हेतु लालायित है ताकि उसके लिए अनुवेक्षण करना सम्भव हो सके एवं वह अपना वाहन खड़ा कर सके। प्राचीन इमारतें, जो कि अपनी बुनियादी उद्देश्यों को भूल गयी हैं, का नया उपयोग करके संरक्षित किया जा सकता है। पुराने वातावरण में प्राचीन इमारतों के नमूनों को पुरानी सजावट में एकान्त तथा शान्ति प्रदान की जानी चाहिए। ये विचार **श्री माइकल मिडिलटोन,** डाइरेक्टर, सिविल टूरिस्ट के माध्यम से ब्रिटेन में 1971 में पर्यटन तथा पर्यावरण के सम्मेलन में भाषण देते वक्त व्यक्त किये गये थे। इनके अनुसार आक्सफोर्ड, स्ट्राट फोर्ड, बिन्दसार व इडिंगबर्ग के अतिरक्त अन्य बहुत से शहर पहले से अपनाये गये छोटे उद्योगों की भांति पर्यटन को भी अपना सकता है।

इंग्लैण्ड स्ट्रेटफोर्ड-आन-अमोन एक छोटा कस्बा बाजार है जो अधिक महत्वपूर्ण नहीं है। विश्वभर के पर्यटकों के माध्यम से इस स्थान की बहुत ही यात्रा की जाती है। प्रति वर्ष हजारों पर्यटक अपने व्यस्त जीवन के बावजूद सम्पूर्ण विश्व से स्ट्रेटफोर्ड विश्वविख्यात साहित्यकार विलियम शेक्सपियर के ख्याल को श्रद्धांजलि पूर्व मृत व्यक्ति की कहानी पर विकसित हो रहे हैं। जहाँ व्यापारी वर्ग फलते-फूलते हैं, वहीं व्यावसायिक व अवकाश प्राप्त व्यक्ति इस जगह का खूब आनंद लेते हैं। उसे एक तुच्छ व खिलवाड़ आलिंगन को निरर्थक स्थल के रूप में एवं इसे स्वस्थ चिड़चिड़ेपन का आधार मानते हैं।

8

पर्यटन उत्पादन एवं उनका बाजारीकरण की विचारधारा

उत्पादन एक मानव प्रक्रिया है। सेवा उत्पाद या सेवाओं को पर्यटन उत्पाद कहा जाता है। चूंकि पर्यटन उत्पाद हेतु गहन व विस्तृत बाजार की आवश्यकता पड़ती है। किसी भी पर्यटन स्थल की यात्रा करने के लिए पर्यटक के समक्ष विभिन्न प्रकार के साधन या विकल्प नहीं होते है। अतः उत्पादक अपनी सेवाओं को खरीदने के लिए नये बाजार की खोज करता है और पर्यटकों के समक्ष अपनी सेवाओं के गुणों को प्रदर्शित करता है जिससे पर्यटक प्रभावित होते हैं और सेवाओं का भागीदारी करते हैं। इस तरह जो वस्तु या उत्पाद आपकी प्रसन्नताओं, व्यापार की आवश्यकताओं और अवकाश के समय को, आपके नियमित निवास स्थान के अतिरिक्त अन्य स्थानों पर संतुष्ट कर देती है, उसी को पर्यटक सेवा उत्पाद कहा जाता है।

सामान्य अर्थो में उत्पाद, एक दृश्य, एक वस्तु, एक स्थान, एक व्यक्ति, एक घटना या एक ऐसी संस्था की आवश्यकताओं को संतुष्ट कर सकता है, हो सकता है, जो उत्पाद प्रस्तुत किया जाता है वह दूसरों की आवश्यकताओं को संतुष्ट करने वाला होता। यह उत्पाद अन्य कीमतों से विनिमय होना चाहिए। अतः उत्पाद को प्रस्तुत करने वालों एवं उसको प्राप्त करने वालों दोनों को ही परस्पर संतुष्ट होना चाहिए।

पर्यटन उत्पाद, उसके गुण-दोष, विवेचन या वस्तु के आधार पर निम्नलिखित तीन प्रकार से परिभाषित किया जा सकता है :

(1) उसे वस्तु विनियम या धन विनिमय में होना चाहिए।

(2) उत्पाद हमेशा प्रस्तुत किया जाना चाहिए।

(3) क्रेता की जरूरतों को संतुष्ट करना चाहिए

अतः यह आवश्यक नहीं है कि उत्पाद हर जगह आपके मन-मुताबिक होगा। उत्पाद कुछ भी हो सकता है, जैसे—फिरोजाबाद से कांच की चूड़ियाँ। बनारस की रेशमी साड़ियां, मुम्बई से उत्पादिक सूत्री वस्त्र, आंध्र प्रदेश से उत्पादित पंचमल्ली साड़ी या मुरादाबाद में बने पीतल की कलात्मक वस्तुएँ, अलीगढ़ के ताले अथवा कुछ और वस्तुएँ भी हैं। उत्पाद एक स्थान भी हो सकता है, यथा—लंदन, काशी, हरिद्वार, बम्बई, गोवा, हवाई, इत्यादि। उत्पाद कोई संस्था भी हो सकती है, जैसे—वर्ल्ड लाइफ फेडरेशन फोरेक्स डिवीजन ऑफ ए ट्रेवल एजेंसी इत्यादि। उत्पाद एक मानव विशेष भी हो सकता है, जो अपने कार्य शैली से उत्पादन करता है, जैसे—सपेरा, जोकर, टूरिस्ट गाइड, नर्तक या नर्तकी इत्यादि घटनायें भी उत्पाद का रूप ग्रहण कर लेती हैं, जैसे—केरल व नैनीताल की नौका दौड़, जयपुर एवं मैसूर के हाथियों का उत्सव, अहमदाबाद की पतंग उड़ाने की प्रतिस्पर्द्धाएँ आदि। कुछ कार्य प्रणालियाँ भी उत्पाद का रूप ग्रहण करती हैं।

उत्पाद के उपर्युक्त सभी उदाहरण मूलतः मूर्त ही हैं। इनका सेवा द्वारा उत्पादन होता है या उन सेवाओं से उत्पाद होता हैं, जो गोचर या लौकिक होती हैं, जैसे—कार, टेलीविजन, माइक्रोफोन, एयर कंडीशनर इत्यादि।

उपर्युक्त उत्पाद निम्न दो भागों में विभाजित हो जाते हैं, गोचर या लौकिक एवं अमूर्त।

सेवाओं द्वारा उत्पादित उत्पाद जैसे—बैंकिंग सेवा, होटल सेवा, हवाई जहाज अथवा रेल सेवा, स्वास्थ्य सेवायें, यात्रा कन्सलटेन्सीज इत्यादि हैं। अतः पर्यटन उत्पाद भी अमूर्त उत्पाद के अंतर्गत आता है या उन सेवाओं के अंतर्गत आता है जिसमें निम्नलिखित गुण व विशेषताएँ पायी जाती हैं—

1. मार्गदर्शक, अध्यापन, अभियंता, चिकित्सक आदि जैसी सेवाओं का संचय नहीं कर सकते बल्कि इसे प्रयोग में लाया जाता है। यदि इन सेवाओं का प्रयोग अगर इन सेवाओं का इस्तेमाल नहीं किया जाता है, तो ये विनष्ट हो जाती हैं। इसके विपरीत उत्पाद विक्रय हेतु प्रस्तुत किये जाते हैं। यदि उन्हें प्रयोग नहीं किया जाता तो उसे भविष्य के विक्रय के लिए स्टोर किया जा सकता है। कुछ

उत्पाद नष्ट होने वाले होते हैं, जैसे—दूध, फल, ब्रैड आदि। इन सेवाओं को कुछ समय के लिए ही स्टोर किये जा सकता है अन्यथा वे नष्ट हो जाते हैं। उदाहरणार्थ—एक वायुयान में कुछ खाली सीटें हैं परिणामस्वरूप उन खाली सीटों की क्षति होगी। एक सिनेमाघर में यदि कतिपय लोग नहीं पहुंचते तो सिनेमाघर की सेवायें पूर्णरूपेण प्रयोग नहीं मानी जातीं।

2. सेवा प्रदान करने वाले व्यक्ति से सेवाओं को अलग करना संभव नहीं हैं। मार्ग दर्शक को किसी स्थान के वर्णन के लिए स्वयं उपस्थित रहना होगा। अध्यापक को पढ़ाने के लिए चिकित्सक को ऑपरेशन करने के लिए निजी पाइलट को वायुयान उड़ाने के लिए निजी रूप से उपस्थित रहना होगा। जो गाइड अनुपस्थित रहेगा, जो अध्यापक कक्षा में नहीं जायेगा, जो चिकित्सक अस्पताल में नहीं जायेगा, जो पायलट जहाज पर नहीं जायेगा, वह अपनी सेवायें नहीं दे सकता। इसलिए सेवा देने वाले को निजी तौर पर उपस्थिति रहकर ही सेवाओं का उत्पादन कर दूसरों को सेवायें दी जा सकती हैं।

3. कतिपय सेवाओं के उत्पाद ऐसे होते हैं, जिसका कोई न रूप होता है, और न उन्हें स्पर्श किया जा सकता है। जैसे किसी स्थान अथवा वस्तु को दिखाने वाले गाइड की टिम्पणियाँ सुनी जा सकती हैं, जबकि यात्रा-अभिकर्ता एक स्थान से दूसरे स्थान के लिए टिकट देता है जो कागज का टुकड़ा मात्र होता है एवं सेवाओं की प्राप्ति के लिए वह प्रवेश पत्र होता है। एक एयर लाइन आवागमन तथा सामान लाने-ले जाने के लिए सेवायें प्रदान करती है। हम सचमुच में रेलगाड़ी को देखते हैं, जो प्रस्थान स्थान से गन्तव्य स्थान तक ले जाती है। तथा कतिपय सुविधाएं एवं आत्म भी देती हैं। दूसरी ओर गोचर अथवा लौकिक उत्पाद विक्रेता बेचता है और क्रेता उसे प्राप्त करता है। जबकि अमूर्त अथवा अदृश्य में भौतिक रूप से कुछ नहीं लेना, जिसे क्रेता और विक्रेता के मध्य रखा जा सके। कतिपय सेवाएँ जैसे डॉक्टर, इन्जीनियर, शिक्षक, गाइड आदि। इन सेवाओं का कोई रूप नहीं होता है, जबकि एयरलाइंस, होटल अथवा रेस्टोरेंट, रेल सेवा, बस सेवा इत्यादि सेवाये लौकिक वस्तुओं की सहायता से सेवायें प्रदान करती हैं। अमूर्त विशेषता वाली सेवाओं में उन सेवाओं को समझने में कुछ मुश्किलें आती हैं। इनमें सेवाओं का वायदा किया जाता है, जो उनके प्रयोग के उपरांत ही आंकी जा सकती है। उत्पाद पहले उत्पादित किये जाते हैं एवं तब उनका उपयोग होता है। सेवायें पहले बेची जाती हैं, तब उत्पादित होती हैं, और उसके

उपरांत ही उन्हें उपयोग में लाया जाता है। उदाहरणार्थ हम दिल्ली से बम्बई का एक एयर टिकट खरीदते हैं। टिकट खरीदने के बाद वायुयान पर चढ़े यात्रा में और यात्रा के बाद हम सेवा की कुशलता अथवा गुण को आंक सकते हैं कि कितना धन देने के हमें किसकी और कैसी सेवायें उपलब्ध हुईं।

4. जब गोचर लौकिक वस्तु उत्पादित होती है, तो वह क्रय की जाती है और उसके उपरांत उसका इस्तेमाल कर लिया जाता है। लेकिन सेवाओं में उसका उत्पाद उपयोगी होता है। भिन्नता केवल इतनी है कि जब लौकिक वस्तु उत्पादित होती है, तो उसके लिए उस समय क्रेता के उपस्थित रहने की आवश्यकता नहीं है। उदाहरण के लिए किसी कम्पनी का क्रय अधिकारी कंपनी के निदेशक के उपयोग के लिए कार खरीद सकता है, लेकिन सेवाओं के सिस्टम में क्रेता का होना आवश्यक है। यदि आप किसी स्थान की यात्रा कर रहे हैं, तो यह तो संभव है कि आपका सचिव आपके लिए टिकट ले आये, लेकिन सेवाओं के उपयोग के लिए यात्रा के लिए आपको स्वयं ही जाना होगा। इस यात्रा सेवा में आपके यात्रा का साधन रेल, जहाज इत्यादि, इसके कर्मचारी, कई सुविधाएं सम्मिलित होती हैं। यह सेवा क्रेता के उपस्थित हुए बिना नहीं हो सकती।

5. व्यक्ति द्वारा उत्पादित सेवाएँ मानव द्वारा उत्पन्न उत्पाद से सम्बन्धित होती है। इसी वजह से अलग-अलग व्यक्तियों की सेवाओं में अंतर होता है। उदाहरणार्थ–वायुयान में हर एयर-होस्टेस एक सी सेवा नहीं कर सकती। इसी प्रकार एक ही एयर होस्टेस प्रातः और सांध्यकालीन पालियों में समान सेवा नहीं कर सकती। उसकी सेवाओं पर उसके दैहिक, मानसिक तनाव, मूड और वातावरण इत्यादि का असर पड़ता है। अथवा सेवाओं का मानक समान नहीं हो सकता। सेवाओं के अन्तर का दूसरा कारण है अतिथि अथवा क्रेता का सम्मिलित हो जाना। एक गायक अथवा गायिका किसी उत्सव में अपनी कला का प्रदर्शन तो करता है, पर उसकी कला के प्रदर्शन पर उसके दर्शकों द्वारा किये गये गुण-दोष विवेचन का भी असर पड़ता है। साथ ही कलाकार के मनोभाव, वातावरण एवं उसके साथी कलाकारों का भी अत्यधिक असर पड़ता है। इस प्रकार ये सेवायें समयानुसार एवं व्यक्ति के अनुसार एवं जनभावनाओं के अनुसार ही अच्छी या खराब होती हैं।

6. जब हम एक कार या कोई अन्य वस्तु क्रय करने जाते हैं तब उस कार अथवा

वस्तु का स्वामित्व वहाँ से हटकर हमारा हो जाता है। लेकिन हम यदि एक टैक्सी किराये पर लेते हैं तो उसका स्वामित्व नहीं बदलता अपितु हमें एक स्थान से दूसरे स्थान तक जाने का अधिकार ही हासिल होता है। हम न तो टैक्सी के स्वामी होते हैं, एवं न ही टेक्सी ड्राइवर के। इसी प्रकार होटल में जब हम जाते हैं तो उसके कमरों के स्वामी नहीं होते केवल उनका उपयोग ही कर सकते हैं।

पर्यटन उत्पाद का स्वरूप

होटल या रिसार्ट पर्यटन उद्योग का एक प्रमुख है। यह उत्पाद पर्यटकों की सेवा के लिए उत्पादित किया जाता है। यह उद्योग पर्यटक सेवा के लिए निर्मित होता है। इस उद्योग के द्वारा कान्फ्रेंस, प्लानिंग आदि की सेवा दी जाती है। त्योहार, मेले, इत्यादि घटनायें हैं जिनका मजा लिया जा सकता है पर ये नश्वर हैं। नृत्य, गायन, वादन आदि देखे जा सकते हैं और मजा लिया जा सकता है। वन्य जीवों का जीवन प्राकृतिक उत्पाद है जो सेवा प्रदान करता है। बीचों, मरुस्थलों आदि का सौन्दर्य कुछ अलग ही होता हैं। यहाँ लोग विश्राम करने व आनन्द मनाने आते हैं। इसे संचय करना संभव नहीं है और न ही इनका स्वामित्व प्राप्त किया जा सकता है।

तीर्थ एवं धार्मिक स्थलों पर पारलौकिक शांति प्राप्त होती है। अतः पर्यटन सेवा उत्पाद है, लेकिन इन स्थानों पर जाकर खरीद की जा सकती है। इसकी विशिष्टता एक उत्पाद की भांति हैं, सेवा की भांति नहीं। ये उत्पादन लौकिक है एवं उत्पादक कर्ता से अलग किये जा सकते हैं। इसी प्रकार रेस्टोरेंट, पैक एण्ड कैरी संस्थान इत्यादि लौकिक उत्पादन जैसे—भोजन, ड्रिंक्स इत्यादि का उत्पादन करते हैं जिसे कुछ वक्त के लिए ही संचय किया जा सकता है।

इन सभी उत्पादों के उत्पादन के समय ग्राहक का रहना आवश्यक नहीं है। लेकिन उसको क्रय करते वक्त तथा उपयोग में लाते वक्त उसका रहना आवश्यक है। इस प्रकार से पर्यटन उत्पाद को सेवा उत्पाद तथा फिजीकल इन दो भागों में बांटा जा सकता है।

परिभ्रमण उत्पादनों का वर्गीकरण

सामान्य रूप से परिभ्रमण उत्पादों को प्रमुख चार भागों में वर्गीकृत किया गया है जो निम्नलिखित हैं—

1. नैसर्गिक एव मानवजन्य उत्पाद—नैसर्गिक एवं मानवजन्य दोनों उत्पादों का पर्यटकों पर अत्यधिक प्रभाव पड़ता है। नैसर्गिक उत्पाद में पर्वतीय स्थान, जलवायु, वनस्पति युक्त बीच, मरुस्थल, द्वीप इत्यादि को तथा मानवजन्य उत्पादों में मेले, उत्सव, कन्वेंशन, पेंटिंग, आर्कीटेक्चर, बाजार, मनोरंजन गृह आदि को शामिल किया जाता है। मुंबई का एस्सेल वर्ल्ड एवं अमेरिका की डिजनीलैंड मानवकृत पर्यटन उत्पादों में आते हैं। प्राकृतिक उत्पाद मानव के लिए विस्मयकारक होते हैं और ईश्वर की ओर से उपहारस्वरूप मिलते हैं, जबकि मनुष्य द्वारा निर्मित उत्पाद मनोरंजन एवं व्यापारिक उद्देश्यों को पूरा करते हैं।

2. कान्टीनम उत्पादन—कुछ नैसर्गिक एवं मानवजन्य उत्पाद ऐसे होते हैं जिसे किसी भी श्रेणी या वर्ग में बांटना संभव नहीं होता है।

3. प्रतीकात्मक उत्पाद—कुछ उत्पाद ऐसे हैं, जो उक्त दोनों की विशेषताओं के अंतर्गत नहीं आते। प्रतीकात्मक उत्पाद वे होते हैं, जो प्रकृति अथवा मानव दोनों के ही प्रयासों से होते हैं। वन्य जन्तु शरण स्थली, मैरीन पार्क, क्रीड़ाएं पुष्प उत्सव और प्रदर्शनी इसी प्रकार के उत्पाद हैं। प्रकृति ने स्रोत अथवा साधन दिए और मानव ने उसमें कुछ और जोड़कर उसे उत्पाद के रूप में परिवर्तित किया।

4. घटना और स्थान पर आधारित उत्पाद—जहाँ कोई घटना और स्थल आकर्षण का कारण होता है, वह स्थान मूल उत्पाद माना जाता है। घटना प्रधान उत्पादों में कार्नीवाल, गोवा का फूड उत्सव, खजुराहो का नृत्योत्सव, स्पोर्ट्स इत्यादि एवं ताजमहल, स्कीइंग, नेशनल पार्क, मुंबई इत्यादि स्थान मूल उत्पाद माने जाते हैं।

(i) पैकेज एण्ड प्रोग्राम—यह सुविधा नियोजित एवं नियंत्रित होती है। इस सुविधा में एक निश्चित मूल्य पर पर्यटकों को कई तरह की सुविधाएं मिल जाती हैं। इस प्रकार के पर्यटक कार्यक्रमों में रहना, खाना-पीना, घूमना आदि सभी का मूल्य ले लिया जाता है। इन सुविधाओं के अतिरिक्त परिपूरक कैसिनों कूपन आदि भी मिल जायें तो पर्यटन उत्पाद के आकर्षण बढ़ जाते हैं। इसके कार्यक्रम और ज्यादा आकर्षक तब हो जाते हैं जब उनके साथ केन्द्रीय अथवा अंतर्तम आकर्षण और जुड़ जायें। इस तरह की स्थिति में पर्यटक कुछ अधिक धन भी व्यय करते हैं। कान्फ्रेंस आर्गनाइजर्स कान्फ्रेंसों को आयोजित करने पैकेज एण्ड प्रोग्राम उत्पाद सर्वाधिक आकर्षक हो सकते हैं।

(ii) स्थान—कुछ स्थान इस प्रकार के होते हैं, जो अपनी प्राचीनता, सांस्कृतिकता, कलात्मकता, वास्तुकला से पूर्ण विशेषताओं के कारण अत्यंत आकर्षक होते हैं,

जैसे—खजुराहो का नृत्योत्सव, महाबलीपुरम के मंदिर, पुरी के मंदिर, कन्याकुमारी के बीच, आगरा का ताजमहल, मिस्र के पिरामिड इत्यादि।

(iii) उद्देशीय या गन्तव्य स्थान—कुछ स्थान अथवा स्वयं में पर्यटन आकर्षणों से परिपूर्ण हैं। वहाँ की घटनाओं, शहर, विशिष्ट स्थलों का कोई आकर्षण पर्यटकों को नहीं होता अपितु उस शहर का स्थान ही आकर्षण का पूर्ण केन्द्र होता है, जैसे—दिल्ली, चेन्नई, मुंबई, लंदन, न्यूयार्क, आदि पर्यटकों के लिए विशेष आकर्षण हैं। इन स्थानों पर जाकर पर्यटन तो कर ही लेते हैं साथ अपने दूसरे उद्देश्यों को भी पूर्ण कर लेते हैं।

(iv) पर्यटन—वर्तमान समय में पर्यटन विशिष्ट स्थलों जैसे—धार्मिक या तीर्थ या ऐतिहासिक जगहों पर जाकर मन को हर्षित करने का एक उत्तम साधन है। जिसके द्वारा पर्यटकों को अलग तरह की सुविधाएँ आदि प्रदान की जाती हैं। अलग-अलग पर्यटन स्थल उन्हें विभिन्न प्रकार से आकर्षित करते हैं। उदाहरणार्थ कोई भी ऐसी संस्था अपनी श्रृंखला देश के विभिन्न स्थानों पर बस, ट्रेन, वायुयान या पानी के जहाजों के माध्यम से भ्रमण करा सकती है। यही पर्यटक के रहने, खाने-पीने आदि का भी प्रबन्ध कर देती है। यदि पैकेज टूर के कार्यक्रम एवं सर्किट टूर दोनों मिलाकर पर्यटकों के कार्यक्रम बनाये जायें तो वे बड़े ही आकर्षक एवं फायदेमंद हो सकते हैं। पैलेस आन व्हील्स जो पर्यटन विभाग की अति सुव्यवस्थित एवं सुविधापूर्ण रेलगाड़ी है, जो इसी प्रकार के पैकेज और सर्किट कार्यक्रमों को परिपूर्ण करने वाली है और पर्यटकों की सभी आवश्यकताओं और सुख-सुविधाओं से परिपूर्ण है।

(v) सक्रियता या तीव्रता—जो उत्पाद सक्रियता या तीव्रता प्रधान होते हैं उनमें पर्यटकों को बड़ा सक्रिय रहना पड़ता है, उदाहरण के लिए दुकानदारी, साहसिक स्पोर्ट्स जैसे-ग्लाइडिंग, पेरासलिंग इत्यादि। पर्यटक दुकानों पर सामान अथवा भेंट की वस्तुएँ क्रय करने आते हैं। पर्यटक जब तक स्वयं नहीं चाहेगा तब तक वह साहसिक कार्यों में भाग नहीं ले सकता सक्रिय पर्यटन उद्योग प्रकृति एवं मानव दोनों का ही सहारा ले सकता है।

(vi) घटना—कुछ विशिष्ट घटनाएँ पर्यटन की उन्नति व विकास में प्रमुख भूमिका का निवर्हन करती हैं।

उक्त स्थान तथा घटनाओं के अलावा कुछ ऐसे भी तत्व होते हैं जो पर्यटक को विशष रूप से आकर्षित करते हैं, जैसे—बोट रेस, ओलम्पिक खेल आदि।

पर्यटन उत्पाद की आवश्यकताएँ

पर्यटकों की मूलभूत आवश्यकताओं की पूर्ति पर्यटन उत्पाद से ही की जा

सकती है। अब हमें यह देखना है कि पर्यटकों की वे आवश्यकताऐं कौन-सी है? पर्यटकों को ऐसा कौन-सा आकर्षण मिलता है जिसके लिए वे दूर-दूर तक यात्रा करते हैं, आवश्यकता के मुताबिक धन व्यय करते हैं। हम आसानीपूर्वक इन आकर्षणयुक्त आवश्यकताओं को शिक्षा, विश्राम एवं अवकाश, मनोरंजन एवं आनन्द, मित्रों-परिचितों तथा रिश्तेदारों से भेंट, विशिष्ट हित, स्वास्थ्य तथा व्यवसाय इन सात वर्गों में वर्गीकृत किया जा सकता है जिनसे पर्यटकों को प्रोत्साहन व प्रेरणा मिल सकती है–

पर्यटन तत्व एवं प्रेरक तत्व

कुछ इस प्रकार आवश्यकताएँ एवं आकर्षण हैं जिनसे स्वतः ही किसी न किसी रूप में पर्यटन उत्पाद होता रहता है। दोनों ही एक दूसरे के पूरक कहे जा सकते हैं। कुछ विशिष्ट प्रेरक घटक एवं उनसे उत्पादित पर्यटन उत्पाद को निम्न सारणी में स्पष्ट किया गया है–

प्रेरक घटक	*पर्यटन उत्पाद*
1. स्वास्थ्य	साहसिक खेलकूद
2. व्यवसाय	सम्मेलन एवं सभायें
3. शिक्षा-दीक्षा	संस्कृति एवं विशिष्ट परम्परायें।
4. मनोरंजन एवं आनन्द	पर्व, उत्सव, वन्य, जीवन, मेले इत्यादि।
5. विशिष्ट हित	साहसिक कार्य जैसे पर्वतारोहण, तैराकी इत्यादि।
6. मित्रों, परिचितों एवं रिश्तेदारों	खरीदारी करना एवं स्मृति भेंट
7. विश्राम एवं अवकाश	योग, खेल-कूद, समुद्र तटीय बीच

भारतीय पर्यटन सिंहावलोकन

भारत एक धर्म निरपेक्ष राष्ट्र है। यहां विभिन्न धर्म को मानने वाले लोग स्वतंत्र रूप से निवास करते हैं। अतः यहां प्रत्येक दिन पर्व अथवा उत्सव होता रहता है। पर्यटन की नजरिये से भी यह देश श्रेष्ठतम राष्ट्रों में से विश्व में एक है। यहाँ के विविध पर्यटन उत्पाद देश को व्यापक प्रगति की ओर प्रेरित करने में काफी सफल रहे हैं। निम्नांकित तत्वों से यह स्पष्ट हो जाता है कि पर्यटन उत्पादों की स्थिति कैसी है।

वन्य जीवन–भारत की वन्य जीवन भी अपने-आप में कुछ विशेषता रखती

है। विभिन्न वन्य पशु, यहाँ के बाघ वनों में स्वतंत्र रूप से विचरण करते रहते हैं। राजस्थान में स्थित रणथंभौर एक ऐसी जगह है, जो अपने बाघों के लिए विख्यात है। कश्मीर की सुप्रसिद्ध शरणस्थली अपने हिरन और बारहसिंगाओं के लिए विश्व प्रसिद्ध है। राजाजी नेशनल पार्क केवल अपने जंगली हाथियों के झुंडों के लिए विख्यात है। इसी तरह स्नेक पार्क विभिन्न प्रकार के सर्पों के लिए और सुन्दर वन का मगरमच्छ पार्क अपने तरह-तरह के मगरमच्छों के लिए विख्यात हैं। इन सभी से इन वन्य पशुओं के निजी जीवन के विषय में जाना जा सकता है।

सांस्कृतिक पर्यटन उत्पाद—भारत भले ही आर्थिक क्षेत्र में कई राष्ट्रों से पीछे है लेकिन सभ्यता और संस्कृति के क्षेत्र में यह विकासशील देश विश्व के सभी राष्ट्रों से आगे है। यहां संस्कृति की ख्याति सम्पूर्ण विश्व में है, जो विदेशी पर्यटकों को अपनी ओर आकर्षित करती है। पर्यटन उत्पाद के तौर में भारतीय संस्कृति के नृत्य-गायन, पेंटिंग, मूर्तिकला, वास्तुकला इत्यादि अतिप्रसिद्ध हैं। सम्पूर्ण भारत की यों तो एक ही तरह की संस्कृति रही है, पर जलवायु, स्थान आदि के कारण वह परिवर्तित भी हो जाती है।

अजंता एवं एलोरा की गुफायें, बौद्ध धर्म की कला और वास्तु शास्त्र के ज्वलंत उदाहरण हैं। पुरी के हिन्दू धर्म के मंदिर विशिष्ट प्रकार की संस्कृति के परिचायक हैं। इसी तरह जैन वास्तु शास्त्र गुजरात और मुस्लिम वास्तुशास्त्र, फतेहपुर सीकरी (आगरा) तथा अन्य स्थानों पर दर्शनीय हैं।

भारतीय नृत्य, विशेष तौर पर दक्षिण भारत का भरत नाट्यम, मणिपुर का कुचिपुडी नृत्य, उत्तर भारत का कत्थक नृत्य, केरल का कथकली नृत्य, उड़ीसा का ओडिसी नृत्य इत्यादि विश्व प्रसिद्ध हैं। भारतीय चित्रकला में भी विविधता है। राजस्थान की मधुबनी कला, उत्तर प्रदेश की विचित्र कला के अतिरिक्त भी विभिन्न व्यक्तियों द्वारा चित्रकला का अद्‌भुत प्रदर्शन किया गया है।

इसी प्रकार भारतीय शास्त्रीय संगीत भी सर्वविदित एवं प्रसिद्ध है। तमिलनाडु के मृदंग एवं कश्मीर के जलतरंग संगीत को कौन नहीं जानता। यहाँ संगीतज्ञों ने अपने संगीत के जादू से विश्व को सम्मोहित कर रखा है।

भारतीय वास्तुशास्त्र कला खजुराहो के मंदिरों में दूसरे इसी प्रकार के अन्य विशेषताएँ मंदिरों व स्मारकों में देखी जा सकती हैं। इसकी तुलना किसी दूसरे से करना शोभनीय नहीं कहा जा सकता।

इसी प्रकार भारतीय संस्कृति की अन्य विधायें भी पर्यटन उत्पाद में विभिन्न तरह से सहायक होती हैं।

धम्म—भारत आदि काल से ही धर्म प्रधान देश रहा है और यहाँ की अधिसंख्य जनसंख्या हिन्दुओं की है- मुस्लिम, ईसाई, सिक्ख, जैन, बौद्ध, ज्यूज, इत्यादि भी इस देश की जनसंख्या के ही अंग हैं तथा प्रेमपूर्वक निवास करते हैं। ये सभी धर्मावलम्बी अपने-अपने धर्मानुसार धार्मिक कृत्य पूजा-पाठ आदि स्वतंत्रापूर्वक करते रहते हैं।

सम्मेलन—यह बड़ी तीव्रता से पर्यटन उत्पाद के रूप में बढ़ रहा है। यह अधिसंख्य लोगों को आकर्षित करने में समर्थ है। इसमें आराम एवं काम दोनों को सम्मिलित किया जा सकता है। दिल्ली, बंगलौर, कोलकाता, मुंबई इत्यादि में कान्फ्रेंस आदि आयोजित की जाती हैं।

साहसिक खेलकूद एवं अन्य कार्य—समुद्र एवं बड़ी नदियों में ये साहसिक खेल-कूद होते रहते हैं। इन खेलकूदों से मानसिक प्रगति के साथ-साथ शारीरिक प्रगति भी होती है।

पर्व-उत्सव एवं मेले—मानव जीवन में पर्व-उत्सव एवं त्योहार निरन्तर होते रहते हैं। त्योहार, मेले आदि मौसम के मुताबिक होते हैं। दीपावली सम्पूर्ण देश में बड़े उत्साह से मनायी जाती है। होली पूरे देश में मिलन का त्योहार होता है। कुंभ, मेरठ का नौचंदी मेला, अलीगढ़ की नुमाइश आदि भी प्राचीन मेले हैं, जो सदियों से एक विशेष पर्व के तौर पर मनाये जाते हैं। जिनमें ग्रामीण तौर पर शहरी नागरिक सभी सम्मिलित होते हैं और अपनी आवश्यकताओं की पूर्ति करते हैं।

क्रय प्रक्रिया—पर्यटक यात्रा अवधि में मेले और बड़े-बड़े बाजारों से भिन्न प्रकार की वस्तुओं की क्रयदारी करता है। उदाहरण के लिए सहारनपुर और मैसूर में चंदन की लकड़ी, हाथी दांत, मुरादाबाद में पीतल का सामान, आगरा एवं कानपुर में चमड़े आदि का सामान निर्मित होता है। उन्हें क्रय करने के लिए लोग देश के कोने-कोने से पहुंचते हैं। बनारस की रेशमी साड़ियाँ, कश्मीर के गलीचे, लखनऊ की रेवड़ी, फिरोजाबाद की चूड़ियाँ पूरे विश्व में प्रसिद्ध हैं।

बीच—भारत एक प्रायद्वीप देश है। भारत के सागरीय पर्यटन स्थलों पर अधिकांश संख्या में पर्यटक मनोरंजन करने तथा अवकाश बिताने के लिए पहुँचते हैं। भारत के पास लगभग छः हजार मील लंबा समुद्र तट है। समुद्र के तटीय भागों में नारियल, पाम आदि के असंख्य कुंज हैं, जहाँ पर्यटक पहुंचते हैं। विभिन्न प्रकार के पशु-पक्षी वहाँ दिखाई देते हैं और पर्यटकों का मनोरंजन करते हैं। उड़ीसा, अंडमान निकोबार, गोवा, मुंबई, केरल इत्यादि में भिन्न- भिन्न प्रकार के बीच हैं और वहाँ विभिन्न राज्यों के लोगों का निवास है।

इस प्रकार भारतीय पर्यटन उत्पाद के उत्तम विविध तत्वों के आधार पर कहा जा सकता है कि हमारा यह पर्यटक उत्पाद एक विशिष्ट प्रकार एवं उपयोगी उत्पाद है। इन उत्पादों से आर्थिक, मानसिक, शारीरिक और अन्य सभी प्रकार के फायदे होते हैं।

विपणन की अवधारणा

आज पर्यटन जगत में बाजारीकरण की अवधारणा विकसित हो रही है क्योंकि पर्यटन की तरफ लोगों का मानसिकता बनना। पर्यटन के क्षेत्र में बड़े-बड़े उद्योगपति मुनाफा कमाने के लिए अधिक से अधिक पूंजी विनियोग करना चाहते हैं। अक्सर विपणन शब्द का प्रयोग प्रबन्धकों द्वारा अपनी कम्पनियों को आधुनिक, गतिशील एवं भविष्य द्रष्टा के रूप में प्रस्तुत करने के लिए किया जाता रहा है। विपणन के सही अर्थ को समझने के लिए हमें थोड़ा पिछले समय में जाना होगा।

विपणन की अवधारणा एवं इसका दर्शन—बाजारीकरण विचारधारा का प्रादुर्भाव सबसे पहले यू.एस.ए. में हुआ। इसके पश्चात् यह अवधारणा धीरे-धीरे पश्चिमी यूरोप एवं जापान में भी विकसित हो गयी। जापान ने इस विचारधारा को वास्तविक रूप में विकसित करके अन्य विश्व के राष्ट्रों तक पहुंचाया। जापान ने अपने समस्त उत्पादों को उपभोक्ताओं की अभिलाषाओं एवं आवश्यकताओं पर आधारित करके एवं इस कार्य में सफलता प्राप्त करके विपणन को एक नया आयाम दिया। वास्तव में जब तक देश का उत्पादन, इसकी मांग से कम रहा, तब तक विपणन की कोई सतत् वृद्धि नहीं हुई। परन्तु बीसवीं शताब्दी के छठे दशक में उत्पादन पद्धतियों में सुधार, संचार एवं यातायात के क्षेत्रों में नये-नये आविष्कारों के फलस्वरूप उत्पादन की मात्रा में लगातार वृद्धि होती गयी। ऐसे वातावरण में बाजारीकरण अवधारणा की वास्तविक रूप में आवश्यकता अनुभव हुई।

विपणन अवधारणा का आलंबन

जब उत्पाद माँग से अधिक उत्पादित होता है तब उत्पाद को विक्रय करने में अधिक समय लगता है जो विक्रयकर्ताओं की इच्छा पर पर निर्भर होती है परन्तु परिवर्तित परिस्थितियों में विपणन के अंतर्गत विक्रेताओं को अपने उत्पादों में क्रेताओं की इच्छानुसार परिवर्तन करना एक आवश्यकता बन गयी। जो विपणन का मूल आधार बना।

अमेरिकन मार्केटिंग इंस्टीट्यूट ने मार्केटिंग को निम्नांकित शब्दों में व्याख्यायित किया है—

पर्यटन और विपणन की अवधारणा

पर्यटन की संपूर्ण क्रियाओं पर विपणन का प्रमुख रूप से प्रभाव पड़ता है। आज के दौर में पर्यटन में पूंजी के रूप में भारी निवेश करना पड़ता है एवं इस क्षेत्र में पर्याप्त आधारभूत संरचना स्थापित करने में वर्षों लग जाते हैं। इस समस्याओं को एक सोची-समझी विपणन नीति के द्वारा ही हल किया जा सकता है।

रिपिनडॉर्फ ने विपणन विचारधारा को परिभ्रमण में शब्दों में स्पष्ट किया है–

भारतीय संदर्भ में विपणन की अवधारणा

भारत में पर्यटन जगत में पर्यटकों का आगमन कोई प्राचीन घटना नहीं है। स्वतंत्रता के बाद भारत ने अपनी अर्थव्यवस्था के लिए संरक्षित एवं प्रतिबन्धित व्यापार नीति अपनायी। उत्पादों की नयी इकाइयों को प्रारंभ करने, पुरानी इकाइयों का विस्तार करने एवं यहाँ तक कि उत्पादों के वितरण हेतु भी सरकारी अनुमति लेने की आवश्यकता होती थी। यही स्थिति पर्यटन के क्षेत्र में भी थी। वायु सेवाओं, होटल व्यवस्थापन और पर्यटन से सम्बन्धित अन्य क्रियाओं पर भी सरकारी नियंत्रण था। निजी कम्पनियों को इस क्षेत्र में आने की कोई अनुमति नहीं थी। परिणामस्वरूप विपणन विचारों के क्षेत्र में कोई महत्व नहीं मिल सका। यह स्थिति सन् 1980 के बीच तक बनी रही। भारतीय अर्थव्यवस्था के परम्परागत ढांचे में सुधार लाने का प्रयास सर्वप्रथम स्व. राजीव गांधी ने किया। परन्तु दुर्भाग्यवश उनकी असामयिक मृत्यु के कारण कोई ठोस योजना नहीं बन सकी। इसके उपरांत तत्कालीन प्रधानमंत्री नरसिम्हा राव ने 1989 में उद्योग व्यापार को सरकारी नियंत्रण से मुक्त करने एवं भारतीय अर्थव्यवस्था को विश्व अर्थव्यवस्था के समकक्ष लाने के लिए नयी आर्थिक नीति की घोषणा की जिसके अंतर्गत अर्थव्यवस्था के उदारीकरण के लिए कार्यक्रमों की घोषणायें की गयीं। इस नीति का सार इस प्रकार था–

इस प्रकार हम देखते हैं कि पर्यटन के क्षेत्र में विपणन की विचारधारा का प्रारम्भ उपर्युक्त ऐतिहासिक घटना के फलस्वरूप हुआ था। बाजारीकरण विचारधारा के फलस्वरूप ही पर्यटन के क्षेत्र में अधिक विकास हो रहा है। 1995 के सर्वेक्षण के अनुसार भारत में पर्यटन आगमन का आँकड़ा 2 मिलियन को पार कर गया।

पर्यटन से सम्बन्धित सेवाओं की प्रकृति, वर्गीकरण, विशेषतायें एवं पर्यटन योगदान।

किसी देश के पर्यटन को विकसित करने में वहाँ की विचारधारा की विशेष

भूमिका रहती है। बाजारीकरण की विचारधारा से पर्यटन का विकास ही नहीं होता बल्कि देश की आर्थिक स्थिति भी मजबूत होती है, साथ में विदेशी मुद्रा अधिक-से-अधिक आने की संभावना रहती है। राष्ट्र में पर्यटन की संभावनाओं में सकारात्मक वृद्धि करने के लिए हमें उन जरूरी सेवाओं की प्रकृति व विशेषताओं को जानना जरूरी है, जो पर्यटन से प्रत्यक्ष तौर पर सम्बद्ध हैं, तभी हम एक सकारात्मक विपणन विचारधारा को अपनाने में सफल हो सकते हैं।

पर्यटन विकास की दृष्टि से जरूरी सेवाओं के अन्तर्गत निम्न आवश्यक तत्वों को रखा जा सकता है—

पर्यटन उत्पाद—पर्यटक उत्पाद विपणन में एक प्रमुख एवं महत्वपूर्ण भूमिका अदा करते हैं। वास्तव में पर्यटन का मूल आधार ही पर्यटक उत्पाद है जिससे आकर्षित तथा वशीभूत होकर राष्ट्रीय पर्यटकों का आगमन संभव होता है। पर्यटकों की दृष्टि से इनका विशेष महत्व होता है। सर्वप्रथम पर्यटक उत्पाद की प्रकृति, वर्गीकरण एवं विशेषताओं को जानने की काफी आवश्यकता होती है।

पर्यटकों की दृष्टि में पर्यटन उत्पाद के महत्व को इस प्रकार से स्पष्ट किया जा सकता है। भारत की अर्थव्यवस्था मिश्रित है। यहां की अर्थव्यवस्था में पर्यटन उत्पादन को विशेष रूप से शामिल किया गया है। क्योंकि पर्यटन उत्पादन से विदेशी मुद्रा का अधिक अर्जन होता है। इस उत्पाद में आकर्षण, परिवहन, आवास और मनोरंजन आदि महत्वपूर्ण तत्व सम्मिलित रहते हैं। एक देश अपने पर्यटक उत्पादों के रूप में जैसे—संग्रहालय एवं स्मारक, संस्कृति, प्राकृतिक संसाधन तथा शिल्प एवं कलात्मक संसाधन आदि को प्रस्तुत कर सकता है।

पर्यटकों की इच्छाओं एवं आवश्यकताओं के अनुसार ही इन उत्पादों को प्रस्तुत किया जाता है। विपणन की दृष्टि से सुविधायें, पहुंच या उपलब्धता तथा आकर्षण तीन आधारों पर उत्पादों को विकसित करने की आवश्यकता होती है।

पर्यटन को बढ़ावा देना

पर्यटन प्रोत्साहन में राष्ट्रीय एवं अंतर्राष्ट्रीय स्तर के पर्यटकों को ट्रेवल एजेन्टों के द्वारा पर्यटन से सम्बन्धित विभिन्न प्रकार जैसे—परिवहन, आवास, खान-पान आदि सुविधाओं से अवगत कराया जाता है।

पर्यटन प्रोत्साहन के पीछे मूल धारणा यह है कि उत्पाद से सम्बन्धित नवीनतम सूचनायें पर्यटकों को आगमन के लिए प्रेरित करती हैं।

पर्यटन प्रोत्साहन का कार्य पोस्टर, सांस्कृतिक आदान-प्रदान, दृश्य-श्रव्य सामग्री, संचार माध्यम, विज्ञापन तथा मेले एवं प्रदर्शनी आदि माध्यमों द्वारा किया जा सकता है:–

पर्यटन प्रोत्साहन की विशेषता यह है कि इसकी प्रकृति पर्यटकों में पर्यटक स्थान के प्रति जागरूकता लाती है जिससे पर्यटकों से जुड़े उत्पादों की बिक्री की संभावना बढ़ जाती है।

पर्यटन उत्पाद की बाजार का महत्व

पर्यटन उत्पाद की बाजार कीमत बहुत हद तक पर्यटन बाजार को प्रोत्साहित करती हैं। उत्पाद चाहे कितना ही अच्छा हो ठोस एवं स्थायी हो, यदि उत्पाद की कीमत प्रति स्पर्धात्मक कीमत से ज्यादा है, तो आय का आकार छोटा हो जायेगा।

हर उपभोक्ता का सामान्य व्यवहार यही होता है कि वह दूसरे वैकल्पिक उत्पादों की कीमतों को ध्यान में रखकर ही विनिमय कार्य करता है। दुर्भाग्यवश हमारे प्राथमिक बाजार भौगोलिक दृष्टि से इतनी अधिक दूर हैं कि पर्यटकों द्वारा दी जाने वाली कीमत बहुत अधिक हो जाती है।

पर्यटन बाजार

पर्यटक भ्रमण के दौरान जिन-जिन वस्तुओं का क्रय करता है, वे सभी पर्यटन बाजार के अन्तर्गत आते हैं। बाजारों को विविध वर्गों में विभक्त करके हम पर्यटक आगमन के महत्वपूर्ण क्षेत्रों का आंकलन करके अपनी विपणन नीति में परिवर्तन कर सकते हैं तथा उसे और भी ज्यादा प्रभावशाली बना सकते हैं। कुल पर्यटन बाजार को मुख्य रूप से तीन भागों में विभाजित कर सकते हैं–

पर्यटन बाजार पर अधिकार

जिन पर्यटकों का उद्देश्य पर्यटन क्षेत्रों में जाकर अपना छुट्टी बिताना होता है, उस पर्यटकों को प्रायः पर्यटन बाजार पर बोझ समझा जाता है। क्योंकि ये पर्यटक किसी भी वस्तु के क्रय-विक्रय से ज्यादा घुमने-फिरने पर अधिक ध्यान देते हैं।

पर्यटन बाजार का व्यवसाय

इसके अंतर्गत अपनी व्यावसायिक आवश्यकताओं की पूर्ति के लिए आने वाले पर्यटकों को सम्मिलित किया जाता है।

सामान्य रुचि का पर्यटन बाजार

उपर्युक्त दोनों उद्देश्यों के अतिरिक्त अन्य सभी उद्देश्यों की पूर्ति के लिए आने वाले पर्यटकों को इस बाजार में सम्मिलित किया जाता है।

यातायात

पर्यटन सेवाओं में यातायात अथवा परिवहन एक महत्वपूर्ण अंग हैं। इसके अभाव में पर्यटन की सफलता संभव नहीं है। यह पर्यटकों को विभिन्न पर्यटन स्थलों पर पहुंचाने का काम करती हैं। अतः इन सेवाओं का वजूद व्यवहार, परिचालन, पर्यटन की दृष्टि से प्रमुख हो जाता है।

हालांकि भारत में सड़क यातायात संख्या के आधार पर तो अत्यधिक वृद्धि की है परंतु गुणवत्ता के आधार पर इसमें आज भी कमी है। Indian Railways, Air India Indian Airlines अभी सरकारी क्षेत्र में होने के कारण पूर्णतः व्यवसायिक धारणा रखते हैं। अतः बाजार पक्ष दुर्बल पड़ जाता है। देखा गया है कि सरकारी वाहनों की तुलना में निजी कम्पनियाँ बाजार नीति को बेहतर तरीका अपनाकर परिवर्तित लाभ प्राप्त कर रही हैं। इसके पीछे उपभोक्ताओं की रुचियों के अनुसार अपनी सेवाओं में परिवर्तन करने की व्यवस्था है। सरकारी सेवाओं को भी अपनी परम्परागत सोच को बदलकर वास्तविक रूप में पर्यटक परिवहन जगत में विपणन को प्रोत्साहन देने की जरूरत है।

विपणन प्रक्रिया योजना एवं रणनीति

विपणन प्रक्रिया योजना का पर्यटन उत्पाद में महत्वपूर्ण स्थान होता है। प्रायः पर्यटन उत्पाद से सम्बन्धित सभी व्यापारिक संस्था को एक विपणन कार्य योजना की आवश्यकता होती है। यह योजना अल्पकालीन या दीर्घकालीन हो सकती है। अल्पकालीन योजना अपने निर्धारित समय में आय-प्रवाह, पर्यटन, उत्पादों का चयन और लाभदायकता के तात्कालिक मुद्दों से सम्बद्ध रहती है। जबकि दीर्घकालीन कार्ययोजना में विकास के लक्ष्यों तथा रणनीति, विस्तार तथा लाभदायकता निर्धारित किया जाता है।

बाजार प्रक्रिया पर आने से पहले हमें इस क्षेत्र के विशेषज्ञों द्वारा दिए गये दो मूल मन्त्रों को आत्मसात् करना चाहिए।

विपणन प्रक्रिया की कार्य योजना को निम्नलिखित प्रकार से स्पष्ट किया जा सकता है–

सामूहिक अध्ययन

पर्यटन उद्योग से सम्बन्धित कम्पनी अपने उद्देश्यों को निश्चित करने के लिए संयुक्त रूप से विभिन्न मुद्दों पर विश्लेषण करती है। लक्ष्यों का निर्धारण चालू आर्थिक एवं बाजार के वातावरण के अध्ययन के उपरांत किया जाता है। कम्पनियाँ उपस्थित प्रतियोगता के आधार पर सुदृढ़ता एवं दुर्बलता (Strength and Weaknesses) की परख करती हैं। साथ ही साथ चुनौतियों व प्राथमिकताओं (Threats and Opportunities) के अंतर्गत की जाती है। लक्ष्यों के अंतर्गत एक दिये गये समय में बाजार के खण्डों के तहत पर्यटकों के आगमन की भी जांच-पड़ताल होती है।

बाजार शोध

परिभ्रमण उत्पाद सभी वर्गों द्वारा उपयोग नहीं किया जाता है क्योंकि बहुत से लोग इस पर आने वाले व्यय को सहन नहीं कर सकते। अतः एक बाजारकर्ता को इसके लाभ-हानि, आकर्षण, प्रतियोगात्मक स्थिति इत्यादि बातों को जानना आवश्यक है। इन सभी बातों की जानाकारी शोध द्वारा ही सम्भव है।

अग्रांकित महत्वपूर्ण सवालों के जबाव जानने का प्रयत्न बाजार अन्वेषण के तहत करना चाहिए–

1. प्रतियोगिता की तुलना की दृष्टि से हमारी मजबूती तथा कमजोरियाँ कौन-कौन सी हैं?
2. पर्यटन बाजार का कुल आकार क्या है?
3. कीमतों का कौनसा स्तर वे स्वीकार करते हैं?
4. वर्तमान एवं भूत में बाजार की क्या प्रवृत्तियाँ रही हैं?
5. इन प्रवृत्तियों को कौन-कौन से कारक प्रभावित कर रहे हैं?
6. भविष्य के ग्राहक कौन हो सकते हैं?
7. वे हमारे उत्पादों में क्या-क्या देखना चाहते हैं?
8. वर्तमान ग्राहक कौन एवं क्या है?
9. वे कहाँ रहते हैं?

बाजार शोध या अन्वेषण आँकड़ों के स्वरूप पर निर्धारित करता है। ये आँकड़े प्राथमिक अथवा द्वितीयक हो सकते हैं।

सर्वेक्षणों द्वारा जमा किये गये आंकड़ों को प्राथमिक आँकड़े कहते हैं। सूचनाओं को प्रश्नावली के आधार पर तैयार किया जाता है। इसके द्वारा हम व्यापार की स्थिति, पूर्व की संख्या, पर्यटकों का व्यय, व्यापार के स्रोत, लागत, लाभ इत्यादि के विषय में सूचनाएँ एकत्रित कर सकते हैं।

जो सूचनाएँ या आंकड़े पूर्व से ही उपलब्ध किये होते हैं, उन्हें द्वितीयक आँकड़े कहा जाता है। इनके एकत्रीकरण की प्रक्रिया को एक रिसर्च भी कहा जाता है। पत्र-पत्रिकाएँ, जनगणना रिपोर्ट, वार्षिक कम्पनी रिपोर्ट, पर्यटन संस्थाओं के सर्वेक्षण, अन्तर्राष्ट्रीय संस्थाओं के सर्वेक्षण आदि द्वितीयक आंकड़ों के प्रमुख स्रोत होते हैं।

बाजार वर्गीकरण

बाजार वर्गीकरण एक प्रक्रिया है जिसका महत्व अधिकांश उत्पादकर्ता देते हैं। इस प्रक्रिया के तहत उत्पादकर्ता ये जान पाते हैं कि उनके उत्पाद को बाजार के किन वर्गों द्वारा अधिक पसंद किया जा रहा है। कौन वर्ग उसके उत्पाद में अधिक दिलचस्पी रखता है। हालांकि यह प्रक्रिया भी बाजार शोध के द्वारा पूरी हो सकती है। हम विभिन्न आधारों पर बाजार खण्डीकरण का कार्य कर सकते हैं, जो निम्नलिखित हैं–

विश्राम यात्रा के आधार पर वर्गीकरण

विश्राम यात्रा के आधार पर बाजार को वरिष्ठ नागरिक बाजार, युवा बाजार तथा विशेष रुचि बाजार में विभाजित कर सकते हैं।

भौगोलिक आधार पर वर्गीकरण

इस आधार पर बाजार को प्राथमिक बाजार, द्वितीक बाजार तथा बाह्य बाजार में विभाजित किया जाता है।

पर्यटन और मानव संसाधन

वर्तमान आर्थिक युग में मानव को आर्थिक संसाधनों का प्रमुख अंग माना जा रहा है। इसे पूंजी का एक हिस्सा माना जा रहा है। यह विचार किसी भी देश में तब से शुरू हुई जब से कल्याणकारी एवं लोकतंत्रात्मक सरकार की स्थापना हुई। सर्वेक्षणों द्वारा स्पष्ट भी हो चुका है कि जिस क्षेत्र में भी मानव संसाधन पर्याप्त तौर पर विकसित

है, उन क्षेत्रों का विकास तुलनात्मक तेजी के साथ सम्पन्न हुआ है। मानव संसाधनों के अभिप्राय को स्पष्ट करते हुए सर आर्थर लुईस ने इस प्रकार वर्णित किया है:–

1. पर्यटन की दृष्टि से जब मानव संसाधन को देखा जाता है, तो पर्यटन के विभिन्न क्षेत्रों जैसे–गाइड सेवाओं, प्रकाशनों, होटल, पोषाहार, परिवहन सुविधाओं इत्यादि में मनुष्य के महारत हासिल करने से है। सचमुच में मानव संसाधन के रूप में पर्यटक का विकास तभी कर सकता है, जबकि उन्हें पर्यटन से सम्बन्धित प्रशिक्षण दिया जाए। उदाहरण के लिए हम होटल व्यवसाय को पर्यटन के क्षेत्र में तभी लाभकारी बना सकते हैं। जबकि हमारे पास होटल, प्रबन्धकों की पर्याप्त कुशलता हो।
2. मानव संसाधन के रूप में तभी परिवर्तित हो सकता है, जबकि उसे किसी विशेष क्षेत्र में ज्ञान, बुद्धि प्रशिक्षण इत्यादि आधारों पर विशेषज्ञता प्राप्त हो चुकी हो। बौद्धिक परिपक्वता के साथ-साथ शारीरिक एवं मानसिक स्वास्थ्य को भी मानव संसाधन के अन्तर्गत रखा गया है।
3. मानव संसाधन किसी राष्ट्र के लिए अनमोल खजाना होता है। किसी राष्ट्र का विकास मानव संसाधन पर ही निर्भर करता है। राष्ट्र के विकास में इसका योगदान प्रत्यक्ष या परोक्ष दोनों रूप में रहते है। खासकर पर्यटन क्षेत्र से सम्बन्धित सभी क्रिया-कलाप मानव संसाधन पर ही निर्भर करते हैं। अतः भारत सरकार ने पर्यटन क्षेत्रों में मानव संसाधनों को और अधिक विकसित करने के लिए अनेक योजनाएँ तथा कार्यक्रम बनाये हैं। इनका अध्ययन निम्नांकित तरीके से किया जा सकता है।

राष्ट्रीय होटल प्रबन्ध कैटरिंग प्रौद्योगिकी–यद्यपि सरकार ने होटल प्रबन्ध कैटरिंग तथा पोषाहार के क्षेत्र में प्रशिक्षण कार्यक्रम 1962 से ही शुरू कर दिया था, परन्तु व्यावसायिक आधार एवं पर्यटन की दृष्टि से इसका विधिवत् श्रीगणेश 1984 से हुआ, जब पर्यटन मंत्रालय ने राष्ट्रीय होटल प्रबन्ध एवं कैटरिंग प्रौद्योगिकी परिषद् की स्थापना की।

परिषद् के प्रमुख उद्देश्य–राष्ट्रीय होटल प्रबंध एवं कैटरिंग प्रौद्योगिकी परिषद् के प्रमुख उद्देश्यों को निम्नलिखित पंक्तियों में स्पष्ट किया गया–

1. इस क्षेत्र में अन्तर्राष्ट्रीय स्तर की नवीनतम क्रियाओं का लेखा-जोखा रखना।
2. होटल प्रबन्ध कैटरिंग प्रौद्योगिकी के समन्वित विकास पर सरकार को राय-मशविरा देना।

3. पाठ्यक्रम एवं सुविधाओं की आवश्यकताओं का मानकीकरण करना।
4. उपयुक्त प्रशिक्षण कार्यक्रमों के निर्माण के लिए एक तकनीकी भंडार ग्रह के रूप में काम करना।
5. राष्ट्रीय स्तर पर प्रमाणन तथा सत्यापन करना।
6. सम्बद्ध संस्थाओं में स्टाफ के सदस्यों के लिए शैक्षिक एवं अन्य अहर्तायें निर्धारित करना।

इस प्रकार होटल प्रबन्धन एवं कैटरिंग के क्षेत्र में हुए अत्याधुनिक परिवर्तनों के परिणामस्वरूप इन संस्थानों में छात्रों की रुचि एवं दृष्टिकोण में व्यापक बदलाव हुए हैं। वर्तमान समय में देश में 18 होटल प्रबन्धन संस्थान तथा 15 भोजन कला संस्थान स्थापित किये जा चुके हैं। इसके अतिरिक्त पूर्वोतर राज्यों में डिप्लोमा स्तर के पाठ्यक्रमों को प्रारंभ किया गया है।

उपर्युक्त संस्थानों के वित्त पोषण का कार्य केन्द्र सरकार द्वारा अनुदान के माध्यम से होता है।

मार्गदर्शक प्रशिक्षण—इस प्रशिक्षण में विशेष रूप से पर्यटन की आधारभूत संरचना से सम्बन्धित बातों से प्रशिक्षक को अवगत कराई जाती है। देश में विदेशी पर्यटकों के आवागमन में तेजी से वृद्धि हुई है और यह संख्या 3.2 मिलियन के आँकड़े को पार कर गयी हैं। फलस्वरूप गाइडों की मांग में भी बेतहाशा वृद्धि हुई है और गाइडों की बढ़ती हुई मांग को पूरा करने के लिए 1996 से 3 टियर गाइड प्रणाली प्रारंभ की गयी है जिसके अंतर्गत क्षेत्रीय स्तर, राज्य स्तर तथा स्थानीय स्तर पर गाइड प्रशिक्षण कार्यक्रम चलाये जा रहे हैं।

पर्यटन से सम्बन्धित प्रशिक्षण में देशी भाषाओं के साथ-साथ अन्तर्राष्ट्रीय भाषाओं का भी प्रशिक्षण विशेष रूप से दिया जाता है। क्योंकि पर्यटन में राष्ट्रीय और अन्तर्राष्ट्रीय स्तर के पर्यटक उपस्थित रहते हैं।

भारतीय स्कीइंग एवं पर्वतारोहण संस्थान—इस संस्थान की स्थापना 1968 में हुई थी। इस संस्थान की स्थापना का प्रमुख उद्देश्य पर्यटकों को पैरा ग्लाइडिंग, गुलमर्ग हिम क्रीड़ा परियोजना, जल क्रीड़ा, रिवर रनिंग स्कीइंग तथा पर्वतारोहण एवं चट्टारोहण क्रीड़ाओं के स्थान के विषय में जानकारी देना।

वर्तमान वित्तीय वर्ष में इस संस्थान ने औली एवं पटनीटाप में स्कीइंग हिमाचल में ट्रैकिंग, ऋषिकेष में रनिंग इत्यादि में प्रशिक्षण उपलब्ध कराया है।

राष्ट्रीय जल क्रीड़ा संस्थान—पर्यटन विभाग ने पर्यटन की लोकप्रियता को

बढ़ाने के लिए 1990 में प्रायः पर्यटक स्थलों पर एक राष्ट्रीय जल क्रीड़ा संस्थान की स्थापना की है। इस संस्थान के सम्बन्ध में प्रमुख बातें इस प्रकार हैं–

1. यह संस्थान सेलिंग, विंड सर्फिंग, जल स्कीइंग, आउटबोर्ड मोटर रख-रखाव, जीव रक्षा तकनीकों एवं जलक्रीड़ा के सम्बन्ध में प्रशिक्षण प्रदान करता है।
2. गोवा सरकार ने इस संस्थान के लिए 18 एकड़ अतिरेक भूमि एवं 60 प्रतिशत उपकरण प्राप्त कराये हैं।
3. वर्तमान में इसे भारतीय पर्यटन तथा यात्रा प्रबन्ध संस्थान को हस्तान्तरित किया जा चुका है।

संस्थान ने अपने प्रशिक्षण को गोवा से बाहर 11 राज्यों तक पहुँचाया है।

भारतीय पर्यटन और ट्रेवल प्रबन्ध संस्थान–पर्यटन मंत्रालय ने 1983 ई. में एक निबंधित सोसायटी के रूप में भारतीय पर्यटन एवं यात्रा प्रबन्धक संस्थान की स्थापना की थी। मानव संसांधन विकास की क्रियाओं में प्रशिक्षण कार्यक्रमों, पर्यटन तथा यात्रा उद्योग के हित से सम्बन्धी अनुसंधान कार्यक्रमों को प्रारंभ करना इस संस्थान का प्रमुख उद्देश्य हैं।

इस संस्थान का वित्त पोषण पर्यटन विभाग, भारत सरकार द्वारा किया जाता है। इसकी स्थापना उच्च शिक्षा की आवश्यकताओं को पूर्ण करने, यात्रा एवं पर्यटन उद्योग से सम्बन्धित प्रशिक्षण एवं इस क्षेत्र में उत्कृष्टता के एक केन्द्र के रूप में की गयी है। 1992 में इसे ग्वालियर में विपणन कर दिया गया।

इस संस्थान द्वारा पर्यटन प्रबन्ध में डिप्लोमा, गन्तव्य स्थल प्रबन्धन में डिप्लोमा, यात्रा प्रचालन सेवा प्रबंधन, पर्यटन विपणन, भाषा पाठ्यक्रम, वन्य जीव पर्यटन प्रबन्धन, इत्यादि पाठ्यक्रम संचालित किये जाते हैं। विश्वविद्यालयों के द्वारा भी पाठ्यक्रम संचालित किये जाते हैं। इस संस्थान द्वारा प्रबन्ध विकास कार्यक्रमों में पर्यटन एवं यात्रा में प्रबन्ध समस्यायें, प्रभावी पर्यटन विकास, यात्री सेवाओं का प्रबन्ध, पर्यटन विकास का पर्यावरणीय क्षेत्र तथा पर्यटन में कम्प्यूटर तकनीकी पाठ्यक्रमों को सम्मिलित किया गया है–

9

भारतीय पर्यटन विकास निगम

झा समिति ने सन् 1963 में एक पर्यटन रिपोर्ट बनायी जिसमें यह उल्लेख किया गया था कि सार्वजनिक क्षेत्र को पर्यटन की उन्नति में विशेष योगदान देना चाहिए। इसी संस्तुति के मद्देनजर भारत सरकार ने 1965 ई. में पर्यटन विभाग में होटल कार्पोरेशन आफ इण्डिया लि., इण्डियन टूरिज्म ट्रान्सपोर्ट अण्डरटेकिंग लि. तथा एण्डियन टूरिज्म कार्पोरेशन लि. निगमों की स्थापना की। इन तीनों निगमों को कम्पनी एक्ट के तहत सन् 1956 में स्थापित किया गया था। जिसका प्रमुख उद्देश्य सार्वजनिक क्षेत्रों के अन्तर्गत होटलों का निर्माण करना और उसकी व्यवस्था करना। पर्यटन विकास एवं प्रचार के लिए सामग्री बनाना तथा पर्यटकों को परिवहन सुविधायें सुलभ कराना।

इन तीनों निगमों को संचालित करने में जब सरकार ने आर्थिक बोझ अनुभव किया तब इनकी नीतियों और आर्थिक समन्वय को ध्यान में रखकर एक संयुक्त निगम को भारतीय पर्यटन विकास निगम में बदल दिया। इस प्रकार अक्टूबर सन् 1966 ई. में भारतीय पर्यटन विकास निगम का सार्वजनिक क्षेत्र में विकास हुआ। इसके बाद भारतीय पर्यटन विकास निगम ने 1 अक्टूबर, 1966 से भारतीय पर्यटन विभाग के नियंत्रण में सार्वजनिक क्षेत्र में कार्य आरम्भ किया। प्रशासनिक सुधार समिति (ARC) की अनुशंसा के आधार पर अशोका होटल लि. एवं जनपथ होटल लि. का नियंत्रण मिनिस्ट्री आफ वर्क, हाउसिंग एण्ड सप्लाई से लेकर पर्यटन एवं नागरिक उड्डयन मंत्रालय को 2 जुलाई, 1968 को विकसित कर दिया गया। लोदी

और रंजीत होटल भी भारतीय पर्यटन विभाग में मार्च 1970 में जोड़ दिए गये। इस तरह पर्यटन विभाग का पूरा स्वरूप 28 मार्च 1970 को हस्तान्तरित कर दिया गया।

संगठनात्मक ढांचा

भारतीय पर्यटन विकास निगम की नीति के अनुसार भारतीय राष्ट्राध्यक्ष समय-समय पर निगम के डायरेक्टरों की संख्या का निर्धारण कर सकता है और निगम में निदेशक की संख्या कम से कम दो और अधिक से अधिक पन्द्रह होगी। निगम का बोर्ड ऑफ डायरेक्टर्स समय-समय पर बदलता रहेगा।

चेयरमैन

भारतीय पर्यटन विकास निगम के संविधान के अनुसार 61-बी में यह प्रावधान किया है कि भारत के राष्ट्रपति संविधान में वर्णित शर्तों, प्रावधानों को नजर में रखते हुए मानदेय के अनुसार योग्य व्यक्ति को चेयरमैन घोषित करेंगे। प्रशासनिक सुधार आयोग ने अनुशंसा कि की सार्वजनिक क्षेत्र के निगमों में पूर्णकालिक चेयरमैन निर्देशक होना चाहिए, जिसे भारत सरकार ने मान्यता दे दी।

विभाग

भारतीय पर्यटन विकास निगम के कार्यों को–मार्केटिग विपणन, होटल्स नियोजन, उत्पादन एवं प्रचार, वित्त एवं प्रशासन इन छः भागों में विभाजित किया गया है। हर विभाग का अध्यक्ष जनरल डिविजन मैनेजर होता है, जो अपने विभाग की नीति और नियोजन हेतु उत्तरदायी होता है।

निगम द्वारा विभाजित विभाग

(1) वाणिज्यक विभाग/व्यावसायिक विभाग
(2) वित्त संसाधन
(3) प्रचार विभाग
(4) परियोजना विभाग
(5) प्रशासनिक विभाग
(6) वित्त एवं लेखा विभाग।

भारतीय पर्यटन विकास निगम 5 करोड़ रुपये की मूल धनराशि के साथ व्यापार में उतरा था। 1973-74 में यह धनराशि बढ़कर 30 करोड़ एवं 1981-82

में 60 करोड़ हो गयी, क्योंकि निगम भारत सरकार द्वारा अनुबंधित है। अतः वित्तीय संसाधन केन्द्र सरकार द्वारा भी नियमानुसार आवंटित किये जाते हैं, वर्तमान में केन्द्र सरकार इस निगम को धनराशि नहीं दे रही है। सरकार का निर्देश है कि निगम अपने वित्त संसाधनों को खुद विकसित करे एवं कार्य योजनाओं पर खुद राशि लगाएँ। भारतीय पर्यटन विकास अपने कुछ होटल्स को बेचने की नीति पर भी सोच रहा है। यह तथ्य महत्त्वपूर्ण है कि अपने उदय से लेकर आज तक यह निगम लाभ में ही रहा है, हालांकि लाभांश फीसदी कम रहा है।

इस विभाग को स्थापित करने का प्रमुख प्रयोजन पर्यटन उद्योग का विकास करने के लिए एक ठोस आधार का निर्माण करना था। भारतीय पर्यटन विकास निगम विश्व में अपने आप में एक अलग तरीके का निगम है, जो पर्यटकों को एक पूर्ण टूरिस्ट पैकेज प्राप्त कराता है। प्रतिद्वंद्विता, आवासीय सुविधायें, परिवहन, खरीददारी, मनोरंजन एवं प्रचार।

निजी पर्यटन और यात्रा संगठनों से प्रतिद्वंद्विता के कारण निगम अपने ग्राहकों को बेहतर सेवायें देने के प्रति जागरूक है। इन प्रयत्नों एवं सेवाओं का सुखद परिणाम सामने आया एवं आज निगम की राष्ट्रीय और अन्तर्राष्ट्रीय स्तर के पर्यटकों में गहरी रुचि है। निगम से संबद्ध 35 होटलों एवं मोटल्स आदि में चार हजार शयन कक्ष हैं। भारत में पर्यटकों को पर्यटक आवासीय सुविधायें उपलब्ध कराने वाले अशोका ग्रुप आफ होटल्स की एक लम्बी शृंखला है।

अशोका ग्रुप आफ होटल्स को प्रमुख रूप से तीन श्रेणियों में विभाजित किया गया है जो निम्नलिखित हैं–

(अ) अशोका इलाइट होटल्स–इस श्रेणी में ललिता महल पैलेस होटल, मैसूर; अशोका होटल, नई दिल्ली; होटल अशोक, बंगलौर; होटल सम्राट, नई दिल्ली; होटल एयर पोर्ट अशोक, कोलकाता तथा कोवलम् अशोका बीच रिसोर्ट, कोवलम् आदि होटलों को रखा गया है।

(ब) अशोका क्लासिक होटल्स–इस श्रेणी में होटल पाटलिपुत्र अशोक, उदयपुर; लक्ष्मी विलास पैलेस होटल, उदयपुर; होटल वाराणसी अशोक, वाराणसी; होटल आगरा अशोक, आगरा; भरतपुर फारेस्ट लॉज, भरतपुर; होटल कलिंग अशोक, भुवनेश्वर; होटल कनिष्टक, नई दिल्ली; कुतुब होटल, नई दिल्ली; होटल जनपथ, नई दिल्ली; होटल बोध गया अशोक, बोधगया; होटल जयपुर अशोक, जयपुर; होटल जम्मू अशोक, जम्मू; होटल खजुराहो अशोक, खजुराहो; होटल मदुरै अशोक, मदुरै; टैम्पल

वे अशोक बीच रिसोर्ट, महाबलीपुरम तथा होटल मनाली अशोक, मनाली आदि होटलों को शामिल किया गया है।

(स) अशोका कम्फर्ट होटल—इस श्रेणी में होटल लेक व्यू अशोक, भोपाल; होटल ब्रह्मपुत्र अशोक, गौहाटी; होटल हासन अशोक, हासन; अशोक यात्री निवास, नई दिल्ली; होटल डोनई पोलो अशोक, इटानगर; होटल जाफू अशोक, कोहिमा; होटल पांडिचेरी अशोक, कोहिमा; होटल नीलांचल अशोक, पुरी; होटल रांची अशोक रांची; होटल पाईन बुड अशोक, शिलांग; होटल औरंगाबाद अशोक, औरंगाबाद; होटल रंजीत, नई दिल्ली तथा लोधी होटल, नई दिल्ली आदि होटलों को सम्मिलित किया गया है।

उपरोक्त होटलों के अलावा इस ग्रुप के (ITDC) भिन्न-भिन्न शहरों में 14 रेस्टोरेन्ट भी कार्य कर रहें हैं। जिसमें 6 हवाई अड्डों पर भी हैं। यह संगठन देश भर में स्थित 12 केन्द्रों, 4000 वाहनों जिसमें कार एवं कोंचिग भी सम्मिलित हैं, के लिए चलाता है। यह विभाग बहुत बड़ी मात्रा में संचार के लिए विज्ञापन सामग्री का निर्माण केन्द्र एवं राज्य सरकारों के पर्यटन विभागों हेतु तथा स्वयं के उपयोग के लिए भी तैयार करता है (ITDC) ने अन्तर्राष्ट्रीय हवाई अड्डों कोलकाता, चेन्नई, नई दिल्ली, मुम्बई तथा त्रिवेन्द्रम में ड्यूटी फ्री दुकानें भी चला रखी हैं। हाल ही में ऐसी एक दुकान अशोका होटल में भी खोली गयी है। (ITDC) ध्वनि एवं प्रकाश कार्यक्रमों का संचालन भी विविध ऐतिहासिक पर्यटन स्थलों पर आयोजित कर रहा है। दिल्ली के लाल किले में तथा साबरमती आश्रम, अहमदाबाद में दिखाया जाने वाला ध्वनि एवं प्रकाश कार्यक्रम एशिया में प्रसिद्ध हैं।

आज के दौर में एक अत्यन्त ही बड़ी संस्था जो नवीन क्षेत्रों में विकसित हो रही है। होटल विकास के क्षेत्रों में प्रबन्धन प्रशिक्षण, पर्यटकों, हेतु पर्यटन स्थल की सचित्र जानकारी भी दे रहा है। इसकी अपनी ट्रेवल एजेन्सी अशोक ट्रेवल्स एण्ड टूर सम्पूर्ण देश भर में फैली स्वदेशी एवं विदेशी पर्यटकों को परिवहन सेवायें सुलभ करा रही है। अशोका ट्रेवल्स एण्ड टूर जो पूरे देश भर में पैकेज टूर जैसे भारत में खरीददारी हेतु पर्यटन नव-दम्पति पैकेज टूर, ध्वनि टूर, ट्रेविल टैम्पल एण्ड सिराज टूर, माउण्टेन टुवर्ड्स साउथ इण्डिया टूर और वरिष्ठ नागरिकों के लिए स्पेशल टूर आयोजित कर रहा है। इसका दूसरा बड़ा अंशदान भारतीय उप-महाद्वीप की क्षेत्रीय विभिन्नताओं, संस्कृति, ऐतिहासिक इमारतों, पूजा स्थलों के भ्रमण का विकास और प्रचार-प्रसार करना आदि भी है। इस निगम के कार्य निम्नलिखित तरह से हैं—

1. यातायात प्रावधान
2. प्रचार-प्रसार सामग्री
3. आवास-व्यवस्था का प्रबन्ध
4. पैकेज टूर का प्रावधान
5. ध्वनि एवं प्रसारण कार्यक्रम
6. ड्यूटी फ्री दुकानें।

भारतीय पर्यटक परिचालक संघ

भारतीय पर्यटन परिचालक जहाँ एक निजी क्षेत्र में आता है जिसकी स्थापना सन् 1981 में की गयी थी। इस संघ की स्थापना यह अन्तर्राष्ट्रीय समझ और सद्भावना विकसित करने तथा पर्यटन उद्योग में लाभ अर्जित करने के उद्देश्य से की गयी थी। संघ के बैनर तले पर्यटन परिचालक सदस्यों से यह आशा की जाती है कि देश में परिभ्रमण के प्रचार एवं प्रसार में अपनी प्रमुख भूमिका निभायें।

यह संघ सदस्यता देने से पूर्व यह सुनिश्चित कर लेता है कि आवेदक संस्था की बाजार में उत्तम पकड़ व साख है। साथ ही कम से कम एक साल का यात्रा या पर्यटन परिचालन में अनुभव है। इसके अतिरिक्त सदस्य बनने के लिए कुछ और औपचारिक शर्तें भी हैं, जो सदस्यता की श्रेणी पर निर्भर करती हैं।

संघ की सदस्यता : इस संघ में प्रमुख रूप से तीन प्रकार के सदस्य होते हैं जो निम्नलिखित हैं–

1. संयुक्त सदस्य : कोई भी संगठन निजी हो या सरकारी जो नियमित रूप से पर्यटन एवं यात्रा उद्योग से जुड़ी है एवं राज्य या केन्द्र सरकार अथवा ट्रेड संगठन द्वारा मान्यता प्राप्त हैं। मिसाल के तौर पर ट्रान्सपोर्टेशन कम्पनी, होटल, चाक, भोजन प्रबन्धक, पर्यटन अभिकर्ता ट्रान्सपोर्ट कान्ट्रेक्टर्स, फारवर्डिंग एवं क्लियरेंस एजेन्ट्स, जहाजरानी कम्पनियाँ, राज्य पर्यटन संगठन एवं व्यापारिक प्रकाशक, संयुक्त सदस्य की श्रेणी में आते हैं, बशर्ते कि इन्होंने भारतीय पर्यटन परिचालक संघ से सदस्यता के लिए आवेदन किया हो।

2. सक्रिय सदस्य : यह सदस्यता उन संघों को प्रदान की जाती है जो नीचे लिखी गयी शर्तों को पूरा करते हैं–

(i) फर्म अर्थात् कम्पनी का भारत में अपना व्यापारिक प्रतिष्ठान स्थापित हो।

(ii) फर्म या कम्पनी की पर्यटन एवं विदेशी मुद्रा विनियमन से अर्जित आय कम से कम 10 रुपये लाख सालाना हो।

(iii) पर्यटन विभाग से पर्यटन संचालक अर्थात् यात्रा अभिकर्ता के द्वारा मान्यता प्राप्त किये हुए कम से कम एक वर्ष की अवधि पूर्ण हो चुकी हो।

3. अन्य सदस्य : उपर्युक्त दो प्रकार के सदस्यों की तरह तीसरी श्रेणी में जो सदस्य संगठन आते हैं, उनमें समुद्रपारीय संयुक्त सदस्य, सह सदस्य तथा सम्मानप्रदत्त सदस्य प्रमुख हैं–

संगठन के उद्देश्य

भारतीय पर्यटन परिचालक संघ के प्रमुख उद्देश्य अग्रलिखित हैं–

1. विभागों या संगठनों, अन्तर्राष्ट्रीय वायु परिवहन, संगठन विभिन्न विदेशी एवं स्थानीय संगठनों एवं प्राधिकरणों से सम्वाद बनाये रखना या सम्पर्क बनाये रखना एवं यात्रा उद्योग के विकास उपाय एवं सदस्यों को उन पर अमल करने या कराने हेतु नामित करना।
2. सभी सैलानियों को बिना जाति, रंग धर्म, राष्ट्रीयता भेदभाव रहित पर्यटन तथा यात्रा में समान व्यवहार करना जिससे सैलानी पर्यटन एवं यात्रा का सम्पूर्ण आनन्द ले सकें।
3. पर्यटन उद्योग में उत्कृष्ट नीतिगत मूल्यों को स्थापित करना।
4. मेधावी छात्रों को पर्यटन तथा अन्तर्राष्ट्रीय भ्रातृत्व को बढ़ावा देने के लिए उच्च शिक्षा, शोध आदि हेतु छात्रवृत्ति प्रदान करना।
5. पर्यटन परिचालकों एवं यात्रा अभिकर्ताओं के बीच सौहार्दपूर्ण वातावरण विकसित करना तथा समान लक्ष्यों एवं हितों की सुरक्षा करना।
6. भारत में पर्यटन के सम्पूर्ण विकास कदम उठाना तथा पर्यटन उद्योग से सम्बन्धित विविध पहलुओं के हितों की सुरक्षा सुनिश्चित करना।
7. संगठन से संबंधित अन्तर्राट्रीय संगठनों से जुड़ा होना।
8. राष्ट्रीय एकता को बढ़ावा देना एवं अन्तर्राष्ट्रीय सद्भावना को मजबूत करना।
9. संगठन के सदस्यों की उपलब्धियों की रिपोर्ट्स नियमित रूप से प्रस्तुत करना, प्रकाशित करना तथा उपयुक्त सभी लक्ष्यों की प्राप्ति हेतु सतत प्रयत्न करना।
10. भारतीय संस्थानों में स्थान एवं छात्रवृत्ति प्रदान करना।
11. समय-समय पर सेमीनार, सामूहिक वार्तालाप तथा सांस्कृतिक बैठकें आदि आयोजित करना।

इसके अतिरिक्त यह संगठन विदेशों के लिए सम्वर्धन परिभ्रमण भी आयोजित करता है। इस तरह के टूअर्स का आयोजन (IATO) भारत सरकार के पर्यटन विभाग तथा एयर इण्डिया के साथ आयोजित कर चुका है।

10

पर्यटन व्यापार के फायदे

पर्यटन अर्थव्यवस्था को भी प्रभावित करती है। किसी भी देश के राष्ट्रीय आय में किए गए योगदान, विदेशी मुद्रा अर्जन, राजस्व प्राप्ति एवं रोजगार सृजन में किए गये योगदान के आधार पर पर्यटन के आर्थिक मूल्यों का मूल्यांकन किया जाता है। पर्यटन विकास से प्रत्यक्ष व अप्रत्यक्ष रोजगार के अवसर पैदा होते हैं। पर्यटन से सरकार को राजस्व प्राप्त होता है। उसको पर्यटन अर्जन नहीं समझना चाहिए। विदेशी विनिमय प्राप्तियाँ जो पर्यटन क्रिया के कारण उत्पन्न होती हैं एवं भुगतान व्यवस्था को सशक्त बनाती हैं, पर्यटन अर्जन कहलाती है।

पर्यटन आय से आशय आरम्भ में पर्यटन व्यय के माध्यम से राष्ट्रीय आय में गुणित के प्रभावों के योगदान से होता है—पर्यटकों के माध्यम से क्रय अथवा प्रयोग की जाने वाली सामान व सेवाओं पर करारोपण। पर्यटन राजस्व मालूम करते वक्त पर्यटन उद्योग के माध्यम से क्रय की गयी वस्तुओं व सेवाओं पर लगे करों तथा लाभ के भिन्न-भिन्न कारणों को ध्यान में अवश्य रखना चाहिए।

देश का उत्पादन या वित्त प्रबन्ध के कुछ व्यापार में दूसरे देश के पर्यटन से उत्पन्न किये गये प्रत्यक्ष अथवा अप्रत्यक्ष व्यापार का प्रतिशत अनुमान विदेशी पर्यटन के योगदान से लगाया जा सकता है। ऐसा माना जाता है कि पर्यटन रोजगार के गुणित प्रभाव के समान ही पर्यटन आय के गुणित प्रभाव होते हैं। यदि हम अर्थव्यवस्था की रोजगार की प्रबलता में सम्भावित मूल्य और पर्यटन रोजगार के सामान्य अनुपात की दर को माप सकें तो हम औसत रोजगार का अनुमान लगा कर यह प्रदर्शित कर सकते हैं कि कितने रोजगार अवसरों का सृजन कर सकते हैं। इस

तरह रोजगार-आय अनुपात के सिद्धान्त के माध्यम से रोजगार उपलब्धि में पर्यटन के योगदान का अनुमान लगाया जा सकता है। क्योंकि हमारे पास अनुमान लगाने व पर्यटन क्षेत्र के रोजगार व आय के विशद आँकड़े एवं पर्यटन क्रियाओं के उत्पादन के कार्यों के प्रयोग के आंकड़े मौजूद नहीं हैं।

पर्यटन के वित्त प्रबन्ध में व्यवसाय का रोजगार उद्‌भव करने के सम्पूर्ण असर का आंकड़ा उस आमदनी से है जो कि उपभोगी वस्तुओं के उद्योगों में पर्यटन रूप के प्रथम व आगामी व्यय के चक्र द्वारा पैदा होती है। यह एक आम धारणा है कि पर्यटन व्यय द्वारा पैदा वेतन व मजदूरी उस व्यय का 50% होती है।

पर्यटक के एक साल के खर्च से वेतन व मजदूरी का भुगतान हो सकता है। 1000 रुपये के पर्यटन व्यय पर गुणित के प्रभाव का अध्ययन करने पर यह प्रतीत होता है कि इससे एक ऐसी अर्थव्यवस्था पैदा होती है; जिसमें 540 रु. (कुल पर्यटन व्यय का 54%), वेतन व मजदूरी के रूप में भुगतान किये जा सकते हैं। पर्यटन उद्योग से संबंधित लोगों की संख्या का पता किया जा सकता है। भारत में कर्मचारियों तथा होटल कक्षों का अनुपात 2.5:1 स्वीकार किया गया है। यूरोप में यह अनुपात 1:1 व उत्तरी अमेरिका में 008:1 अनुमानित किया गया है। यह ज्ञात करना मुश्किल है कि पर्यटन के विभिन्न उद्यमों जैसे रेस्तरां, अतिथि गृह, विक्रय केन्द्र, परिवहन सेवायें, संग्रहालय आदि जो पर्यटकों की आवश्यकताएं अप्रत्यक्ष रूप में पूर्ण करते हैं, में कितने रोजगार आरोपणीय हैं। इसके अलावा कई प्रोत्साहित रोजगार हैं जो कि पर्यटन स्थलों के विकास, सड़क निर्माण, निर्माण-उद्योग आदि के परिणामस्वरूप होते हैं। भारत में पर्यटन रोजगार के प्रभावों का अभी तक कोई अनुमान नहीं लगाया गया है। कुछ अर्थशास्त्रियों का विचार है कि पर्यटन के माध्यम से सृजित प्रत्यक्ष व अप्रत्यक्ष रोजगारों का राष्ट्र की कुल रोजगार व्यवस्था में लगभग उतना ही अनुपात है जितना कि पर्यटन का राष्ट्रीय आय के योगदान में है।

भारत जैसे उन्नतिशील राष्ट्र में पर्यटन को संवर्धन से वित्त उद्‌भव तथा व्यवसाय में अत्यधिक बल मिलेगा। 1968 में एँगलिया में किये गये अध्ययन के अनुरूप यह सुझाव दिया गया कि प्रति 2,400 के पर्यटन खर्च के लिये एक नया रोजगार सृजन किया गया है।

श्री जी. एच. ब्लाके व आर. एल. लोलेस के अनुसार, "प्रत्येक छह नयी होटल शयनों हेतु प्रत्यक्ष रूप में एक एवं अप्रत्यक्ष रूप में बहुत से अन्य रोजगारों का सृजन होगा। राष्ट्र के महत्वहीन भागों हेतु यह बहुत ही महत्वपूर्ण तथ्य है।

उदाहरणार्थ–दक्षिणी क्षेत्र, जहाँ रोजगार के स्रोत बहुत ही सीमित हैं। इस तरह क्षेत्रीय विकास हेतु विशेषतः कार्य करने के साधन सृजन की दृष्टि से पर्यटन एक महत्वपूर्ण पहलू है।"

पर्यटन और पर्यटक सुविधाएँ

वस्तुतः पर्यटन व्यवसाय में दक्षता देने की वित्त की तीव्र गति व उच्च कोटि को अनुभवी विदेशी क्रमिकों की आवश्यकता होती है। परन्तु साथ-ही साथ यह असंख्य स्थानीय लोगों को रोजगार प्रदान करती है। पर्यटन सेवाओं से कम दक्ष कर्मचारियों का अनुपात बहुत ही उच्च होता है, भारत जैसे राष्ट्र में जहाँ कि अदक्ष मजदूरों की अधिकता होने से, यह विशेषतया बहुत ही अनमोल है। यात्रा उद्योग में प्रारम्भिक अवस्था में ये सेवायें उच्चस्तरीय निपुण/दक्ष नहीं लगतीं, परन्तु इन सेवाओं में कुछ दक्षता के स्तर की जरूरत होती है। यात्रा-पर्यटक उद्योग में प्राचीन समय से ही कार्य के दौरान प्रशिक्षण आदि की व्यवस्था रही है। ताकि श्रमिकों में पर्यटन से सम्बन्धित दक्षता के विकास हेतु स्थानीय शैक्षणिक व व्यावसायिक प्रशिक्षण स्रोतों पर निर्भर न रहना पड़े। स्थानीय व्यक्तियों को प्रशिक्षण देकर जटिल तथा उच्च कोटि के दक्षतापूर्ण स्थानों में नियुक्त किया जा सकता है। "रोजगार सृजन में विदेशी पर्यटन के प्रत्यक्ष योगदान का अनुमान अर्थात् प्रारम्भ में खर्च की गयी पर्यटक खर्च की किस्त सृजन किया गया रोजगार का अनुमान लगाना बड़ा ही मुश्किल है एवं समान मापदण्ड भी नहीं लगाया जा सकता है, क्योंकि भारतीय अर्थव्यवस्था में विशद आँकड़ें अथवा पर्यटन व्यय व रोजगार का पर्यटन क्रियाओं में प्रति व्यक्ति आय के वर्गीकरण का बड़ा अभाव है।"

पर्यटन और परिवहन

पर्यटक आगमन से परिवहन साधनों को भी फायदा होता है। बस व मोटरों पर किये गये व्यय का सर्वेक्षण करके उसकी मान्यता को जांचने की प्रणाली एक संतोषजनक पद्धति प्रतीत नहीं होती है, क्योंकि पर्यटकों की यात्रा का यह एक बहुत ही महत्वपूर्ण साधन है। अतएव, एक बड़ी राशि इस साधन अथवा मद पर खर्च की जाती है। इसके अलावा पर्यटन परिवहन से स्वचालित वाहनों, व्यावसायिक व निजी कारें प्रभावित होती हैं। पर्यटकों का समुद्री व वायु यातायात के माध्यम से सैर आन्तरिक भू-परिवहन के लिए लाभदायी है।

विशेष वस्तुओं के लिए नवीन बाजार

पर्यटन विकास से देशी उद्योगों नये बाजारों का निर्माण होता है। हाल ही में यूरोप में किये गये पर्यटन के सर्वेक्षण से ज्ञात होता है कि पर्यटक अपने कुल धन का 33 प्रतिशत स्वदेशी सामग्रियों को खरीदने के लिए जमा रखते हैं। पर्यटकों के माध्यम से क्रय किया गया सामान निर्यात व्यापार का अंश है। इसके निर्यातक को न तो कोई परिवहन का खर्च देना पड़ता है न ही आन्तरिक व्यापार के जैसा इसमें कोई जोखिम उठानी पड़ती है। कुछ वस्तुएं तो अन्तर्राष्ट्रीय स्तर पर प्रसिद्ध होने से पर्यटकों के माध्यम से मांग में रहती हैं। उदाहरण के लिए स्विट्जरलैंड की घड़ियाँ, स्काटलैंड के ऊनी वस्त्र, इटली का रेशम व लाइलॉन, फ्रांस की शराब व फैशन, स्केन्डिनेविया के घरेलू सामान के गैडगेट व पूर्वी देशों के गलीचे व ऊनी सामान।

संनिर्माण प्रक्रिया की आवश्यकता

पर्यटन का अत्यधिक विकास के लिए सामान्य आधारित निर्माण की जरूरत होती है। प्राकृतिक और कृतिम दोनों प्रकार की आधारित संनिर्माण के उन्नति से प्रगति की प्रक्रिया पर थोड़ा-बहुत असर पड़ता है। पर्यटन मांगों के कारण परिवहन व संचार सुविधाओं, शहरीकरण, मेरीन और समुद्रतट के विकास व उद्यमों के निर्माण की जरूरत पड़ती है। इसके अलावा जनसूचनाओं में सुधार से स्थानीय निवासियों को भी फायदा होता है। परिणामस्वरूप समस्त निवासियों को आर्थिक सुधार से फायदा प्राप्त होते हैं।

वेग वृद्धि का प्रभाव

इसका अर्थ यह है कि जो वित्त सामग्रियों के पैदावार पर निर्भर है। इससे पूर्ति में वृद्धि होगी व मांग में वेग वृद्धि होगी। परिणामस्वरूप बहुत ही तेज गुणक के प्रभाव होंगे। राष्ट्र की अर्थव्यवस्था में धन को पुनः नियोजित किए जाने के परिणामस्वरूप वेग वृद्धि प्रभाव के अतिरक्त गुणक के प्रभाव भी होते हैं।

पर्यटन खर्च से राजस्व प्राप्ति

पर्यटन पर सरकार के द्वारा किये गये व्यय से कितनी आमदनी होती है? सरकार को सम्पूर्ण यात्रा उद्योग से कर के रूप में प्राप्त राशि, खान-पान सेवाओं पर

सीमा तथा उत्पादन कर जो कि पर्यटकों हेतु क्रय व प्रयोग की जाती है राजस्व आय का एक मुख्य स्रोत है। केन्द्रीय, राज्य व स्थानीय सरकारों के माध्यम से विभिन्न तरह के कर प्राप्त किये जाते हैं। पर्यटकों के खर्च न करने पर पर्यटन पर निर्भर उद्योग पनप नहीं सकते हैं, परिणामस्वरूप केन्द्रीय, राज्य व स्थानीय सरकार को कर से बहुत ही कम राजस्व प्राप्त होगा।

भारत जैसे विकासशील देश में पर्यटन के व्यय का अनुमान अथवा गुणांक करीब 302 है एवं इस गुणित के परिणामस्वरूप पर्यटकों के माध्यम से किये गये व्यय से राष्ट्रीय आय निर्मित होती है। गुणित के प्रभाव का वर्णन करते वक्त यह स्पष्ट किया गया है कि कुछ रकम कर के रूप में चली जाती है। प्रत्यक्ष व अप्रत्यक्ष करों से केन्द्रीय व राज्य सरकारों को प्राप्त होने वाले कर के अंश का राष्ट्रीय आय में अनुमान लगाने हेतु मूल लागत का एक पुराना तथा प्राचीन तरीका अपनाया जाता है। विदेशी पर्यटन के कारण औसत राष्ट्रीय आय जो उच्च अथवा निम्न गुणित से पैदा होती है; उससे इस अनुपात से गुणा किया जाता है ताकि विदेशी पर्यटन से अर्थव्यवस्था में प्राप्त कर राजस्व आय मालूम हो सके। राष्ट्र को पर्यटन के माध्यम से प्राप्त कुल कर राजस्व आय का अनुमान राष्ट्र की कुल अर्जित आय व कुल अनुमानित राष्ट्रीय आय के परस्पर सम्बन्ध से मालूम की जा सकती है। यह अनुमान लगाया गया है कि यह सम्बन्ध प्रायः 10% है, अतएव कुल राजस्व आय इस तरह होगी—

कुल राजस्व आय=पर्यटकों के माध्यम से किया गया वार्षिक खर्चा×गुणक×व्यापार द्वारा पैदा किये गये कर का प्रतिशत पर्यटन उद्योग के प्राप्त करों से सरकार को मुख्य-मुख्य परियोजनाओं को चलाने में वित्तीय मदद मिलती है। ये कर हवाई अड्डा कर, शराब व तम्बाकू कर, ईंधन कर, एवं देश में आयातित वस्तुओं पर कर आदि के रूप में प्राप्त होता है। पर्यटन से अत्यधिक राशि अर्जित होती है जो सरकार को सड़क, स्कूल, चिकित्सालय आदि के निर्माण एवं अन्य जरूरी सामाजिक सेवाओं की पूर्ति हेतु उपलब्ध हो जाती है।

सरकार के राजस्व प्राप्ति में विदेशी पर्यटक के प्रत्यक्ष योगदान का सही अनुमान लगाना मुश्किल है। पर्यटन से आय की गणना करने हेतु पर्यटन उद्योग में कार्य करने वाले लोगों के माध्यम से द्वितीय व पुनः होने वाले चक्र में क्रय किये गये माल, सामान व सेवाओं के कर को भी ध्यान में रखना होगा। भरत जैसे देश में यह मुश्किल है कि सरकारी आय का अनुमान लगाया जाये, केवल सरकार के

माध्यम से अर्जित राजस्व कर, जो पर्यटकों पर लगाया जाता है, का ही अनुमान लगाया जा सकता है। उदाहरण के लिए कई राष्ट्रों में पर्यटकों के माध्यम से प्रस्थान के वक्त भुगतान किया गया प्रति व्यक्ति कर होटल बिलों पर अतिरिक्त चार्ज व हवाई, रेल व सड़क यात्रा-पत्रों पर विक्रय कर। प्रत्यक्ष कर से प्राप्त आय राजस्व का एक छोटा-सा अंश होता है, कुछ अर्थशास्त्रियों का विचार है कि पर्यटन से प्राप्त सरकारी राजस्व का अनुमान उस अनुपात से लगाया जा सकता है जितना कि करों का राष्ट्रीय आय के स्वयं का योगदान है।

पर्यटन से विदेशी मुद्रा अर्जित होती है। यह निर्यात उद्योग पर्यटन को विस्तृत मानने वाले पर्यटन के द्वारा एकत्रित विदेशी धन की ओर संकेत करते हैं। अथवा वे कुछ स्तर पर प्रत्यक्ष रूप में अथवा गुणित के संचालन से अर्जित मुद्रा का कुछ देश की वस्तुओं पर हुए प्रभावों को वर्णित करते है। सभी देश पर्यटन उद्योग को निर्यात के रूनप में विकसित करना चाहता है जिससे औद्योगिक यंत्र प्राप्त हो सकें व स्वावलम्बी विक्रय के लिये साधारण वातावरण निर्मित किया जा सके। व्यापार के विशद आकार, वस्तुओं की विभिन्नता, अत्यधिक संख्या में होने एवं साथ ही वित्त लाभों के कारण पर्यटन एक बहुत बड़ी आर्थिक क्रिया एवं विदेशी पूंजी के अर्जन का विशिष्ट माध्यम बन गया है।

यह बात सत्य है कि विकसित देशों में पर्यटन वित्त विकास के लिए और विपरीत बिना पर्यटन की स्थिति में सही करने का एक माध्यम है। साथ ही साथ यह भी सत्य है कि जिन राष्ट्रों में रहन-सहन का स्तर अधिक ऊँचा है उनमें पर्यटन विदेशी मुद्रा के असंतुलन को ठीक करने में बड़ा योगदान करता है। कुछ वर्षों से पर्यटक प्राप्त करने वाले राष्ट्रों में विदेशी मुद्रा की प्राप्ति में बहुत तीव्र गति से वृद्धि हुई है। पर्यटन के माध्यम से बहुत से राष्ट्रों जैसे–जापान, हांगकांग, स्पेन, इटली मौरिसस, यूगोस्लाविया फ्रांस आदि की अर्थव्यवस्था में सुधार आया है। यहाँ तक कि पूर्वी यूरोप के राष्ट्र जो आरम्भ में शर्मीले व इच्छुक न थे–वे भी पर्यटन के आधारभूत सिद्धांतों को मानने लगे हैं एवं पर्यटन यातायात को विदेशों में यूगोस्लाविया प्रवाहित होने हेतु कानून व नियमों में ढील दे रहे हैं। युगोस्लोवाकिया प्रथम राष्ट्र था जिसने प्रवेश-पमर बीजों को समाप्त किया एवं रूस व भारत ने होटलों व अनुपूरक आवास विधाओं का निर्माण करने हेतु बड़े-बड़े कार्यक्रमों का संचालन किया है।

पर्यटन ही एक ऐसा निर्यात व्यापार है; जो बिना राष्ट्रीय स्रोतों का ह्रास किये हुए और वास्तविक तौर पर माल का निर्यात किये बिना एक बहुत बड़ी विदेशी मुद्रा

अर्जित करता है। अतएव पर्यटन एक निर्यात व्यापार के रूप में अन्य निर्यात उद्योगों की अपेक्षा अपना एक महत्वपूर्ण स्थान रखता है एवं स्वयं अद्वितीय स्थान स्थापित किए हुए है। विदेशी पर्यटन की सदैव से ही प्रशंसा की गयी है; क्योंकि इससे अन्तर्राष्ट्रीय अर्थव्यवस्था में विदेशी मुद्रा प्रवाहित होती है। प्राप्त करने वाले राष्ट्र को वरदान स्वरूप मिली हुई क्रय शक्ति उस राष्ट्र की विदेशी सम्पत्तियों में पूर्णतः घुल-मिल जाती है। इससे विदेशों से क्रय करने के वरदान सम्पूर्ण राष्ट्र में बिना किसी भेदभाव के फैल जाते हैं। क्योंकि इन सम्पत्तियों से परिवहन के यन्त्र व उद्योगों हेतु माल का आयात प्रत्यक्ष रूप में उन वर्गों की उत्पादन शक्ति वृद्धि करने में इस्तेमाल किया जाता है; जिनका पर्यटन से कोई सम्बन्ध नहीं होता है। पर्यटन के उत्तेजित प्रभाव से आय में फायदा होते हैं; क्योंकि इससे बाह्य आय के स्रोतों का विकेन्द्रीकरण होता है, जिससे विशेष गुण वाली निर्यातित वस्तु के भाग्यहीन प्रभाव को जीत लिया जा सकता है।

उदाहरण स्वरूप एक रेस्टोरेन्ट में निर्यात आमदनी उन सामग्रियों से उपलब्ध होती है जो आम तौर पर निर्यात नहीं की जा सकती है जैसे—दूध, अण्डे, मक्खन व अन्य खान-पान की वस्तुएं।

पर्यटन एक अदृश्य निर्यात है। वाणिज्य की दृष्टि से यह व्यापार व उद्योगों से भिन्न है। एक वाणिज्य के आयात व निर्यात व्यापार में सदैव देश से वस्तुओं का अन्दर आने एवं बाहर जाने का क्रम बना रहता है। हर निर्यात करने वाले राष्ट्र भुगतान सन्तुलन की स्थिति पर नजर रखते हुए भाव व वस्तुओं का आन्तरिक उपयोग न करके विदेशों को निर्यात करते हैं। विदेशी मुद्रा की कमी के एकमात्र कारण एवं भुगतान सन्तुलन को अनुकूल बनाने हेतु निर्यात किया जाता है। निर्माणकर्ताओं की स्वयं की असुविधाओं के बल पर माल का निर्यात किया है। पर्यटन के क्षेत्र में ग्राहक, स्वागतकर्ता की तरफ अग्रसर होता है। यह एक बहुत ही लाभदायक स्थिति है। पर्यटन उद्योग में बिना किसी निर्यात के विदेशी मुद्रा प्राप्त होती है। यही एक व्यापार है जिसमें निर्यातक देश बिना किसी बलिदान के फायदा प्राप्त करता है। पर्यटन में न तो किसी माल को जहाज के माध्यम से विश्व भर में भेजा जाता है और न ही किसी किस्म के भाड़े व कर चुकाने की जरूरत होती है। इसका बाजार देश के अंदर ही होता है। खान-पान की वस्तुएं स्मारिकाओं व अन्य विलासितापूर्ण वस्तुओं जैसे गलीचे, जेवरात आदि वस्तुओं हेतु बहुत से नये क्रेता मिलते हैं जो कि अन्यथा कभी भी देश में नहीं आने देते। फुटकर व्यापारियों,

हस्तकारों व कृषकों हेतु बहुत धन आ जाता है, हर खर्चीले पर्यटक हेतु योजनाएं बनाई जाती हैं, ताकि उच्च किस्म की विलासितापूर्ण वस्तओं की विक्रय से विदेशी मुद्रा प्राप्त किया जा सके। बढ़ती हुई अत्यधिक जनसंख्या के साथ-साथ हम स्वयं किन्हीं भी वस्तुओं की बचत बलिदान के रूप में करके देश के बाहर भेजने के परिश्रम के बिना, विदेशी मुद्रा अर्जित कर सकते हैं। विदेशी पर्यटक हमारे दरवाजे पर ही विदेशी मार्किट का प्रतिनिधित्व करते हैं। ऋण व मदद से भविष्य की पीढ़ी पर बहुत बड़ा बोझ पड़ता है क्योंकि मूलधन व ब्याज के भुगतानों के अतिरक्त राष्ट्र के स्वाभिमान व स्वालम्बन की महत्ता पर विपरीत पर्यटक विकसित राष्ट्रों की तरफ से विकासशील व अर्द्ध-विकसित राष्ट्रों हेतु सहायता का स्रोत है एवं उनकी राष्ट्रीय अर्थव्यवस्था का एक बहुत बड़ा स्त्रोत है।

पर्यटन से ऐतिहासिक नगरों का विकास

पर्यटन उद्योग भी निदेशित इलाके या क्षेत्र का निर्माण करता है। पर्यटन कुछ अलग-अलग तरह से अपने संचालन क्षेत्र में बदलाव करता है। कुछ परिस्थितियों में और व्यवसायों की तुलना में यह तथ्य इस व्यवसाय का उद्योग में खरा साबित होता है, सम्बन्धित क्षेत्र की जीवनचर्या, रहन-सहन व संस्कृति ही इस उद्योग के कच्चे माल व निर्मित माल के प्रतीक हैं। बहुत से ऐतिहासिक महत्व के शहर व स्थान एवं इमारतें व स्मारक हैं जो कि पर्यटन के स्रोत हैं, जिनका और कोई विकल्प नहीं है। ये अपनी साधारण विशेषताओं के कस्बे हैं; जिन्होंने अपनी वास्तुकला की श्रेष्ठता एवं आगन्तुकों को आकर्षित करने की विशेषता को आज भी सुरक्षित रखा है एवं जिनकी वजह से पर्यटक के माध्यम से उनकी पुरानी सम्पदा का नया प्रयोग हुआ है। किले, बड़े-बड़े गिरिजाघर, स्मारक, संग्रहालय, चित्रशाला, पुराने विश्वविद्यालयों के जन्म स्थल, राजमार्ग, चौकोर स्थल आदि इन स्थलों को पर्यटक कर उद्देशित स्थान बना देते हैं। मोटर वाहनों के कारण व्यक्तिगत गतिशीलता में वृद्धि के फलस्वरूप आगन्तुकों हेतु इन कस्बों में आकर्षण में बढ़ोतरी हुई। फलस्वरूप इनकी विशेषताओं को संरक्षित करने का एक उत्तरदायित्व भी हुआ। एक शहर में पर्यटक विशेष रूप से एक पैदल अनुवेषक (पथिक) है। वह शहर उसके स्वागत हेतु लालायित है ताकि उसके लिए अनुवेक्षण करना सम्भव हो सके एवं वह अपना वाहन खड़ा कर सके। प्राचीनं इमारतें, जो कि अपनी बुनियादी उद्देश्यों को भूल गयी हैं, का नया उपयोग करके संरक्षित किया जा सकता है। पुराने वातावरण में प्राचीन इमारातों के नमूनों

को पुरानी सजावट में एकान्त तथा शान्ति प्रदान की जानी चाहिए। ये विचार **श्री माइकल मिडिलटोन,** डाइरेक्टर, सिविल टूरिस्ट के माध्यम से ब्रिटेन में 1971 में पर्यटन तथा पर्यावरण के सम्मेलन में भाषण देते वक्त व्यक्त किये गये थे। इनके अनुसार आक्सफोर्ड, स्ट्राटफोर्ड, बिन्दसार व इडिंगबर्ग के अतिरिक्त अन्य बहुत से शहर पहले से अपनाये गये छोटे उद्योगों की भांति पर्यटन को भी अपना सकता है।

स्ट्रेटफोर्ड-आन-अमोन इंग्लैंड में स्थिति एक छोटा कस्बा-बाजार, जो अधिक महत्वपूर्ण नहीं है। विश्वभर के पर्यटकों के माध्यम से इस स्थान की बहुत ही यात्रा की जाती है। प्रति वर्ष हजारों पर्यटक अपने व्यस्त जीवन के बावजूद सम्पूर्ण विश्व से स्ट्रेटफोर्ड विश्वविख्यात साहित्यकार विलियम शेक्सपियर के ख्याल को श्रद्धांजलि पूर्व मृत व्यक्ति की कहानी पर विकसित हो रहे हैं। जहाँ व्यापारी वर्ग फलते-फूलते हैं, वहीं व्यावसायिक व अवकाश प्राप्त व्यक्ति इसे एक तमासे के रूप में देखते हैं। बजाय कि उसे एक तुच्छ व खिलावाड़ आलिंगन को निरर्थक स्थल के रूप में एवं इसे स्वस्थ चिड़चिड़ेपन का आधार मानते हैं।

पर्यटन और विविध उद्योग

पर्यटन विभिन्न उद्योगों को उत्साहित करता है। यदि पर्यटन को उद्योग की संज्ञा देने के अलावा अगर इसे उद्योगों एक समूह की संज्ञा दी जाय तो सबसे अच्छा होगा। पर्यटन उद्योग पर्यटकों की आवश्यकताओं को पूरा करता है। उन कम्पनियों तथा संस्थाओं को भी इसमें शामिल किया जाता है; जिनका समान उद्देश्य पर्यटकों की आवश्यकताओं की पूर्ति करना होता है। कुछ मूल पर्यटन-उद्योग व कम्पनियां जैसे होटल व रेस्टोरेन्ट, परिवहन, यात्रा अभिकर्ता, यात्रा संचालन आदि पूर्णतः व मुख्यतः व्यवसाय के लिए पूरी तरह पर्यटकों पर ही निर्भर हैं। इन उद्योगों को प्रत्यक्ष व अप्रत्यक्ष की श्रेणी में बांटा जा सकता है। प्रथम श्रेणी के तहत वे उद्योग जो पर्यटकों से सीधी आय प्राप्त करते हैं, जैसे होटल मालिक, परिवहन, मालिक, फुटकर व्यापारी आदि। द्वितीय श्रेणी के तहत वे उद्योग जो पर्यटक व्यय के प्रारम्भिक प्राप्तकर्ताओं के माध्यम से वितरण करने से लाभान्वित होते हैं। बहुत-सी वस्तुओं व सेवाओं की पूर्ति करने वाले पूर्तिकर्ता जो पर्यटकों को प्रत्यक्ष रूप में पूर्ति नहीं करते परन्तु ये अप्रत्यक्ष रूप में पर्यटन स्थानों पर उपलब्ध सार्वजनिक सुविधाएँ हैं।

पर्यटक सभी मूल तथा सहायक उद्योगों का पथ-पदर्शन करता है। इन उद्योगों का विकास व उन्नति अन्य सहयोगी उद्योगों अथवा व्यापार जैसे इमारतें, कपड़ा

उद्योग, शृंगार की वस्तुओं व कुटीर उद्योगों आदि पर्यटक से घनिष्ठ रूप से सम्बन्धित हैं। यदि किसी देश में विदेशी पर्यटक अधिक आते हैं तो इससे स्वयं ही अन्य उद्योगों के सम्पूर्ण समूह का विकास होता है। लघु निर्माणकर्ता फर्में, सेवापूरक व्यापार, मूल उद्योगों आदि की भी उन्नति होती हैं, जिससे प्राकृतिक साधनों का पूर्ण उपयोग होता है।

इस तरह के उद्योग के अस्तित्व में आने से पैदावार में सविस्तार एवं स्वराष्ट्रीय उद्योग धन्धों में पैदावार शक्ति की मांग का निर्माण व विकास होता है। पारम्परिक शिल्पकारिक वस्तुओं में कुछ विस्तार होता है। अन्य आयात के वैकल्पिक उद्योग भी विकास की आशा कर सकते हैं ताकि विदेशी पर्यटकों की जरूरत की पूर्ति हो सके। इन नई क्रियाओं की सेवा जैसे उद्योगों में केन्द्रित होना संभव है जो कि यात्रा सेवाओं की पूर्ति में इस्तेमाल किये जाने वाले यंत्रों की मरम्मत के लिए जरूरी है। इस तरह उद्योगों का विकास होने से रोजगार के अवसरों में वृद्धि होती है एवं उच्च रहन-सहन का अवसर प्राप्त होता है। इन समस्त क्रियाओं से लोगों को प्रबन्ध के क्षेत्रों की आधुनिक जानकारी में मदद मिलती है। विदेशियों के माध्यम से स्थानीय वस्तुओं की जानकारी से विदेशों में पारम्परिक वस्तुओं की मांग में वृद्धि होती है।

आगन्तुक देश के माध्यमों या स्रोतों एवं आर्थिक दशा का दूसरे देशों में जानकारी होने से राष्ट्र के अन्तर्गत विदेशी पूंजी विनिमय को बल मिल सकता है। इसलिए निर्यात उद्योग के लिए देश के प्रयोग न करने वाले माध्यमों को निर्मित किया जा सकता है। अर्थव्यवस्था में पर्यटन के प्रभाव व योगदान हेतु कच्चा व निर्मित माल विश्लेषण प्रणाली सबसे उचित है। यह प्रणाली ब्रिटेन व आयरलैंड में सेर्र विश्वविद्यालय के श्री जी. रिचर्ड के माध्यम से विकसित की गयी एवं पर्यटन के क्षेत्र में लागू की गयी। उनके अनुसार अर्थव्यवस्था पर पर्यटन के प्रभाव असंख्य उद्योगों में फैल जाते हैं। विश्व के बहुत से राष्ट्रों में इस बात के उदाहरण हैं, जहाँ कि स्थानीय उद्योगों का विकास पर्यटकों के उस स्थान में आवागमन के परिणामस्वरूप हुआ है, इस बात का मुख्य कारण यह था कि पर्यटक या तो उत्पादक (निर्माणकर्ता) अथवा उद्योगपति या व्यापारी था और उससे उन स्थानों में अपने व्यापार के अवसर दिखाई दिये जहाँ उसने अपना अवकाश व्यतीत किया।

पर्यटक का आकर्षण नये उद्योगों के उद्‌गम का स्रोत है। आजकल उद्योगों को आकर्षित करने का सबसे उचित ढंग पर्यटकों को आकर्षित करना है। इसका मुख्य कारण यह है कि उद्योगपति यंत्रों व कल-पुर्जों का स्थान ढूंढ़ने से पहले अपने

अतिथियों हेतु आवास की सुविधाएं, अच्छे सार्वजनिक संस्थाओं व विभिन्न किस्म के मनोरंजक साधनों की तरफ अधिक ध्यान देते हैं। उद्योगों को बाहर से आकर्षित करने के साथ-साथ एक जनसमुदाय जिसने पर्यटन व्यापार को विकसित किया है, वह स्वयं के औद्योगिक विकास को प्रोत्साहित करेगा। साधारणतः एक समाज पर्यटन व्यापार को मदद देने हेतु व्यावसायिक दक्षता को विकसित करके पूंजी एवं प्रबन्ध दक्षता का संचय करता है। परिणामस्वरूप दूसरी ओर औद्योगिक विकास सम्भव हो सकता है, तथ्यों से प्रतीत होता है कि औद्योगिक प्रतिस्पर्द्धा न होकर आपस में सम्बन्धित है। यह भी सत्य है कि जिस समुदाय में उद्योगों को आकर्षित किया गया है वहां पर्यटक स्वयं आकर्षित होते हैं।

पर्यटक की उच्च मांग

वस्तुतः पर्यटन के समय में विभिन्न सामग्रियों की खपत अत्यधिक सीमा पर होती है जैसे—जल व पानी विद्युत, गैस व अन्य सामग्रियों की मांग में वृद्धि हो जाती है। पर्यटकों की मांगें सार्वजनिक सेवाओं में पूँजी नियोजन को आमंत्रित करती हैं। प्रतिष्ठानों को इस तरह आकर्षित किया जाता है कि वे स्थानीय निवासित जनसंख्या से भी अधिक लोगों की आवश्यकताओं की पूर्ति कर सकें। पर्यटक के उच्च मांग के समय में अधिक पानी, गैस व बिजली की पूर्ति करनी होती है। होटलों के अनुसार पर्यटनकालीन मौसम में ही सार्वजनिक सेवाओं का अधिक उपयोग होता है।

पर्यटक विक्रय केन्द्र

पर्यटन के अंतर्गत विभिन्न आर्थिक क्रियाएं शामिल हैं। बहुत से फुटकर व्यापारी व बहुत विशद परिधि के जिन्दगी के व्यवसायी व व्यापारी जैसे वकील, लेखपाल आदि भी पर्यटक से फायदा प्राप्त करते हैं। पर्यटक विक्रय केन्द्रों में एक बहुत बड़ी रकम खर्च करते हैं। इन केन्द्रों की मौजूदगी से क्षेत्र में निवास करने वाले लोगों को बहुतायत फायदा प्राप्त होते है। पर्यटक के फुटकर क्रय के प्रमुख अंग निम्नांकित हैं—

1. जेवरातों तथा हस्त-थैलों आदि पर व्यय।
2. श्रृंगार-सामान व इत्र पर व्यय।
3. उपहार के रूप में क्रय-सामान जैसे खिलौने।

4. शृंगार-सामान एवं स्मारिकाएँ आदि।
5. कैमरा, फिल्म, फोटोग्राफिक कार्य से सम्बन्धित विस्तारण के खर्चे।
6. कपड़े व जूतों का क्रय।
7. अन्य खरीददारियां जैसे पोस्टकार्ड, डाक-टिकटें आदि।
8. खाद्य-क्रय व मिष्ठान आदि पर व्यय।

पर्यटन से राजस्व प्राप्ति

संसार के अधिकांश विकासशील देश कर्ज में हैं। उनका विकास या तो अन्तर्राष्ट्रीय फण्ड पर आश्रित रहा है अथवा उन्हें भूतपूर्व उपनिवेश राष्ट्रों से ऋण के रूप में सहायता मिलती है। उन राष्ट्रों का घाटे का बजट रहा जिनका विदेशों से प्राप्त आर्थिक मदद से पूर्ण विकास नहीं हो सकता था। विदेशों से प्राप्त मदद व आर्थिक मदद को, पर्यटन के विकास से प्राप्त किए गये करों के माध्यम से आय में वृद्धि करने से कम किया जा सकता है। इस तरह पर्यटन के वित्तीय योगदान का सार्वजनिक राजस्व वित्त के संतुलन को बरकरार रखने में बहुत ही महत्वपूर्ण स्थान है।

पर्यटन प्रदूषणरहित उद्योग

पर्यटन एक बिना दूषित वातावरण उद्योग है। भारत की प्राकृतिक सम्पदा का आधार व संरक्षण, हमारी पर्यटन की वस्तु में योगदान करती है। यदि इसे भली-भांति संगठित किया जाय (अर्थात् यदि पर्यटन का कच्चा माल जैसे प्राकृतिक व सांस्कृतिक आकर्षण को ह्रास व बदलाव नहीं किया जाय) तो राष्ट्रीय सम्पदा का पर्यटन के माध्यम से ह्रास होने का प्रश्न ही नहीं उठता है। प्राकृतिक दृश्य व स्थानीय संस्कृति आगन्तुकों के मुख्य आकर्षण हैं। पर्यटन का विकास पर्यावरण को अन्य आर्थिक व औद्योगिक विकास की अपेक्षा कम नुकसान पहुंचाता है। भारत राष्ट्र की जनसंख्या व क्षेत्र एवं यहाँ के गहरे सामाजिक रीति-रिवाज को देखते हुए कुछ पर्यटकों का सामाजिक प्रभाव नहीं के बराबर है। साथ ही यह सही है कि कुछ धनी राष्ट्रों में पर्यावरण को दूषित करने, मुख्यतः समुद्र तट व पर्यटन क्षेत्रों को कोलाहित करने का कारण पर्यटन ही रहा है। यदि बुद्धिमत्ता तथा पसन्द के साथ इसे इस्तेमाल किया जाय तो पर्यटन पर्यावरण में सौन्दर्यता व सुधार लाने का एक माध्यम बन सकता है।

विदेशीय विनियोजन

उत्पादन फायदे के लिए विदेशीय विनियमन का होना आवश्यक है। यह उपभोक्ता की असीम सीमा तक जाने के लिए विशिष्टः अनिवार्य है। विशेषकर उन सामग्रियों के सम्बन्ध में जो दूसरे राष्ट्रों में विकसित के रूप में मौजूद हैं, जो उनके मंगवाने के अलावा और कोई चारा नहीं है। विकासशील देशों में पर्यटन उद्योग में पूंजी की सामर्थ्यता सम्भवतः कुछ अधिक है; विशेषतः उन अवस्थाओं में जबकि अनिवार्य आधारित संरचनाओं की लागतों को शामिल किया जाता है। यदि पर्यटन विकसित होता है, तो विदेशी पर्यटक आकर्षित होते हैं, जो कि अपनी पूंजी को लाभकारी विनियोजनों, अच्छे आलीशान होटल, आधुनिक खेल के मैदान व मण्डप स्थल, समुद्र तट आदि की तलाश में लगाते हैं। इसके लिए प्राप्तकर्ता राष्ट्र के पास न तो निर्माणक होते हैं न ही तकनीकी प्रशिक्षित अधिकारी। राष्ट्र के उद्योगों को उत्साहित करने हेतु वे आधुनिकीकरण व नई तकनीकियों को अपनाते हैं, वे पेटेन्ट हेतु प्रार्थना करते हैं एवं विदेशी लाइसेन्स के उपयोग के लिए मजबूर होते हैं। अतएव विदेशी मदद की ज़रूरत होती है, इसके अतिरिक्त बहुत से अन्य निर्यात पैदा करने वाले उद्योगों की तुलना में यातायात उद्योग विदेशी उद्यमियों के माध्यम से स्वागतकर्ता राष्ट्र की सरकार व निजी उद्यमियों के सहयोग से अधिक अच्छा विकसित हो सकता है।

विदेशी विनिमय के द्वारा ही पर्यटन उद्योग का विकास नहीं हो सकता है। विकासशील प्राप्तकर्ता राष्ट्र को प्रत्येक क्षेत्रों के जरूरी आधारित संरचना का विकास करना है। उदाहरण के लिए—पर्यटकों की सुरक्षा हेतु उचित प्रबन्ध करने होते हैं एवं विकसित पर्यटन केन्द्रों तक पहुंचने हेतु परिवहन के सुविधाजनक प्रबन्ध करने चाहिए। विदेशी उद्यमी लाभ को स्वदेश ले जाना चाहते हैं। ये फायदा व कर की दर, कर-दर उपभोग की आवास वस्तुओं, सामान व पर्यटन सेवाओं पर उत्पादन-कर, दक्षता को इस्तेमाल की स्वतंत्रता, विदेशी कारीगरों को रोजगारों पर लगाने की स्वतंत्रता एवं इन कारीगरों के माध्यम से संचित धन को स्वदेश ले जाने एवं इसी तरह की अन्य सुविधाओं के बारे में सरकारों से दीर्घकालीन मदद की इच्छा रखते हैं।

पर्यटन उद्योग को विदेशी विनियोजन से बढ़ावा मिलता है। असली विनियोजन तकनीकी मदद से परमिट व पेटेन्ट आदि के तकनीकी स्तर में वृद्धि होती है। आयातित पूंजी से प्राप्त आय को परिवर्तित करने हेतु संचित सोने की उपलब्धतापूर्ण गारन्टी प्रदान करती है। विदेशी पूंजी प्रबन्ध की दक्षता के इस्तेमाल करने से जो

पर्यटन में विकास होता है वह आर्थिक योगदान की दृष्टि से स्थानीय क्षेत्रों में स्थानीय लोगों के माध्यम से किये गये विनियोजन की अपेक्षा कई मात्रा में श्रेष्ठ होता है।

पर्यटन का विदेशी विनियमन पर प्रभाव

अधिकांश विकासशील देश विदेशी मुद्रा प्राप्त करना चाहते हैं। पर्यटन में विनियोजन करने से अर्जन की दर अन्य क्षेत्रों में विनियोजन करने की तुलना में कम होने पर भी फायदा प्रदान करती है। रोजगार के स्तर में तीव्र वृद्धि हेतु यह जरूरी है कि पर्यटन में विनियोजन करते वक्त इनसे पैदा रोजगारों के प्रभावों की तुलना अन्य विनियोजन की सम्भावनाओं को ध्यान में रखकर की जाए। पर्यटन में विनियोजन के माध्यम से सृजित किया गया कच्चा माल पर्यटन के महत्व को आंकने का द्योतक है। भारत जैसे विकासशील देश में टपकनें (छीजन) व श्रम की अर्धबेरोजगारी के कारण आर्थिक प्रभावों की कमी हो जाती है। किसी भी देश में विदेशी यात्रा के प्रभावों को नापने हेतु गुणित को यदि मापदण्ड समझा जाय तो इसमें व्यय के अतिरिक्त धारा में मांग व इसमें विद्यमान टपकनों (छीजन) के प्रभावों को शामिल किया जाता है।

पर्यटन मे विनियोजन की मांग

पर्यटन उद्योग में अत्यधिक विनियोजन की जरूरत होती है। यह रकम औद्योगिक विकास के लिए, जरूरी रकम की अपेक्षा कम होती है। परन्तु इस सम्बन्ध में नई सड़कों, रेलवे बन्दरगाह, हवाई अड्डों आदि जोखिम के निर्माण के परिणामस्वरूप जन्में आर्थिक प्रभावों को भूलना नहीं चाहिए। इसके अलावा, अच्छे संचालित होटल व कैटरिंग प्रत्येक विदेशी पर्यटन के आधार हैं। इन क्षेत्रों के कार्य को पूर्णतः प्राथमिकता मिलनी चाहिये। यह अतिरिक्त धन तभी आकर्षित होता है जब यह अधिक उत्पादित विनियोजन प्रदान करता है। पर्यटन के क्षेत्र में विनियोजन से आय की प्राप्ति निम्न तरह से हो सकती है–

(1) मध्यकालीन विनियोजन जैसे एक सुन्दर स्थान में स्थित होटल अथवा महासम्मेलन होटल।

(2) दीर्घकालीन विनियोजन जैसे शहरी विकास की दृष्टि से एक वन-मण्डल को राष्ट्रीय उद्यान में परिवर्तित करना।

(3) दीर्घकालीन विनियोजन जैसे रेस्टोरेन्ट का खोलना।

पर्यटन उद्योग की एक विशेषता यह है कि इससे दीर्घकालीन फायदा प्राप्त होते हैं। तुलनात्मक दृष्टि से इस उद्योग में फायदा प्राप्ति का वक्त बहुत ही कम होता है तथा फायदा का अंश अन्य उद्योगों के मुकाबले निश्चित रूप से अधिक होता है। यह उद्योग जल्दी व अधिक फायदा की वजह से बहुत ही प्रिय बनने योग्य है। अतएव विनियोजक अपना धन आय प्राप्ति के पूर्व विचार करके लगाने को तत्पर होते हैं। इसके अतिरिक्त पर्यटन के आर्थिक पहलू का मूल सिद्धांत यह है कि अन्य उद्योगों की तुलना में यह मध्यम तरह का विनियोजन चाहता है। किसी भी राष्ट्र के पर्यटन के तहत वहां की जलवायु, दर्शनीयता, इतिहास, पुरानी इमारतें, कला, रीतिरिवाज, त्योहार एवं वहां के लोग शामिल हैं। पर्यटक जो कि अपनी बचत की गयी आय का इतना अधिक व्यय करतें हैं एवं साथ ही अवकाश व्यतीत करने की धारणा बनाते हैं, वे अवकाश हेतु नये वातावरण के सुहावने बदलाव से कुछ अधिक आकांक्षा रखते हैं। वे अपने साथ केवल स्मरणीय छाप एवं स्मारिकाओं को ही ले जाते हैं।

पर्यटन स्थल का अर्द्धविकसित इलाके में उदय

आर्थिक रूप से कमजोर क्षेत्र में पर्यटन स्थल निश्चित रूप से विद्यमान है। पर्यटन का विकास अधिकतर बिना उद्योग के क्षेत्रों, सामान्यतः ग्रामीण, पर्वतीय एवं समुद्रतटीय क्षेत्रों में होता है। शक्ति के साधनों व कच्चे धातु से भरपूर क्षेत्रों एवं भौगोलिक दृष्टि से अनुकूल स्थान अपनी आर्थिक क्रियाओं औद्योगीकरण से ही आरम्भ करते हैं। ये स्थान बहुत ही विकसित होते हैं एवं साथ ही बड़े मार्केट नजदीक होने एवं समानान्तर उत्पादन वृद्धि व तृतीय क्षेत्रों में सेवाओं के कारण कृषि उत्पादन भी अधिक होता है। अर्द्धविकसित क्षेत्र की क्रियाशील जनसंख्या विकसित क्षेत्रों की तरफ आकर्षित होती है, जो औद्योगिक दृष्टि से अधिक विकसित नहीं है, हालांकि उनके पास अन्य बहुत से आकर्षण हैं जैसे बर्फ से आच्छादित पहाड़ियां, सुन्दर प्राकृतिक सौन्दर्य, असीमित समुद्र तट व अन्य पर्यटक आकर्षण, उनमें क्षेत्रीय विकास व फैलाव बहुत से तरीकों अथवा सामरिक प्रणाली के माध्यम से किया जा सकता है। औद्योगिक रूप से विकसित क्षेत्रों में पर्यटन को उद्योग का दर्जा प्राप्त है। यह उस भूमि व वस्तुओं का उपयोग करता है जिसका औद्योगिक व कृषि की दृष्टि से कोई मूल्य नहीं है जैसे बर्फ (शीतकालीन क्रीड़ाओं हेतु उपयोग होती है), रेत (समुद्र तट पर), बंजर भूमि व रेगिस्तान राष्ट्रीय पार्क। ये सभी पर्यटन के लिए सम्पदा

साधन हैं। बड़े मण्डल जो कि कृषि के विकास हेतु अनुकूल नहीं हैं विलासिता हेतु उपयोग किए जा सकते हैं। ये क्षेत्र बाह्य मनोरंजन हेतु अति उत्तम स्थान बन सकते हैं एवं इस तरह एक लाभकारी पर्यटन उद्योग के अंग बन जाते हैं। यदि कोई क्षेत्र कृषिविहीन व उद्योगविहीन है तो वहां जरूरी आधिकारिक संरचना व श्रम शक्ति की सम्भावना नहीं होती एवं इस क्षेत्र में पर्यटन विकास हेतु अत्यधिक संरचना लागत व श्रम के पुनः स्थानीयकरण की जरूरत होगी। इसके अतिरिक्त इस तरह के क्षेत्रों में पर्यटन के माध्यम से प्रदान अनुकूल विनियोजन व आय के कारण पड़ोसी क्षेत्र भी विकास की क्रिया से प्रवाहित होंगे।

आमदनी के वितरण में भी पर्यटन मददगार साबित होता है। एक कमर्शियल इलाके से जुड़े प्रतिबंधित इलाकों में वित्त का नियोजितकरण हो जाता है; परन्तु पर्यटन क्षेत्र आय के वितरण द्वारा इस प्रभाव को अन्य क्षेत्रों में अग्रसित करते हैं–जैसा कि बहुत से विकासशील राष्ट्रों में पर्यटन के विस्तार से प्रतीत होता है। इन क्षेत्रों में पर्यटन विस्तार से जनसंख्या का निवासित होने, आय वृद्धि, बिजली के घरेलू यन्त्रों के उपयोग व नये आवास का निर्माण व प्रतिष्ठाओं में वृद्धि होती है। यह महसूस किया गया है कि जिन क्षेत्रों में कृषि की क्रियायें सीमित थीं एवं व्यावहारिक रूप में उद्योग नहीं थे एवं इस तरह के विकास की गति बिल्कुल निम्न स्तर पर थी, वे पर्यटन के बढ़ावे से बहुत बड़ी सार्वजनिक व निजी पूंजी के आकर्षण बन चुके हैं। इन क्षेत्रों में विनियोजन व जनसंख्या के उपभोग में वृद्धि होने से स्थानीय आय में वृद्धि हुई है। परिणामस्वरूप स्थानीय जनसंख्या के जीवन स्तर में अनुकूल प्रभाव पड़ता है।

पर्यटक आगमन से आय

पर्यटन की सम्पूर्ण उपलब्धियाँ आगन्तुको की संख्या, आगमन के प्रयोजन, अनेक प्रक्रियाएँ अथवा कई प्रयोजनों के लिए हर पर्यटन व्यय, रुकने का औसत वक्त, खर्चीले व कम खर्चीले पर्यटकों की संख्या की श्रेणी में बदलाव आदि पर निर्भर करता है। **नेशनल काउन्सिल ऑफ एप्लाइड इकोनोमिक्स रिसर्च** के अनुसार, "प्रत्येक पर्यटन क्रिया व यात्रा उद्देश्य हेतु गणना की गयी पर्यटकों से कुल प्राप्तियाँ, पर्यटकों की कुल संख्या को उनके औसतन ठहरने के समय (दिनों) और प्रति पर्यटक प्रतिदिन व्यय से गुणा करने की राशि के बराबर होती है।" समय-समय पर पर्यटन से प्राप्त आय के सम्बन्ध में बहुत से अध्ययन किए गए हैं। विदेशी पर्यटकों से कुल प्राप्तियों के अनुमान निम्नलिखित माध्यमों से प्राप्त होते हैं–

(1) परिवहन व उड्डयन मन्त्रालय, भारत सरकार।

(2) भारत में पर्यटन का आर्थिक सर्वेक्षण 1965-66, पर्यटन विभाग की रिपोर्ट।

(3) भारत में विदेशी पर्यटकों का सर्वेक्षण 1968-69 व 1972-73, पर्यटन विभाग के माध्यम से आई. आई. पी. ओ. (1980), नई दिल्ली को स्थापित किया गया।

(4) इन समस्त रिपोर्टों में प्रति पर्यटक व्यय के आकार व अन्य सम्बन्धित पहलुओं के आँकड़े मिलते हैं।

पर्यटकों के खर्च का वर्गीकरण निम्न तरह मान लिया गया है :

(1) आन्तरिक परिवहन।

(2) खरीददारी।

(3) खान-पान, रहन-सहन, रेस्टोरेन्ट व मनोरंजन।

(4) अन्य।

इन रिपोर्टों में प्रति पर्यटक व्यय को यात्रा के उद्देश्य के अनुरूप निम्न तरह वर्गीकृत किया गया है :

(1) अवकाश।

(2) अध्ययन व शिक्षा।

(3) व्यापार।

इन रिपोर्टों में दी गई सूचनायें पर्यटन से कुछ प्राप्तियों को मालूम करने के लिए बहुत आवश्यक हैं।

राष्ट्रीय उत्पादन में किए गए शुद्ध योगदान को विदेशी पर्यटक व्यय से प्राप्त शुद्ध आय अथवा प्राप्तियों के माध्यम से प्रदर्शित किया जाता है। कुल प्राप्ति में से पर्यटकों की लागत को घटाने से विदेशी पर्यटकों की शुद्ध प्राप्तियों की गणना संभव है।

पर्यटन में लागत लाभ दर

इस सिद्धांत के अनुसार लाभों को यदि लागत से विभक्त किया जाय तो अनुपात दर की प्राप्ति होती है। परियोजना को लागू करने से जो लाभ मिलने की संभावना बनती है उसे भी लाभ के रूप में परिभाषित किया जाता है। लागत-लाभ में अन्तिम प्राप्ति दर कम-से-कम एक होनी चाहिए अन्यथा वह कुछ भी अर्जित नहीं करेगी। बहुत से विकल्पों का मूल्यांकन करते वक्त उच्च दर वाले विकल्प के सफल होने की अधिक सम्भावना होती है। अतएव लागत-लाभ विश्लेषण को निकालने व अनुमान लगाने में अत्यधिक सावधानी की जरूरत होती है।

लागत-लाभ दर द्वारा यह मालूम किया जाता है कि किये गए व्यय से, सरकार अथवा राष्ट्र को कितनी आय प्राप्त होती है। इसमें राष्ट्र के माध्यम से पर्यटन योजनाओं में संचालन किए गए खर्च व पर्यटकों के माध्यम से उत्पादन व्यापार से अर्जित कर-राजस्व की तुलना की जा सकती है। इससे बजट के समायोजन को स्थिर रखने में मदद मिलती है। कुछ राष्ट्रों में सरकारी पर्यटन संगठनों की लागत का आंशिक भुगतान करने हेतु निजी कोष का भी इस्तेमाल किया जाता है। परन्तु यह अंश प्रायः इतना कम होता है कि आँकड़ों की दृष्टि से यह खास महत्वपूर्ण नहीं होता है। भारत में राष्ट्रीय पर्यटन के विकास में कार्यक्रमों का संचालन का पूर्ण व्यय का भुगतान सरकार के माध्यम से किया जाता है।

लागत लाभ दर की विशेषताएँ

पर्यटन में किये व्यय से फायदा या लागत-लाभ दर की कोई संक्षिप्त सीमा नहीं है बल्कि इसकी सीमा अत्यधिक विस्तृत है। निम्नतम सीमा बहुत ही कम व उच्चतम सीमा बहुत ही ऊँची है। यह सीमा 1 से 5 के बीच होती है। बहुत ही औद्योगिक सम्पन्न व आर्थिक दृष्टि से पर्यटन पर कम निर्भर रहने वाले राष्ट्रों में यह सीमा 30 से 10 के मध्य होती है। उदाहरणार्थ—हम यह कह सकते हैं कि भारत में लागत-लाभ दर 3 : 1 है। इसका अर्थ दूसरे शब्दों में यह है कि पर्यटन योजनाओं पर किए गए प्रति एक रुपये के बदले पर्यटकों के माध्यम से किए गए खर्च से उत्पन्न व्यापार से कर-राजस्व के रूप में सरकार 3 रुपये इकट्ठा करती है।

पर्यटन में सबसे अधिक लगी हुई पूंजी या उच्च लागत लाभ दर आगन्तुओं के रचना के अनुक्रय एक दूसरे से जुड़ी होती है। उच्च लागत-लाभ दर वाले राष्ट्रों में अधिक पर्यटन होने की सम्भावना होती है। साधारणतया अत्यधिक पर्यटन व्यापार वाले राष्ट्रों का पर्यटन संचालन बजट के तहत ही होता है।

एक लागत-लाभ दर मार्गदर्शक भी हो सकती है। यह वित्त मन्त्री को बता सकती है कि पर्यटन क्रियाओं पर कितना खर्च हो रहा एवं इससे कितना अर्जित हो रहा है। परन्तु एक उच्च लागत-लाभ दर का कारण सरकार के माध्यम से पर्यटन को वित्तीय मदद प्रदान करने की असफलता के कारण हो सकता है। एक निम्न लागत-लाभ-दर पांच वर्षों तक विद्यमान रह सकती है, जब तक कि बढ़ते हुए कार्यक्रम के परिणामस्वरूप पर्यटन में बढ़ोतरी नहीं होती है।

एक निम्न लागत-लाभ-दर पर्यटन बजट को दक्षता से न खर्च करने का

द्योतक है। लाभ-लागत विश्लेषण एक कला है जो कि केवल विनियोजन निर्णय से ही सम्बन्धित है। समस्त विकासशील राष्ट्रों में पर्यटक को प्रोत्साहित करने हेतु नई होटल परियोजनाओं हेतु वित्तीय ऋण व अनुदान हेतु सरकारी सहयोग बढ़ता जा रहा है। सरकार अपने बजट में होटलों के लिए धन मुहैया करा रही है। इन परिस्थितियों में लागत-लाभ विश्लेषण सम्बन्धित है। जब कभी किसी किस्म को सार्वजनिक विनियोजन किया जाय तो यही प्रणाली अपनानी होगी। सार्वजनिक विनियोजन का मुख्य उद्देश्य यह है कि अधिकांश फायदा अधिक से अधिक लोगों हेतु प्राप्त हो सके। लागत-लाभ का विश्लेषण सभी पक्षों के लाभ को ध्यान में रखकर किया जाता है। समुदाय के समस्त लागत-लाभ इस विश्लेषण में अध्ययन किये जाते हैं। इसमें कुछ विशेष कठिनाइयाँ निम्नांकित है–

(i) समुदाय के किसी वर्ग को जो लागत के रूप में है, वही दूसरे समुदाय के लिए फायदा हो सकते हैं।

(ii) कितने ही लागत व लाभों को मापना एवं उनको उनकी सम्बन्धित महत्ता के आधार पर सन्तुलित करना बड़ा ही कठिन कार्य है।

(iii) यह अभी भी एक उभरती हुई कला है जो कि वृहत् विकास की प्रतीक्षा कर रही है।

(iv) समस्त लागत व लाभों की जानकारी हासिल करने हेतु तथा उनको पारस्परिक माप हेतु बहुत से परीक्षणों का पूर्व विचार करने हेतु एक प्रणाली निर्मित की जा सकती है।

लागत लाभ विश्लेषण के तहत देखने योग्य व अनदेखने योग्य दोनों प्रकार की पूंजी को शामिल करते हैं। इसके अन्तर्गत उद्भव व विकास उसी स्थल में मौजूद समान सुविधाओं की पूर्ति के प्रभावों का विश्लेषण किया जाता है। किसी भी क्षेत्र में किसी विशेष परियोजना के विकास के प्रभावों से यातायात में भीड़ अथवा दुर्घटनाओं में वृद्धि होती है एवं सौन्दर्य से परिपूर्ण भूमि में एक सुन्दर इमारत के प्रावधान के परिणामस्वरूप समस्त समुदाय को मनोरंजन उपलब्ध होता है।

पर्यटन के प्रमुख व्यय

1. सरकार का आधारित संरचना पर पूंजी व्यय जो कि विशेषतः पर्यटन के विकास हेतु आवश्यक है।
2. परिवहन सेवाओं में विनियोजन।

3. अन्य सुविधाओं की लागत जैसे सम्मेलन कक्ष, तरण-ताल आदि।
4. संचालित चालू लागतों का वर्गीकरण।
5. विशेष रूप में पर्यटकों द्वारा इस्तेमाल किए गए स्वदेश में उत्पादित माल के आयात किए गए कल-पुर्जे सहित आगन्तुकों द्वारा इस्तेमाल की गयी वस्तुओं व सेवाओं की लागत आय।
6. पर्यटन उद्योग में विदेशी विनियोजन पर अर्जित फायदा को विदेशों में प्रेक्षित होने वाली राशि।
7. विदेशी ऋणों का ब्याज।
8. विदेशी ट्रेवल एजेन्ट्स व टूर ऑपरेटर्स के कमीशन का भुगतान।
9. राष्ट्रीय पर्यटक संगठनों (पर्यटन विभाग व राष्ट्रीय विकास निगम) और ट्रेवल एजेन्सी एवं राज्य व शहरी स्तर के होटलों आदि का प्रशासन, संवर्धन व प्रचार पर किया गया व्यय।
10. सरकार के माध्यम से पर्यटन योजनाओं के विनियोजन पर की गयी धनराशि के ब्याज से हुई हानि अथवा नुकसान जैसे कर रियायतें, सीमा कर से छूट व कम ब्याज दर के ऋण आदि।
11. निश्चित लागत व मरम्मत की चालू लागत में विदेशी पूंजी के अंग। इसके अतिरक्त कमरों की बिक्री, खाद्य बिक्री केन्द्रों अथवा सम्मेलन कक्षों का किराया आदि एवं खाद्य व आवास की बिक्री की अलग-अलग विदेशी विनिमय प्राप्ति सम्बन्धी आय के आँकड़े।
12. होटलों में विनियोजित पूंजी की विदेशी विनिमय लागत।
13. भूमि तथा इमारत की लागत।
14. आवास व्यवस्था में विनियोजन जैसे—होटल, पर्यटक लघु आवास, अतिथिगृह आदि।

पर्यटन संगठन का संवर्धन पर विदेशीय विनियोजन पूंजी अथवा दूसरे देशों में निर्माणित विभागों के दुरुस्तीकरण की पूंजी बहुत ही ज्यादा है। यह अनुमान है कि कुल विदेशी विनिमय लागत पूर्ण प्राप्ति के 5 प्रतिशत से अधिक नहीं है। यह प्रतिशत अन्य विकासशील राष्ट्रों की तुलना में अनुकूल ही है। यह तर्क है कि सार्वजनिक सेवाओं जैसे—बिजली व पानी पूर्ति, परिवहन व दूर संचार सेवाओं, पर्यटन स्थल के विकास हेतु आयात किए गए यन्त्र आदि के विदशी विनिमय लागत का कुछ अंश पर्यटकों द्वारा इस्तेमाल की गयी सुविधाओं हेतु निश्चित करना चाहिए।

आस्ट्रेलिया, बहामा, बरमुडा व हवाई आदि में निवासित जनसंख्या बहुत ही कम है, परन्तु लाखों आगन्तुक वहाँ आते हैं। भारत में हमारे पास करोड़ों जनसंख्या है, परन्तु तुलनात्मक रूप में यहाँ बहुत ही कम आगन्तुक आते हैं। सार्वजनिक सुविधाओं एवं सड़क व रेल परिवहन से सम्बन्धित अधिकांश यन्त्रों का स्वदेश में ही निर्माण होता है। पर्यटकों द्वारा इस्तेमाल की गई सेवाओं में केवल विमान सेवायें ही ऐसी हैं जिनमें बहुमूल्य लागत के विदेशी आयातित यन्त्रों की जरूरत होती है, परन्तु भारत में इण्डियन एअर लाइन्स सेवा के माध्यम से यात्रा करने वाले यात्रियों की संख्या स्वदेशी हवाई यातायात के आकार की तुलना में बहुत ही कम है। भारत में, सरकार के माध्यम से न केवल पर्यटन विकास की आधारित संरचना में बल्कि साथ ही व्यावसायिक योजनाओं जैसे होटल व पर्यटन स्थल में भी पूंजी का विनियोजन किया जा रहा है।

केन्द्र में औद्योगिक वित्त निगम व राज्यों में राजकीय वित्त व विकास निगम होटल परियोजनाओं हेतु ऋण प्रदान करते हैं। पर्यटन उद्योग, होटल व अन्य पर्यटन उद्यमों में विनियोजन का अनुमान नहीं लगाया गया है। केन्द्र में पर्यटन विभाग बजट का व्यय व इसी भांति राज्य सरकारों का व्यय सरकार की महत्वपूर्ण लागतें हैं। कुछ पर्यटन लागतें जो कि ध्यान में रखनी जरूरी हैं निम्न तरह हैं–

रेस्टोरेन्ट व्यवसाय व उद्योग के जरिए रहने हेतु आवस की व्यवस्था, खान-पान की व्यवस्था और मनोरंजन के लिए लाइसेंसों की आवश्यकता होती है। इसके तहत उपभोग के सामान का आयात जैसे पेय पदार्थ, खाद्य सम्बन्धी कच्चे माल की भोजन सामग्री, मछलियां, पनीर, चटनी, कांच का सामान आदि हैं और सम्पत्ति सम्बन्धी सामान व कलपुर्जे आदि पूंजी माल के बारे में प्रतिवर्ष किए गये भुगतानों को हिसाब में लिया जा सकता है। विदेशी पहलुओं को विशेषतः होटल क्षेत्र में सहयोग हेतु विदेशी विनिमय में किए गए भुगतान।

विदेशों में किये गए विज्ञापन व उन्नति सम्बन्धी खर्चे ताकि विदेशी पर्यटक आकर्षित हो सकें एवं पर्यटन क्षेत्र में क्षमता बढ़ाने हेतु विदेशों में कार्मिकों के प्रशिक्षण के खर्चे।

11

पर्यटन विपणन में विज्ञापन का महत्त्व

वर्तमान समय में बाजार में बहुत अधिक प्रतिस्पर्धा है। फलस्वरूप उत्पाद को बेचने के लिए विज्ञापन की आवश्यकता होती है। अंग्रेजी के एडवर्टाइजिंग को हिन्दी में विज्ञापन कहा जाता है। यह लैटिन भाषा के 'एडवेनटिन' शब्द से लिया गया है जिसका अर्थ होता है–'मोड़ने'। व्यावसायिक जगत में विज्ञापन का अभिप्राय ग्राहकों को उत्पाद एवं सेवाओं की तरफ आकर्षित करना है। इसके द्वारा वर्तमान ग्राहकों को बनाये रखने का प्रयास एवं नये ग्राहकों को बनाने की कोशिश की जाती है। विज्ञापन को विभिन्न विद्वानों ने परिभाषित किया है जिनमें से कुछ परिभाषा अग्रलिखित है–

विज्ञापन को परिभाषित करते हुए **व्हील** ने कहा, "विज्ञापन लोगों को क्रय के लिए प्रेरित करने के उद्देश्य से विचारों, उत्पादों, सेवाओं का अवैयक्तिक प्रस्तुतीकरण है, जिसके लिए भुगतान किया जाता है।"

केनन तथा विचर्ट के अनुसार, "विज्ञापन में उन दृश्य तथा मौखिक सन्देशों को सम्मिलित करते हैं, जो पत्रिकाओं, समाचार-पत्रों, चलचित्रों तथा पत्रों में, रेडियो तथा टेलीविजन पर, यातायात के साधनों तथा बाह्य साइनबोर्डों पर होते हैं, जिनके लिए उनके विज्ञापकों द्वारा भुगतान किया जाता है तथा जिनका उद्देश्य उपभोक्ताओं के क्रय तथा आचरण को प्रभावित करना होता है।"

प्रेसब्रे के मतानुसार, "विज्ञापन मुद्रित, लिखित शब्दों द्वारा व्यक्त या चित्रित विक्रय-कला है। विज्ञापन विज्ञापक के उत्पादों के विक्रय के लिए किये जाते हैं तथा

जनता के मस्तिष्क को व्यक्तिगत एवं सामूहिक रूप से विज्ञापक के हित में प्रभावित करते हैं।"

शैल्डन ने विज्ञापन को इस तरह परिभाषित किया है—"विज्ञापन वह व्यावसायिक शक्ति है जिनमें मुद्रित शब्दों के द्वारा लोगों को विक्रय वृद्धि में सहायता मिलती है, साख का निर्माण होता है तथा ख्याति बढ़ती है।"

हाल के अनुसार, "विज्ञापन लिखित, मुद्रित या चित्रित विक्रय-कला है अथवा लिखित एवं मुद्रित शब्दों या चित्रों के माध्यम से सूचना प्रसारण है।"

जी. बी. गाइल्स के कथनानुसार, "विज्ञापन संचार का वह अव्यक्तिगत स्वरूप है, जिसका लक्ष्य आवश्यकीय रूप से ग्राहकों एवं सम्भावित ग्राहकों (जिसमें मध्यस्थ तथा वितरण की विभिन्न शृंखलायें भी सम्मिलित होती हैं) को पहचानी हुई संस्था, वस्तु या सेवा के प्रति समर्थन प्रवृत्ति को अपनाने के लिए प्रोत्साहित करना है।"

अमेरिकन मार्केटिंग एसोसियेशन के शब्दों में, "विज्ञापन एक अभिज्ञात विज्ञापनकर्त्ता द्वारा अव्यक्तिगत रूप से विचारों, वस्तुओं या सेवाओं को प्रस्तुत करने एवं संवर्द्धन करने का ऐसा प्रारूप है, जिसके लिए विज्ञापनकर्त्ता द्वारा भुगतान किया जाता है।"

अमेरिकन मार्केटिंग एसोसियेशन द्वारा दी गई परिभाषा को विज्ञापन के लिये उपयुक्त व सम्पूर्ण माना गया है। इसके अनुसार (क) विज्ञापन एक अवैयक्तिक संचार है। (ख) विज्ञापन के लिए विज्ञापनकर्त्ता का व्यय करना होता है। (ग) विज्ञापन में विज्ञापनकर्त्ता जनता के सम्मुख होता है।

लस्कर के मतानुसार, "विज्ञापन मुद्रणात्मक विक्रय कला है।"

फ्रेंक प्रेसब्री के शब्दों में, "मुद्रित, लिखित, मौखिक अथवा रेखा-चित्रित विक्रयकला विज्ञापन है।"

सी. एल. बॉलिग के अनुसार, "विज्ञापनों को वस्तु या सेवा की माँग उत्पन्न करने की कला कहा जा सकता है।"

स्टेन्टन के शब्दों में, "वे समस्त क्रियायें विज्ञापन कहलाती हैं। जो कि समूह के सम्मुख किसी उत्पाद, सेवा या विचार के बारे में खुले रूप से अवैयक्तिक तौर पर मौखिक या दृश्यात्मक सन्देश (जिसे विज्ञापन सन्देश Advertisement कहा जाता है) एक या अनेक साधनों द्वारा प्रस्तुत करती है और जिसके लिए अभिज्ञात विज्ञापनकर्त्ता द्वारा भुगतान किया जाता है।"

स्टेन्टन की परिभाषा अमेरिकन मार्केटिंग एसोसिएशन द्वारा दी गई परिभाषा पर एक सुधार है। यह परिभाषा 'विज्ञापन' तथा 'विज्ञापन सन्देश मात्र होता है और एडवर्टाजिंग 'Advertising' सन्देश को तैयार करने एवं वांछित बाजार तक पहुँचाने की प्रक्रिया होती है।

उपर्युक्त परिभाषाओं से यह स्पष्ट होता है कि विज्ञापन से आशय ऐसे दृश्य, लिखित या मौखिक अवैयक्तिक सन्देशों से है, जो जनता को क्रय करने के लिए प्रेरित करने हेतु पत्र-पत्रिकाओं, रेडियो, टेलीविजन, ट्राम, बस, रेलगाड़ी व अन्य साधनों द्वारा सामान्य जनता तक पहुँचाये जाते हैं जिनके लिए विज्ञापक या प्रायोजक द्वारा भुगतान किया जाता है।

विज्ञापन के गुण

विज्ञापन एक कला है जो संस्थागत रूप ले चुकी है। विज्ञापन के विविध माध्यम होते हैं जिनका विज्ञापनदाता अपनी सुविधानुसार प्रयोग कर सकता है। यह वर्तमान समय के व्यावसायिक जगत के आधारभूत विपणन कार्य का अभिन्न अंग है। विज्ञापन एक आर्थिक क्रिया भी है जो किसी भी व्यक्ति को जीविका का साधन उपलब्ध कर सकती है तथा विज्ञापन प्रचार से अलग होता है। विज्ञापन एक व्यापक माध्यम है, जिससे सन्देश को बार-बार दोहराया जा सकता है इसके अलावा विज्ञापन जनता को सार्वजनिक रूप से सन्देश प्रस्तुत करने का साधन हैं। इसकी इस विशेषता के कारण उत्पाद बहुत ही विश्वसनीय तथा अच्छी किस्म का मिलता है। इसके अतिरिक्त एक ही सन्देश अनेक लोगों द्वारा प्राप्त करने से विक्रेता आश्वस्त हो जाता है कि उसके उत्पाद विशेष के क्रय के उद्देश्यों से जनता परिचित है। विज्ञापन सदैव अव्यक्तिगत होता है। कभी कोई व्यक्ति आमने-सामने विज्ञापन नहीं करता है तथा विज्ञापन से एक ही सन्देश का स्पष्टीकरण विभिन्न प्रकार के वाक्यों, रंगों, चित्रों द्वारा किया जा सकता है। विज्ञापन के लिए विज्ञापक द्वारा भुगतान किया जाता है। व्यावसायिक विज्ञापन का सामान्यतः उद्देश्य ग्राहकों को विज्ञापन के माल को क्रय के लिए प्रेरित करना होता है। व्यावसायिक विज्ञापन का सन्देश लिखित, दृश्य तथा अदृश्य हो सकता है जबकि गैर-व्यावसायिक विज्ञापकों का उद्देश्य सामान्यतः सूचना देना होता है। विज्ञापन का प्रयोग व्यावसायिक जगत के साथ-साथ समाज के अन्य वर्ग तथा संस्थाएँ भी करते हैं।

विज्ञापन के उद्देश्य

विज्ञापन के प्रयोजन को स्पष्ट करने के लिये ब्रिटेन और कुछ अन्य देशों में एक सर्वेक्षण किया गया। इस सर्वेक्षण के आधार पर निम्नलिखित प्रयोजन निर्धारित किये गये–

(1) कम्पनी के उत्पादों की ब्रान्ड धारणा में सुधार करना,
(2) उपभोक्ताओं को जानकारी देना एवं शिक्षित करना,
(3) नयी वस्तुओं को बाजार में प्रवेश दिलाना,
(4) विक्रय में सहायता पहुँचाना,
(5) विक्रय में वृद्धि करना,
(6) उत्पाद या ब्रान्ड धारणा का निर्माण करना,
(7) क्रय प्रवृत्तियों को प्रभावित करना।

सरीन एवं गोपालकृष्णन ने विज्ञापन के प्रयोजनों को दो भागों में बाँटा है पहला सम्वर्द्धनात्मक उद्देश्य और दूसरा नियोजन उद्देश्य। **सम्वर्द्धनात्मक उद्देश्य** (Promotional Objectives) इस प्रयोजन के तहत विज्ञापन का उपयोग तात्कालिक लाभ एवं लक्ष्यों की पूर्ति के लिए करते हैं, उदाहरण के लिए, माल के अत्यधिक स्टॉक को निकालने का उद्देश्य, बढ़ी हुई प्रतिस्पर्द्धा का सामना करने का उद्देश्य। नियोजित उद्देश्य संस्था की अल्पकालीन एवं दीर्घकालीन योजनाओं से सम्बन्ध रखते हैं उदहारणार्थ बाजार अंश में वृद्धि का उद्देश्य, ब्राण्ड परिचय एवं उसकी स्वीकृति का उद्देश्य, उत्पाद एवं ग्राहक-धारणाओं के निर्माण का उद्देश्य, विक्रयकर्त्ताओं एवं वितरण शृंखलाओं को सहायता पहुँचाकर प्रत्यक्ष में विक्रय में वृद्धि करना।

विज्ञापन का विभाजन

विज्ञापन को निम्नांकित भागों में वर्गीकृत किया जा सकता है–

2. संस्थागत विज्ञापन–इस विज्ञापन का प्रमुख प्रयोजन किसी विशिष्ट वस्तु या सेवा को बेचना नहीं होता है, बल्कि संस्था की जन-ख्याति को ऊँचा करना होता है। एलआईसी का टैग लाइन 'जिंदगी के साथ भी जिंदगी के बाद भी' नाम से विज्ञापन करता है जो संस्थागत विज्ञापन का उदाहरण है। ऐसे विज्ञापन एक संस्था द्वारा बनाये जाने वाले उत्पादों की बिक्री में अप्रत्यक्ष रूप से वृद्धि करते हैं। ये विज्ञापन संस्था की नीतियों के बारे में व्यापारियों तथा ग्राहकों को सूचनाएँ देते हैं।

2. उपभोक्ता विज्ञापन—इस प्रकार के विज्ञापन में उपभोक्ता वस्तुओं के बारे में उपभोक्ताओं के हितों के लिए किए जाते हैं। विज्ञापनों का एक बड़ा भाग इन्हीं विज्ञापनों का होता है।

6. राष्ट्रीय विज्ञापन—ऐसे विज्ञापन द्वारा उत्पादकों, थोक व्यापारियों एवं अन्य निर्माणकर्त्ताओं द्वारा राष्ट्रीय स्तर पर किये जाते हैं। राष्ट्रीय विज्ञापन वस्तु विशेष की माँग को उत्पन्न करने एवं मध्यस्थों की सेवायें प्राप्त करने के लिये किये जाते हैं। ये वस्तु पर ध्यान देते हैं तथा इनका कार्य वस्तु के विक्रय को बढ़ाना होता है। यदि उत्पादक आदि किसी एक शहर में भी विज्ञापन करता है तो यह राष्ट्रीय विज्ञापन कहा जाता है।

5. स्थानीय विज्ञापन—इस प्रकार का विज्ञापन स्थानीय विक्रेताओं द्वारा सामान्यतया फुटकर व्यापारियों द्वारा स्थानीय समाचार पत्रों या अन्य माध्यमों से किए जाते हैं। स्थानीय विज्ञापन का प्रयोजन वस्तुओं की उपलब्धि के स्थान विशेष के बारे में सूचना देना होता है। ये विज्ञापन किसी विशेष ब्रान्ड आदि पर जोर नहीं देते हैं।

3. औद्योगिक विज्ञापन—इस प्रकार का विज्ञापन औद्योगिक वस्तुओं के बारे में औद्योगिक प्रयोक्ताओं (Industrial users) के हितों के लिए किये जाते हैं। कुछ विद्वान औद्योगिक विज्ञापन को व्यापारिक विज्ञापन भी कहते हैं जो व्यापार करने वाली संस्थाओं को माल खरीदने के लिए प्रेरित करते हैं। इस प्रकार के विज्ञापनों में कृषि विज्ञापनों, व्यापार विज्ञापनों आदि को सम्मिलित किया जा सकता है।

1. वस्तुगत विज्ञापन—इसके अंतर्गत विज्ञापनकर्त्ता बाजार को उसकी वस्तुओं या सेवाओं के बारे में सूचना देता है जिससे कि उस वस्तु विशेष या सेवा की बिक्री बढ़ सके अथवा ब्रान्ड की ख्याति बढ़ सके। उदाहरणार्थ 'प्रेस्टिज कुकर' का विज्ञापन वस्तुगत विज्ञापन है क्योंकि वह 'प्रेस्टिज कुकर' की बिक्री को बढ़ाने के लिए किया गया है। **वस्तुगत विज्ञापन को** निम्न भागों में विभक्त किया गया है—

(i) प्रत्यक्ष और अप्रत्यक्ष कार्य विज्ञापन—प्रत्यक्ष कार्य विज्ञापन के तहत विज्ञापनकर्त्ता विज्ञापन पाठकों से शीघ्र प्रत्युत्तर प्राप्त करने की इच्छा रखता है। इस उद्देश्य की पूर्ति के लिए विज्ञापनों में कूपन आदि दे दिये जाते हैं जिन्हें विज्ञापन पाठकों से भरवाकर मँगवाया जाता है। अप्रत्यक्ष कार्य विज्ञापन वह विज्ञापन है जिसमें विज्ञापनकर्त्ता विज्ञापन-पाठकों को उसकी वस्तुओं का स्थायी ग्राहक बनाने एवं वस्तुओं की माँग बढ़ाने की इच्छा रखता है। उदाहरण के तौर पर 'आपके बाल रेशम

जैसे मुलायम हो जायेंगे, बालों के संरक्षण का आधुनिक साधन, विश्व भर में सौन्दर्य का प्रतीक नया 'हेलो कास्मेटिक शैम्पू' अप्रत्यक्ष कार्य विज्ञापन हैं जो वस्तुओं के गुणों के बारे में सूचना देते हैं और दीर्घकाल में जाकर क्रय हेतु ग्राहकों को प्रोत्साहित करते हैं।

(ii) प्राथमिक और चयनात्मक विज्ञापन—प्राथमिक विज्ञापन के तहत आम तौर पर वस्तु की माँग में वृद्धि किया जाता है उदाहरण के तौर वह—'टैरीन मिश्रित कपड़े व्यक्तित्त्व को आकर्षक बनाते हैं।' यह विज्ञापन किसी विशिष्ट मिल के बने सूती कपड़ों का विज्ञापन न करके सामान्यतया सूती कपड़ों की माँग को बढ़ाता है। चयनात्मक विज्ञापन के तहत विशिष्ट वस्तु की माँग में वृद्धि करने की कोशिश की जाती है। उदाहरणार्थ 'आप कैसे दिखना चाहते हैं यह बिन्नी समझती है। बिन्नी आपके लिए पेश करती है नाना प्रकार के मोहक टेरीन मिश्रित कपड़े जिससे आप अक्सर के अनुकूल परिधान पहन सकें, खास तौर से अविस्मरणीय अवसरों पर।' यह चयनात्मक विज्ञापन है जो बिन्नी के टेरीन मिश्रित कपड़ों की माँग में वृद्धि करता है।

10. धक्का एवं खींच विज्ञापन—ऐसे विज्ञापन जो मध्यस्थों को माल खरीदने के लिये किये जाते हैं 'धक्का' विज्ञापन कहलाते हैं और जो विज्ञापन ग्राहकों को माल क्रय करने के लिए किये जाते हैं, उन्हें 'खींच' विज्ञापन कहते हैं।

9. अन्वेषक तथा स्थिरकर्त्ता विज्ञापन—इसके तहत ऐसे विज्ञापन आते हैं जो किसी वस्तु हेतु नया बाजार तैयार करने के लिए किया जाता है जैसे—भारत में टेलीविजन की माँग उत्पन्न करने वाले विज्ञापन। पहले से ही प्रचलित वस्तु की माँग को स्थिर बनाये रखने के लिए किये जाने वाले विज्ञापन को स्थिरकर्त्ता विज्ञापन कहा जाता है।

8. सहकारी विज्ञापन—ऐसे विज्ञापन स्थानीय स्तर पर फुटकर व्यापारियों द्वारा राष्ट्रीय स्तर पर विज्ञापित वस्तु के प्रचार-प्रसार के लिए किया जाता है। वस्तुतः सहयोगी आधार पर किये गये विज्ञापन सहकारी विज्ञापन कहलाते हैं। यह दो तरह के होते हैं। प्रथम क्षैतिज सहकारी विज्ञापन एवं द्वितीय लम्बवत् सहकारी विज्ञापन। क्षैतिज सहकारी विज्ञापन एक समान वस्तु के निर्माता एवं उत्पादक मिलकर विज्ञापन करते हैं। जैसे—ऐसोसिएटेड सीमेंट कम्पनी एवं इंडियलन टी-बोर्ड द्वारा किया गया विज्ञापन। लम्बवत् सहकारी विज्ञापन वस्तुओं के निर्माताओं एवं फुटकर व्यापारियों के द्वारा सहयोगी आधार पर किये जाते हैं। लम्बवत् सहकारी विज्ञापनों को ही

पाश्चात्य विद्वान सहकारी विज्ञापन मानते हैं जो कि ठीक नहीं हैं, क्योंकि इससे सहकारिता का क्षेत्र सीमित हो जाता है।

7. निर्माता, उत्पादक, मध्यस्थ एवं फुटकर व्यापारी विज्ञापन—वस्तु निर्माताओं द्वारा किया जाने वाला विज्ञापन निर्माता विज्ञापन या राष्ट्रीय विज्ञापन कहलाता है। जो विज्ञापन उत्पादकों द्वारा किया जाता है। उसे मध्यस्थ विज्ञापन कहते हैं। इस प्रकार का विज्ञापन राष्ट्रीय विज्ञापन कहलाता है। मध्यस्थों द्वारा किया गया विज्ञापन मध्यस्थ विज्ञापन कहलाता है। ऐसा विज्ञापन राष्ट्रीय एवं स्थनीय हो सकता है। फुटकर व्यापारियों द्वारा किया गया विज्ञापन फुटकर व्यापारिक विज्ञापन कहलाता है। यह स्थानीय विज्ञापन भी कहते है।

विज्ञापन के प्रमुख माध्यम

विज्ञापनकर्त्ता द्वारा वस्तुओं और सेवाओं अथवा विचारों से संबद्ध सूचनाओं को वांछित बाजारों तक पहुँचाने में प्रयोग किये जाने वाले साधनों को विज्ञापन माध्यमों की संज्ञा दी जाती है। इस सम्बन्ध में **पी. एच. नाइस्ट्रोम** (P.H. Naystrom) का मानना है कि, "विज्ञापन का माध्यम एक ऐसा वाहन या साधन है जिसके जरिये कोई विज्ञापन या विज्ञापन सन्देश व्यक्तियों या समूहों को प्रभावित करने की आशा से उन तक पहुँचाया जाता है।" दूसरे शब्दों में यह कहा जा सकता है कि, "विज्ञापन माध्यम एक ऐसा भौतिक साधन है जिसके द्वारा एक निर्माता अथवा वितरक अपनी वस्तुओं या सेवाओं के बारे में उपभोक्ताओं को जानकारी देता हैं।"

विज्ञापन के माध्यम का चयन—विज्ञापन के माध्यम का चयन करने को दौरान आम तौर पर कुछ प्रमुख घटकों पर ध्यान देना आवश्यक होता है जो निम्न प्रकार है—

1. विज्ञापन की प्रतिलिपि—विज्ञापन की प्रतिलिपियों का भी कभी-कभी विज्ञापन के माध्यमों के चुनाव प्रभाव पड़ता रहता है। इसलिए विज्ञापनकर्त्ता को चाहिए कि वह माध्यमों का चुनाव करते समय विज्ञापन की प्रतिलिपियों के आकार एवं अन्य विशेषताओं और उनके शीघ्र प्रकाशन की आवश्यकता की तीव्रता को ध्यान में रखे। उदाहरण के तौर पर अगर फुटकर व्यापारियों को अपने ग्राहकों को यह सूचना देनी है कि माल का नया स्टॉक आ गया है और शीघ्र ही समाप्त होने वाला है तो वह स्थानीय पत्र-पत्रिकाओं, पोस्टर्स आदि के द्वारा ऐसी सूचना दे सकता है और यदि माल के स्टॉक की समाप्ति की सूचना देनी है इसके लिये वह अपने दुकान के सामने एक बोर्ड लगा इस प्रकार की सूचना दे सकता है।

2. क्रय-निर्णयों का समय एवं स्थान—विज्ञापन के माध्यमों के चयन के दौरान कौनसा ऐसा माध्यम है जो ग्राहकों तक उनके द्वारा माल खरीदने के निर्णय लेते समय तक पहुँच सके। उदाहरणार्थ, पुस्तक विक्रताओं के लिए स्कूल एवं कॉलेजों के खुलने के साथ ही पुस्तकें एवं शिक्षा सामग्री बिकना शुरू हो जाती हैं। इसलिए स्कूलों एवं कॉलेजों के खुलने के कुछ समय पूर्व ही वांछित सन्देश पुस्तक-विक्रेताओं तक पहुँच जाना जरूरी होता है।

3. विक्रय नीति—विज्ञापन माध्यम के चयन पर विक्रय नीति का भी व्यापक प्रभाव पड़ता है। उदाहरण के तौर पर अगर उपभोक्ता थोक या फुटकर व्यापारी हैं तो डाक द्वारा विज्ञापन के माध्यम को अपनाया जा सकता है।

4. उपभोक्ता वर्ग का स्वभाव—इसको ध्यान में रखकर ही विज्ञापन माध्यम का चयन करना चाहिए। यदि ग्राहक उपभोक्ता श्रेणी में आते हैं या उपभोक्ता-ग्राहक हैं तो उनके लिए समाचार-पत्रीय विज्ञापन, व्यापारिक पत्र-पत्रिकाओं में विज्ञापन आदि उपयुक्त रहते हैं।

5. उपलब्ध माध्यमों को तुलनात्मक अध्ययन—विज्ञापन के माध्यम का चुनाव करते समय व्यावसायिक जगत में जितने भी माध्यम उपलब्ध हैं उनका तुलनात्मक अध्ययन करना चाहिए साथ ही निम्न बातों पर विचार करना जरूरी है—

(i) माध्यम की लागत—विज्ञापनकर्त्ता को माध्यमों का चुनाव करते समय उनकी लागत पर भी विचार करना चाहिए, क्योंकि प्रत्येक संस्था सीमित साधनों का अधिकतम तथा सर्वोत्तम उपयोग करना चाहिए है। माध्यमों की लागत का अनुमान समय, व्यय, उनके क्षेत्र (Coverage) प्रभाव, स्थायित्व आदि को ध्यान में रखकर लगाया जाना चाहिए।

(ii) माध्यम का प्रचलन—व्यापारिक जगत में जिस वस्तु के लिए जो साधन अधिक प्रयुक्त किया जा रहा हो, विज्ञापनकर्त्ता को चाहिए कि वह उसे ही काम में ले। उदाहरसणार्थ अखबार, पोस्टर्स, रेडियो और फिल्मों द्वारा विज्ञापन किये जाने पर विज्ञापनकर्त्ता को भी इन्हीं माध्यमों को अपनाना चाहिए।

(iii) माध्यम की लोकप्रियता एवं प्रतिष्ठा—इसका अनुमान उसके क्षेत्र एवं प्रभाव द्वारा लगाया जा सकता है कि वह राष्ट्रीय स्तर का है या स्थानीय स्तर का, उसे कितने एवं किस वर्ग के व्यक्ति पढ़ते हैं तथा उसकी आवृत्ति कैसी है।

6. उपभोक्ता की सामाजिक एवं आर्थिक स्थिति—सभी उपभोक्तओं की सामाजिक और आर्थिक स्थिति समान नहीं होती है। अतः विज्ञापन के माध्यम का

चुनाव करते समय ग्राहकों की सामाजिक एवं आर्थिक स्थिति को भी ध्यान में रखना चाहिए। ग्राहक धनवान है या गरीब, ग्राहक शिक्षित है या अशिक्षित, ग्राहक पुरुष है या स्त्री आदि बातों को भी ध्यान रखकर विभिन्न माध्यमों द्वारा विज्ञापन करना सही होता है। यदि ग्राहक धनवान हैं तो टेलिविजन, प्रत्यक्ष डाक विज्ञापन, रेडियों एवं उच्चस्तरीय पत्र-पत्रिकाएँ विज्ञापन के माध्यमों के रूप में चुनी जा सकती हैं। ग्राहक के अशिक्षित होने पर रेडियो और फिल्म से विज्ञापन के माध्यमों के रूप में चुनी जा सकती हैं। यदि ग्राहक शिक्षित हैं तो पत्र-पत्रिकाएँ विज्ञापन के माध्यमों के रूप मे चुना जा सकता है। यदि स्त्री ग्राहक है तो रेडियो, फिल्में, सामाजिक पत्र-पत्रिकाएँ आदि माध्यम अधिक उपयुक्त रहते हैं। इसी प्रकार पुरुषों के ग्राहक-वर्ग के लिए अखबार, रेडियो द्वारा, चित्रात्मक हों तो पत्र-पत्रिकाओं, पोस्टर्स एवं फिल्मों द्वारा ग्राहकों तक पहुँचाये जा सकते हैं।

7. वस्तुओं और सेवाओं की प्रकृति—विज्ञापन के माध्यम का चुनाव करते विज्ञापित की जाने वाली वस्तुओं एवं सेवाओं की प्रकृति पर विज्ञापन के माध्यम के चुनाव में अवश्य ध्यान रखना चाहिये। वस्तुओं एवं सेवाएँ कई प्रकार की हो सकती हैं, उदाहरणार्थ, वस्तुएँ दैनिक उपभोग सम्बन्धी हो सकती हैं, औद्योगिक कच्चा माल हो सकती है या विलासिता तथा आरामदायक आवश्यकताओं की पूर्ति करने वाली हो सकती हैं। इसी तरह सेवाएँ भी अनेक तरह की हो सकती हैं जिनमें, बैंकों की सेवाएँ, सलाहकारी सेवाएँ आदि प्रमुख हैं।

8. व्यवसाय का क्षेत्र—किसी-किसी व्यवसाय का क्षेत्र काफी व्यापक होता है, इसलिये विज्ञापन के माध्यम का चयन करते समय बाजार की विशालता को भी ध्यान में रखा जाना चाहिए। यदि वस्तुओं एवं सेवाओं का व्यावसायिक क्षेत्र राष्ट्रीय है तो राष्ट्रीय स्तर के पत्र-पत्रिकाओं, रेडियो, टेलीविजन आदि को विज्ञापन के माध्यामों के रूप में चुना जाना चाहिए। इसके विपरीत यदि बाजार स्थानीय है तो पत्र-पत्रिकाओं के माध्यम में पोसटर्स के माध्यम से या माइक आदि के द्वारा सेण्डविच आदि विज्ञापन माध्यम का चयन करना चाहिए।

विज्ञापन के विभिन्न माध्यम

आधुनिक समय में विज्ञापन के बढ़ते महत्त्व के कारण इसके अनेक माध्यम विकसित किये गये हैं, जिनमें कुछ प्रमुख माध्यमों के बारे में निम्न प्रकार बताया गया है—

मनोरंजन-विज्ञापन—वर्तमान समय में मनोरंजन विज्ञापन लोगों को अपनी

ओर तेजी से आकर्षित कर रहा है। इस प्रकार के विज्ञापन में को शामिल किये गये साधनों को निम्न प्रकार दर्शाया गया है–

2. सिनेमा–यह विभिन्न वर्ग के लोगों के मनोरंजन का काफी लोकप्रिय साधन है। सिनेमा द्वारा भी बहुत बड़ी मात्रा में विज्ञापन किया जाता है। फिल्म दिखाने से पहले तथा मध्यान्तर में सिनेमा स्लाइड्स के द्वारा न्यूज रीलों के द्वारा विज्ञापन किया जाता है। इन विज्ञापनों को अनेक व्यक्ति एक साथ देखते हैं और प्रभावित होते हैं। विज्ञापन किया जाता है। मनोरन्जन विज्ञापन का यह यह माध्यम काफी आकर्षक एवं गहरा प्रभाव डालने वाला होता है क्योंकि विज्ञापन सन्देश शब्दों एवं चित्रों द्वारा प्रदर्शित किये जाते हैं। सुनी एवं देखी हुई बातें काफी लम्बे समय तक याद रहती हैं। विज्ञापन में सिनेमा का प्रयोग करके विज्ञापनों को स्मरणकारी बनाया जा सकता है।

3. रेडियो–यह अधिकांश घरों में मौजूद होता है, क्योंकि बहुत कम राशि में ऐसे रेडियो प्राप्त किये जा सकते हैं जो देश-विदेश के समाचार, संगीत एवं अन्य कार्यक्रम जनता के सम्मुख दिन-रात प्रस्तुत करते रहते हैं। इस समय आकाशवाणी भी विज्ञापन प्रसारित करने लगा है। विविध भारती के अलावा सीलोन के व्यापार विभाग से दिये जाने वाले विज्ञापन इस बात के प्रमाण हैं कि रेडियो द्वारा प्रभावी ढंग से विज्ञापन किया जा सकता है और श्रोताओं को प्रभावित किया जा सकता है। मनोरंजन विज्ञापन का यह माध्यम काफी प्रतिष्ठित, लोकप्रिय एवं प्रभावी होते हुए भी अत्यधिक खर्चीला है। इस माध्यम द्वारा दिये जाने वाले सन्देश काफी रोचक, संगीत, कथाओं या वार्ताओं से युक्त होने चाहिए। रेडियो द्वारा प्रसारित विज्ञापन सभी तरह के लोगों के लिए उपयुक्त होता है। रेडियो विज्ञापन का सूचनात्मक, शिक्षात्मक एवं मनोरंजनकारी होने आवश्यक है।

1. टेलिविजन–यह एक दृश्य-श्रव्य माध्यम है। इस साधन के द्वारा विज्ञापन संदेशों को नाटकीय ढंग से प्रस्तुत किया जा सकता है। यह एक खर्चीला किन्तु प्रभावी माध्यम है जिसे विकासशील राष्ट्रों में भी अपनाया जाने लगा है। भारत में भी टेलिविजन सुविधाओं का व्यापक प्रसार हो रहा है।

4. नाटक एवं संगीत कार्यक्रम–यह ग्रामीण इलाके में अधिक प्रभावी होता है। जनता को अधिक प्रभावित करने के लिए नाटक एवं संगीत कार्यक्रमों के द्वारा भी विज्ञापन किये जाने लगे हैं। यही नहीं, रेडियों पर भी स्पोन्सर्ड कॉमर्शियल कार्यक्रम काफी प्रचलित हो रहे हैं। लोक गीत को गाकर या नाटक मण्डलियों के

निर्माण द्वारा जगह-जगह नाटक दिखा कर विज्ञापन किये जाने लगे हैं जो बहुत उपयोगी साबित हो रहा है।

5. मेले एवं प्रदर्शनियाँ—यह हमारी सांस्कृतिक परम्परा का अंग है। भारत में प्रयाग, गढ़मुक्तेश्वर, पुष्कर, रामदेव आदि के मेले लगते रहतें हैं और प्रदर्शनियाँ भी आयोजित की जाती रहती हैं। सरकार तथा व्यापारियों के संघ भी कई बार इस प्रकार के मेलों एवं प्रदर्शनियों का आयोजन करते हैं। इन मेलों एवं प्रदर्शनियों को देखने के लिए दूर-दूर से व्यक्ति आते हैं और इनमें विज्ञापन आसानी से हो जाता है।

लाभ—मनोरंजन विज्ञापन से निम्न प्रकार के लाभ प्राप्त होते हैं—

(i) मनोरंजन विज्ञापन का यह एक विशेष गुण है कि यह शिक्षात्मक, सूचनात्मक एवं मनोरंजनकारी होता है। इससे सभ्यता एवं संस्कृति का निर्माण होता है।

(ii) मनोरंजन विज्ञापन द्वारा जरूरत के अनुसार सामान्य अथवा विशिष्ट व्यक्तियों तक विज्ञापन सन्देश पहुँचाये जा सकते हैं।

(iii) मनोरंजन विज्ञापन लोचपूर्ण, प्रभावी, प्रतिष्ठित एवं मितव्ययी होता है। इसके द्वारा सैंकड़ों व्यक्तियों तक वस्तुओं एवं सेवाओं के बारे में एक साथ जानकारी दी जा सकती है।

(iv) वस्तुओं एवं सेवाओं का विज्ञापन काफी आकर्षक ढंग से मनोरंजनकारी कार्यक्रमों के साथ किया जाना सम्भव होता है।

दोष—मनोरंजन विज्ञापन के निम्नांकित दोष हैं—

(i) यह माध्यम जनता में अधिक विश्वास पैदा नहीं कर पाता क्योंकि एक ही समय में श्रोताओं एवं दर्शकों को उनके उत्पादकों की बनी समान वस्तुओं की उत्तमता के बारे में सन्देश सुनने या देखने को मिलते हैं जिससे श्रोतागण एवं दर्शकगण भ्रम में पड़ जाते हैं।

(ii) जो देश अविकसित हैं उनमें मनोरंजन विज्ञापन उपयोगी नहीं हो पाते हैं,। क्योंकि वहाँ अधिक मात्रा में मनोरजंन की यह सुविधायें नहीं होती हैं।

(iii) यह माध्यम औद्योगिक वस्तुओं के विज्ञापन के लिए उपयुक्त नहीं हैं।

प्रेस विज्ञापन—यह विज्ञापन का एक सशक्त माध्यम है। 'प्रेस विज्ञापन' का

अभिप्राय वस्तुओं एवं सेवाओं के बारे में समाचार-पत्र-पत्रिकाओं या जर्नल्स में जानकारी प्रकाशित करवाने से है, जिसे सैकड़ों लोग पढ़ते हैं। वर्तमान समय में प्रेस विज्ञापन सबसे अधिक प्रचलित है। प्रेस विज्ञापन का शिक्षित समुदाय से सम्भावित ग्राहकों तक सन्देश पहुँचाने का सर्वाधिक मितव्ययी, प्रभावी एवं लोचपूर्ण माध्यम की संज्ञा दी गई है। प्रेस विज्ञापन को निम्नांकित वर्गों में विभाजित किया गया है–

1. समाचार-पत्र–यह सभी प्रकार की वस्तुओं एवं सेवाओं के विज्ञापन के लिए एक उपयुक्त माध्मय है। समाज के सभी वर्ग के व्यक्ति समाचार-पत्रों को पढ़ते हैं। इसलिए वे समाचार-पत्र जिसका प्रकाशन एवं विक्रय भारी मात्रा में होता है, सभी प्रकार की वस्तुओं के विज्ञापन के लिए छोटे एवं बड़े व्यावसायिक गृहों द्वारा समान रूप में अपनाये जाते हैं।

समाचार पत्र दैनिक, साप्ताहिक अथवा पाक्षिक होते हैं। अतः विज्ञापन दैनिक, साप्ताहिक या पाक्षिक समाचार-पत्रों में उनके प्रकाशन के समयान्तर के अनुसार दिये जा सकते हैं। भारत में दैनिक समाचार-पत्रों में द हिन्दु, दैनिक जागरण अमर उजाला, टाइम्स ऑफ इंडिया, हिन्दुस्तान टाइम्स आदि को राष्ट्रीय-स्तर के समाचार पत्रों में सम्मिलित किया जा सकता है। दैनिक भास्कर, राजस्थान पत्रिका, राष्ट्रदूत, दैनिक नवज्योति आदि प्रादेशिक स्तर के दैनिक समाचार-पत्र की श्रेणी की श्रेणी में आते हैं।

समाचार पत्र का प्रयोग विज्ञापन के लिए करते समय कुछ प्रमुख बातों का ध्यान रखना आवश्यक होता है उदाहराणार्थ–समाचार-पत्रों के प्रकाशन की संख्या, समाचार-पत्रों का क्षेत्र, समाचार-पत्रों के पाठक किस वर्ग के व्यक्ति हैं, विज्ञापन हेतु प्राप्त होने वाला स्थान एवं लागत का तुलनात्मक अध्ययन आदि। इसके अतिरिक्त इस बात पर भी ध्यान देना चाहिए कि यदि सन्देश किसी स्थान विशेष के समुदाय तक पहुँचाना है तो उस क्षेत्र से सम्बन्धित समाचार-पत्र में विज्ञापन दिया जाना चाहिए। इसके विपरीत यदि सन्देश सामान्यतः अनेक व्यक्तियों एवं संस्थाओं तक पहुँचाना है, तो अत्यधिक लोकप्रिय एवं प्रचलित समाचार-पत्र में विज्ञापन देना चाहिए।

2. समाचारपत्रीय विज्ञापन का स्वरूप–समाचार-पत्रों द्वारा दो तरह के विज्ञापन दिये जा सकते हैं। वर्गीकृत विज्ञापन एवं साज-सज्जा विज्ञापन। विज्ञापन को कुछ वर्गों में विभक्त कर दिये जाने पर उनके विज्ञापन कुछ वर्गों जैसे शिक्षा, विवाह, नीलाम, नियुक्तियाँ, टेण्डर, बिकाऊ, खो गया आदि में बँटे होते हैं। इन्हें

वर्गीकृत विज्ञापन कहा जाता है। वर्गीकृत विज्ञापनों में शब्दों या पंक्तियों के हिसाब से पैसा लिया जाता है। ये विज्ञापन साज-सज्जा से रहित होते हैं। यद्यपि ऐसे विज्ञापन मितव्ययी होते हैं किन्तु ग्राहकों की नजर से बचे रह जाते हैं। जो विज्ञापन अवर्गीकृत होते हैं, उन्हें साज-सज्जा विज्ञापन (Display advertisements) कहा जाता है। इस प्रकार के विज्ञापन समाचार-पत्रों मे सर्वत्र दिये रहते हैं। इन विज्ञापनों का शुल्क स्थान के घेरने के अनुसार लिया जाता है। इन विज्ञापनों को आकर्षक बनाया जाता है। रंगों, चित्रों आदि के माध्यम से आकर्षक बनाया जाता है।

लाभ—समाचारपत्रीय विज्ञापन से अनेक वर्गों को लाभ प्राप्त होते हैं। जो निम्नलिखित हैं—

(i) समाचार पत्र का क्षेत्र काफी व्यापक होता है इसे दूर-दूर तक सभी वर्गों के व्यक्तियों के द्वारा पढ़े जाते हैं, इसलिए वांछित सन्देश को भी दूर-दूर तक पहुँचाया जा सकता है और विज्ञापन के क्षेत्र (Coverage) का विस्तार होता है।

(ii) दैनिक और साप्ताहिक प्रकाशित होने से समाचार पत्रों द्वारा लगातार प्रचार-प्रसार सम्भव होता है, जिससे पाठकों के मस्तिष्क पर विज्ञापन स्थायी असर करता है।

(iii) समाचार-पत्र विज्ञापन का एक लोचपूर्ण माध्यम है क्योंकि विज्ञापन प्रति का आवश्कतानुसार जब चाहे परिवर्तित किया जा सकता है।

(iv) समाचार-पत्र का प्रकाशन अनेक संस्करणों में किया जाता है। यहाँ तक कि दैनिक समाचार-पत्र भी बहुत सुबह और सायंकालीन संस्करणों में प्रकाशित होते हैं। अतएव विज्ञापन का तत्काल प्रदर्शन सम्भव हो जाता है।

(v) समाचार-पत्रों को सभी प्रकार की अपील्स (Appeals) के लिए उपयुक्त माना जाता है क्योंकि इनमें छोटे, बड़े, उदाहरणयुक्त, चित्रात्मक, रंगमय आदि सभी प्रकार के विज्ञापन दिये जा सकते हैं।

(vi) समाचार-पत्र विज्ञापन का काफी मितव्ययी माध्यम है। विज्ञापन की दरें भी पत्रिकाओं या रेडियो विज्ञापन की तुलना में कम होती हैं।

(vii) समाचारपत्रीय विज्ञापन को सामाजिक विज्ञापन का उपयुक्त माध्यम माना गया है क्योंकि उपयुक्त अवसरों पर विज्ञापन करके उनका लाभ उठाया जा सकता है।

(viii) समाचार पत्र राष्ट्रीय, प्रादेशिक एवं स्थानीय स्तर के होते हैं। इसलिए जिस क्षेत्र में विज्ञापन करना हो उस क्षेत्र के समाचार-पत्र को चुन कर विज्ञापन किया जा सकता है।

(ix) समाचार पत्र द्वारा दिये गये विज्ञापनों के परिणामों की विशुद्ध रूप से जाँच की जा सकती है क्योंकि जिस स्थान से माँग आती है और जहाँ से नहीं आती है, उसका आसानी से पता चल जाता है।

(x) समाचार पत्र द्वारा विज्ञापन से समस्त व्यवसायियों को लाभ प्राप्त होता है। इससे सहकारी विज्ञापन भी किये जा सकते हैं। उपभोक्ताओं को वस्तु के उत्पादकों तथा वितरकों के बारे में जानकारी हो जाती है। संस्था की प्रतिष्ठा भी बढ़ती है।

दोष—समाचार पत्र द्वारा विज्ञापन में कुछ दोष भी विद्यमान होते हैं जो निम्नलिखित हैं—

(i) अक्सर पाठक समाचार पत्र के विज्ञापनों की अनदेखी कर देते हैं। जिससे विज्ञापन का उद्देश्य पूरा नहीं होता। यही नहीं, इनके नियमित पाठक बहुत ही कम होते है।

(ii) समाचार-पत्रों का जीवन बहुत कम होता है।

(iii) समाचार-पत्रों से विज्ञापन का आकर्षण सीमित रहता है। प्रायः ये एक ही रंग में दिये रहते हैं और चित्रों का भी अभाव होता है। इनका कागज भी घटिया होता है। नवीन तकनीकों के उपयोग से अब चित्रों को रंगीन किया जाना सम्भव हो गया है।

(iv) समाचार पत्र को अशिक्षित व्यक्ति पढ़ नहीं सकते, केवल चित्र देख सकते हैं, जिससे सही अनुमान नहीं हो पाता।

3. पत्रिकाएँ—यह भी विज्ञापन में मददगार होती है। पत्रिकाएँ विशिष्ट प्रकाशनों के नाम से जानी जाती हैं जो कि विभिन्न समयान्तर (जैसे साप्ताहिक, पाक्षिक, त्रैमासिक, अर्द्धवार्षिक या वार्षिक) से प्रकाशित की जाती हैं। रुचि एवं सामग्री के अनुसार भी ये पत्रिकाएँ साहित्यिक, धार्मिक, वैज्ञानिक, राजनैतिक, आर्थिक एवं वाणिज्यिक होती हैं। अनेक पत्रिकाएँ इन समस्त विषयों का मिश्रित स्वरूप भी होती हैं। ये पत्रिकाएँ समाचार-पत्रों से अधिक दीर्घायु वाली एवं सभी आयु वाले व्यक्तियों का मनोरंजन करने वाली और ज्ञान प्रदान करने वाली होती हैं।

लाभ—पत्रिकाओं द्वारा विज्ञापन से निम्न प्रकार के लाभ प्राप्त होते हैं—

(i) पत्रिकायें दीर्घायु होती हैं इनका जीवन समाचार-पत्रों की तुलना में अधिक लम्बा होता है जिससे विज्ञापन भी अधिक समय तक पाठकों का ध्यान आकृष्ट करते हैं। अनेक-अनेक बार इन्हें पढ़ा जा सकता है। एक सर्वेक्षण के अनुसार पता चलता है कि रीडर डाइजेस्ट पत्रिका को एक ही व्यक्ति द्वारा तेरह बार उठाया और पढ़ा गया है।

(ii) पत्रिका पढ़ने वाले पाठक आम लोगों की तुलना में अधिक प्रबुद्ध होते हैं और एक बार ग्राहक बनने पर सदैव के लिए ग्राहक बन जाते हैं।

(iii) पत्रिकाओं के माध्यम से किये जाने वाले विज्ञापन अनेक रंगों, चित्रों एवं अच्छे कागज पर प्रस्तुत किये जाते हैं, जिससे उनके आकर्षण में वृद्धि होती हैं।

(iv) वर्तमान समय में प्रत्येक क्षेत्र से सम्बन्धित व्यक्ति के लिए पत्रिकाएँ प्रकाशित की जाती हैं। इसलिए क्षेत्र विशेष से सम्बन्धित ग्राहकों तक विज्ञापन करने में आसानी होती है।

(v) यद्यपि प्रत्यक्ष में विज्ञापन व्यय इस माध्यम पर अधिक होता है किन्तु पत्रिकाएँ बार-बार पढ़ी जाती हैं, अनेक व्यक्ति माँग कर पढ़ते हैं, अतएव कई बार हाथों से गुजरने के कारण पत्रिकाएँ सस्ता माध्यम प्रमाणित होती हैं।

(vi) पत्रिकाओं द्वारा विज्ञापन से प्रसिद्धि में वृद्धि होती है, क्योंकि अनेक पत्रिकाएँ विदेशों में भी जाती हैं। इस प्रकार संस्थाओं को अन्तर्राष्ट्रीय ख्याति एवं बाजार प्राप्त होते हैं।

दोष–पत्रिकाओं द्वारा विज्ञापन में उक्त लाभ होने के अलावा कुछ दोष भी हैं जो निम्न प्रकार हैं–

(i) पत्रिकाओं की साइज समान नहीं होती है जिससे विज्ञापन प्रतिलिपि भी भिन्न-भिन्न आकार से बनानी पड़ती है जो कि एक व्यय, साध्य काम है।

(ii) पत्रिकाओं के प्रकाशन की समयावधि काफी अधिक होती है। अतएव समय पर न तो इनके द्वारा सूचनाएँ प्रेषित की जा सकती हैं और न ही विज्ञापन प्रतिलिपि को शीघ्र ही बदला जा सकता है। विज्ञापन प्रतिलिपि को भी बहुत पहले भेजना पड़ता है और एक बार भेजने के बाद उसमें बदलाव असंभव होता है।

(iii) इसकी प्रकाशन की समयावधि बहुत ज्यादा होने के कारण सामयिक विज्ञापन नहीं किये जा सकते और सन्देश भी शीघ्र प्रदर्शित नहीं किये जा सकते।

(iv) इसमें समाचार पत्र के अपेक्षाकृत कम पाठक होते हैं क्योंकि निम्न आय के व्यक्ति इन्हें नहीं खरीद सकते। अतएव विज्ञापन का क्षेत्र सीमित हो जाता है।

4. जर्नल्स एवं निर्देशिकायें—वर्तमान समय में विभिन्न क्षेत्रों मे जर्नल्स और निर्देशिकाओं का प्रकाशन किया जा रहा है। जैसे—साइन्स जर्नल्स मेडिकल जर्नल्स, टेक्निकल जर्नल्स, जनरल एण्ड ट्रेड डाइरेक्ट्रीज ट्रेड जर्नल्स आदि का प्रकाशन विभिन्न क्षेत्रों में कार्य करने वाले व्यक्तियों की सहायता के लिए होता है इस प्रकार विज्ञापनकर्त्ता सम्बन्धित क्षेत्रों में प्रकाशित होने वाले विशिष्ट जर्नल्स एवं डायरेक्ट्रीज में विज्ञापन प्रकाशित करके लाभ उठा सकते हैं। विज्ञापन का यह माध्यम भी मितव्ययी, द्रुतगामी एवं निश्चित परिणाम उपलब्ध करने वाला होता है, किन्तु यह ध्यान देने योग्य बात है कि इनमें दिये जाने वाले विज्ञापन सूचनात्मक एवं विश्वास दिलाने वाले होने चाहिए।

बाह्य विज्ञापन—ऐसे विज्ञापन सामान्य तौर पर दीवारों पर दर्शाया जाता है। वर्तमान समय में इस प्रकार के विज्ञापन का भी काफी प्रचलन है। ये दीवारों के विज्ञापन सदैव समाचार-पत्रीय विज्ञापनों के पूरक होते हैं। इस प्रणाली द्वारा प्रायः दैनिक उपयोग में आने वाली वस्तुओं का ही विज्ञापन किया जाता है। बाह्य विज्ञापन के विभिन्न स्वरूप को निम्न प्रकार प्रस्तुत किया गया है—

7. सेण्डविच बोर्ड विज्ञापन—इस प्रकार के विज्ञापन के तहत एक या अनेक व्यक्तियों को उनके चारों ओर गत्ते के बने बोर्डों पर विज्ञापन लिखकर एक पंक्ति में, परेड रूप में शहर में घुमाते हैं। यह पद्धति सिनेमा के या नाटकों के विज्ञापन में बहुत ही सहायक सिद्ध होती है, परन्तु वर्तमान में प्रचलन में नहीं है क्योंकि इससे कोई लाभ नहीं है।

6. आकाश लेख विज्ञापन—इस प्रकार के विज्ञापन में वायुयान की सहायता से आकाश में धुआं इस प्रकार छोड़ा जाता है, कि उससे किसी वस्तु का नाम या शक्ल बनाती है। यह धुआं रंगीन भी होता है जिससे आकर्षक लगता है।

4. स्टीकर विज्ञापन—इस प्रकार के विज्ञापन को भारत में बहुत जल्द ही प्रारम्भ किया गया है। जिसका शुभारम्भ एयर इंडिया ने किया है एयर इण्डिया ने

अन्तर्राष्ट्रीय टेनिस खिलाड़ी विजय आनन्द और अशोक अमृतराज से एक अनुबन्ध किया है जिसके अनुसार अमृतराज बन्धु रेडियो, टेलीविजन तथा प्रेस द्वारा एयर इण्डिया का प्रचार करेंगे। मैचों के दौरान टी शर्टों पर एयर इण्डिया लिखा रहेगा। इसी प्रकार उनके रैकेट, तौलिये, जूते, बैग अटैची पर भी एयर इण्डिया के स्टकर लगे रहेंगे। यह सभी सामान एयर इण्डिया उनको प्रदान करेगी। इसके बदले एयर इण्डिया इन भाइयों को अपने विमानों में मुफ्त यात्रा की सुविधा प्रदान करेगी।

5. विज्ञापन-पत्र—इस प्रकार के विज्ञापन का तात्पर्य ऐसे कागजों, कार्ड बोर्डों, लकड़ियों या धातुओं की प्लेटों से है जिन पर कुछ लिखा हुआ या छपा हुआ होता है। इस प्रकार के विज्ञापन चौराहों, रेलवे स्टेशनों, दुकानों या सड़कों के किनारे या दुकान के भीतर लगे होते हैं या बिजली के, टेलीफोन के खम्भों पर लटके रहते हैं या उन पर चिपका दिए जाते हैं। इन पोस्टरों का निर्माण चित्ताकर्षक ढंग से होता है।

3. विज्ञापन बोर्ड—इस प्रकार का विज्ञापन भी बाह्य विज्ञापन का एक प्रमुख स्वरूप है। बड़े-बड़े नगरों के ऐसे चौराहों पर, जहां अधिक संख्या में लोग गुजरते हैं, विज्ञापन बोर्ड लगाए जाते हैं, जैसे—ग्वालियर में फूलबाग गेट के निकट 'लक्ष्मी होटल' तथा 'ग्वालियर रेयन' का विज्ञापन बोर्ड, लखनऊ में चारबाग रेलवे स्टेशन के बाहर जे.बी. मेधाराम के बिस्कुट का बोर्ड आगरा में राजा मण्डी के चौराहे पर जीवन बीमा निगम का बोर्ड आदि। इनमें स्थान प्रायः निश्चित रहते हैं। ये जगहें किराए पर मिलती है। इस प्रकार के बोर्ड जनता की स्मरण शक्ति को सदैव ताजी बनाए रखते हैं।

2. बिजली द्वारा सजावट—यह रात्रि में ग्राहकों को आकर्षित करने का सर्वश्रेष्ठ ढंग है। इस प्रकार से विद्युत प्रकाश से सुसज्जित विज्ञापन प्रायः ऊंची-ऊंची दीवारों या छतों पर लगाए जाते हैं। इनका आकार निश्चित नहीं होता है। विज्ञापित वस्तुओं के चित्र, वस्तु का ट्रेडमार्क आदि पर विभिन्न आकर्षक रंगों से प्रकाश डाला जाता है, जिससे जनता का ध्यान विज्ञापन की तरफ आकर्षित होता है।

1. यातायात के साधनों पर विज्ञापन—रेलगाड़ी, मोटर, ट्राम आदि के बाहर एवं भीतर आकर्षक विज्ञापन बोर्ड लगाए जाते हैं। जो यात्री, यात्रा करते हैं एवं जिस स्थान से इस प्रकार के वाहन गुजरते हैं ये विज्ञापन वहां की जनता को अपनी ओर आकर्षित करते हैं।

अन्य—पर्चे बांटना, कॉपी-पेंसिल, डायरी पर विज्ञापन लिखना, दियासलाई की डिब्बी पर विज्ञापन करना, आकाश में विज्ञापन लिखे गुब्बारों को छोड़ना आदि बाह्य विज्ञापन के अंतर्गत आते हैं।

लाभ—बाह्य विज्ञापन के निम्नांकित लाभ है—

1. प्रेस विज्ञापन की तुलना में बाह्य विज्ञापन अधिक टिकाऊ होते हैं। इस प्रकार के विज्ञापन वस्तु की प्रति इकाई विज्ञापन की लागत कम आती है।
2. कुछ प्रमुख स्थानों जैसे—जहां पर वस्तु का क्रय होता है और जहां पर वस्तु के सम्भावित ग्राहक रहते हैं आदि पर बाह्य विज्ञापन द्वारा सन्देश पहुँचाना अधिक लाभप्रद रहता है।
3. बाह्य विज्ञापनों का आकार काफी बड़ा होता है जिनमें चमकदार रंगों का प्रयोग होता है। अतः सड़क पर चलते हुए व्यक्तियों का ध्यान इनकी ओर स्वतः ही आकर्षित हो जाता है।
4. बाह्य विज्ञापन के माध्यम से विज्ञप्ति वस्तुओं के चित्र एवं प्रयोग विधि को चित्रों एवं तरह-तरह के रंगों का प्रयोग करके अत्यधिक आकर्षण प्रदान किया जा सकता है।
5. विज्ञापन में काफी व्यय होता है, परन्तु विज्ञापन से प्रभावित होने वाले लोगों की संख्या तथा इसके परिणामस्वरूप बिक्री में वृद्धि को ध्यान में रखते हुए विज्ञप्ति वस्तु की प्रति इकाई विज्ञापन की लागत कम आती है।

दोष—इस विज्ञापन के उक्त लाभ के साथ कुछ दोष भी है जो निम्नांकित हैं—

1. बाह्य विज्ञापन से उन्हें ही सूचना मिलती है जो उस तरफ से गुजरते हैं, जहां पर कि विज्ञापन कराया गया है। अतः इसका क्षेत्र सीमित होता है।
2. इस प्रकार के विज्ञापन में शुरू से ही प्रायः इतना अधिक व्यय हो जाता है कि इन्हें बार-बार बदलना कठिन होता है तथा इनमें समय भी ज्यादा लगता है।
3. इस प्रकार के विज्ञापन को सार्वजनिक स्थानों पर दर्शाया जाता है, इसलिए उसमें प्रदर्शित गुणों की नकल दूसरे व्यापारियों द्वारा आसानी से की जा सकती है जिससे विज्ञापन का प्रभाव कम हो जाता है।
4. विज्ञापन का सर्वश्रेष्ठ माध्यम उसी को माना जाता है जो कि सम्भावित ग्राहकों पर यह प्रभाव डाल सके कि विज्ञापन केवल उसी के लिए है लेकिन इस विधि से कराया गया विज्ञापन तो सामान्य जनता के लिए होता है, अतः उसमें व्यक्तिगत प्रभाव का काफी अभाव होता है।

डाक विज्ञापन—डाक के माध्यम से ग्राहकों को विभिन्न वस्तुओं की जानकारी देने को डाक विज्ञापन कहा जा सकता है। इस माध्यम में ग्राहकों को व्यक्तिगत पत्र, सूत्री-पत्र, डायरियों एवं वस्तुओं के चित्र आदि भेजे जाते हैं तथा उनको प्रेरित किया जाता है कि वे वस्तु के बारें में जानकारी प्राप्त करें और वस्तुओं का क्रय करें। इस प्रकार का विज्ञापन केवल उन व्यक्तियों या संस्थाओं के लिये ही उपयुक्त है जिनसे आशा की जा सकती है कि वे माल की खरीददारी करने में सक्षम हैं।

डाक विज्ञापन की सामग्री का अभिप्राय डाक द्वारा भेजी जाने वाली सामग्रियों से है। जो निम्न प्रकार हैं—

1. व्यापारिक जवाबी लिफाफा—विज्ञापनकर्त्ता कार्डों का प्रयोग करता है। यह कार्ड लगभग उसी आकार के होते हैं जैसे डाकखाने से मिलते हैं। इस प्रकार के कार्डों में एक कार्ड पर वस्तु सम्बन्धी विज्ञापन या सूचना छपवायी जाती है। दूसरा कार्ड ग्राहक को आदेश देने के लिये होता है, वह भी व्यापारी छपवा देता है जब दोनों जुड़े हुये कार्ड किसी ग्राहक तक पहुँचते हैं, तो उन कार्डों में से एक वस्तु का नाम, आकार-प्रकार आदि लिखकर वापस व्यापारी को डाक द्वारा भेज देता है। और इसके ग्राहक को कुछ भी व्यय नहीं करना पड़ता है। इसी प्रकार जवाबी लिफाफों का प्रयोग होता है।

2. व्यक्तिगत पत्र—कभी-कभी व्यापारी ग्राहक को व्यक्तिगत पत्र लिखता है और इन पत्रों में वस्तु के गुण एवं विक्रय सम्बन्धी बातें सूक्ष्म रूप से देता है। इन पत्रों के साथ जवाबी कार्ड या लिफाफे का भी प्रयोग किया जाता है। ऐसे पत्र या तो हाथ से लिखे जाते हैं या टाइप किये जाते हैं। इस प्रकार के पत्रों को आमतौर पर छपवाया नहीं जाता है। लेकिन आजकल समय व धन की बचत से इनको छपवाकर भी भेजा जाता है।

3. परिपत्र—इस पत्र को बहुत से ग्राहकों को एक साथ भेजा जाता है तथा जिसकी विषय-वस्तु (Subject-Matter) एक ही होता है, जैसे—नये माल आने की सूचना, विशेष उपहार भेंट की सूचना, नये मूल्यों की सूचना आदि।

4. सूची-पत्र—इसका अभिप्राय मूल्य सूची के साथ वस्तुओं का विवरण दिये जाने हैं। वस्तुओं के विवरण से आशय वस्तु के आकार, प्रकार गुण, किस्म आदि के बारे में जानकारी देने से संबंधित हैं।

5. मूल्य सूची—सामाग्रियों के मूल्य में परिवर्तन होता रहता है जिसकी सूचना ग्राहकों को मिलनी चाहिए। इस उद्देश्य की पूर्ति हेतु बहुत से व्यापारी अपनी मूल्य

सूची छपवाकर या डुप्लीकेटर से तैयार करवाकर ग्राहक को भेजते रहते हैं। यह सूची उन ग्राहकों को भेजी जाती है जिनके द्वारा दुकान से माल खरीदा जाता है। ऐसी मूल्य सूचियों में सिर्फ मूल्य ही लिखे होते हैं और इस तरह की सूचियाँ प्रमापित वस्तुओं के बारे में ही होती हैं।

6. अभिनव भेंट—व्यापार से जुडे लोग कभी-कभी दैनिक व्यवहार की वस्तुओं को मुफ्त छपवाकर डाक से भेजते हैं जैसे—कैलेण्डर, स्याही-सोखता, राइटिंग पेड़, पेन्सिल, कलम, कलमदान आदि। इन सब पर भेजने वाले का नाम एवं पता लिखा रहता है। इस प्रकार की वस्तुयें हर समय सामने रहने पर ग्राहक को याद दिलाती हैं।

7. पुस्तिकायें—ये चार से बत्तीस पृष्ठों की होती है। पुस्तिकाओं में वस्तु के सम्बन्ध में पूर्ण जानकारी दी जाती है तथा वस्तु के गुणों एवं उपयोगिता पर प्रकाश डाला जाता है।

8. अन्य—डाक विज्ञापन के उपरोक्त सभी माध्यमों के अलावा कुछ अन्य माध्यम भी हैं, जिनमें विज्ञापन किया जा सकता है, जैसे—पत्रिकायें। बहुत-सी अच्छी कम्पनियाँ जिनमें कम्पनियों की सूचनाओं के साथ वस्तुओं का विवरण दिया रहता है। जैसे—डनलप कम्पनी की एक पत्रिका *'Duniop News'* के नाम से प्रकाशित होती है।

गुण—डाक विज्ञापन के प्रमुख गुण अग्रप्रकार हैं—

(i) डाक विज्ञापन व्यक्तिगत सम्पर्क स्थापित करने के साथ-साथ काफी सस्ता माध्यम भी है।

(ii) डाक विज्ञापन का क्षेत्र काफी व्यापक है इस विज्ञापन द्वारा देश के कोने-कोने में वस्तु का विज्ञापन किया जा सकता है।

(iii) विज्ञापन के इस माध्यम द्वारा ग्राहकों को बार-बार आसानी से वस्तु के बारे में बताया जाता है तथा पत्र ग्राहकों को व्यक्तिगत रूप से भेजे जाते हैं।

(iv) सीमित साधनों वाली संस्थायें भी डाक विज्ञापन लाभ उठा सकती हैं।

(v) डाक विज्ञापन माध्यम में ग्राहकों को यह सुविधा प्राप्त होती है कि उन्हें उत्तर देने के लिये पोस्टकार्ड पर पता लिखने व टिकट लगाने की जरूरत नहीं पड़ती है।

दोष—डाक विज्ञापन में उक्त गुणों के अलावा कुछ दोष भी पाये जाते हैं जो निम्न प्रकार हैं—

(i) डाक विज्ञापन में बढ़ते हुये छल-कपट की भावना ग्राहक वर्ग परेशान हो गये हैं। जिसके कारण अब सच्चे विज्ञापन पर से भी जनता का विश्वास उठने लगता है।

(ii) डाक विज्ञापन का क्षेत्र सीमित होता है, क्योंकि जिन व्यक्तियों के पास पत्र या सूची पत्र भेजे जाते हैं, केवल वे ही व्यक्ति इस सुविधा का लाभ उठा पाते हैं।

(iii) ग्राहकों को पते (Address) समय-समय पर बदलने रहते हैं और डाक-सूची में उनकी प्रविष्टि नहीं हो पाती है। अतः डाक व्यय में काफी धन व्यर्थ होता रहता है और सन्देश ग्राहकों तक नहीं पहुँच पाते हैं।

क्रय-केन्द्र विज्ञापन—इसका प्रयोग अधिकाशतः फुटकर व्यापारी करते हैं। दुकान में चारों ओर तरह-तरह की वस्तुओं से सम्बन्धित बोर्ड आदि लगे रहते हैं। इन बोर्डों एवं कलेण्डरों से विज्ञापन होता है। इस माध्यम द्वारा विज्ञापन करने के लिये क्रय केन्द्र विज्ञापन प्रमुख रूप से दो तरह के होते हैं—

1. वातायन सजावट—यह माध्यम राह चलते व्यक्तियों का ध्यान आकृष्ट करके उन्हें दुकान पर बुलाने को प्रेरित करने का एक प्रभावी माध्यम है। जैसे—वस्त्रों के फुटकर व्यापारी छोटे-छोटे मॉडल्स को तरह-तरह के वस्त्र पहना कर या दुकान के छोटे भाग में वस्त्रों की प्रदर्शनी लगाकर ग्राहकों को आकर्षित करते हैं। इस सजावट को मौसम के अनुसार रंगीन, चित्रात्मक एवं प्रकाशयुक्त रखना आवश्यक होता है इसे कुछ समय पर परिवर्तित करना भी आवश्यक होता है।

2. काउन्टर सजावट—इसके द्वारा विज्ञापन करने के लिये फुटकर व्यापारी दैनिक उपभोग की वस्तुओं को काउन्टर पर इस प्रकार सजाकर रखते हैं कि ग्राहकों को उनकी आवश्यकताओं का स्मरण हो जाता है और वे इसे खरीद लेते हैं। यह दुकान के आन्तरिक स्थान पर विज्ञापन करने का माध्यम है। इससे दुकान पर आये ग्राहक आकर्षित होते हैं।

अन्य माध्यम—

1. इन्टरनेट सेवायें—सूचना तकनीक में हुये क्रांतिकारी बदलाव के फलस्वरूप विपणन कर्त्ताओं को एक नया विज्ञापन माध्यम उपलब्ध हुआ हैं, जिसे 'नेट इडवरटाइजिंग' 'ऑन लाइन एडवरटाइजिग' 'वेब साइट एडवरटाइजिंग' आदि नामों से पुकारा जाता है। इन्टरनेट सेवायें ग्राहक तक सीधी पहुँच रखती है और विज्ञापन

का एक बारगी एक्सपोजर अन्य परम्परागत विज्ञापन माध्यमों के जरिये होने वाले एक्सपोजर्स से अधिक प्रभावकारी होता है। वेब एडवरटाइजिंग विज्ञापित सांड्स के बारे में ग्राहक जागरूकता को बढ़ाता है तथा ब्रांड तुलना को सम्भव बनाता है।

2. प्रोग्राम विज्ञापन—ये विभिन्न अवसरों जैसे पन्द्रह अगस्त, छब्बीस जनवरी, होली, दिवाली, वर्षगाँठ, शाखाएँ खोलने आदि अवसरों पर प्रसारित किया जाता हैं।

3. विशिष्ट या अभिनव विज्ञापन—विज्ञापन के इस माध्यम द्वारा कुछ ऐसी विशिष्ट अभिनव वस्तुएँ जिन पर विज्ञापनकर्त्ताओं द्वारा दिये जाने वाले सन्देश अंकित होते हैं, सम्भावित ग्राहकों एवं विद्यमान ग्राहकों को उपहार स्वरूप भेंट की जाती हैं। इसके तहत अनेक प्रकार की वस्तुएँ ग्राहकों को भेंट स्वरूप प्रदान की जाती हैं जिनमें नक्शे, पेपरवेट, चाबियों के छल्ले, ताश, संगीत पुस्तकें, सिगरेट-केस एवं लाइटर बटुए, बालपेन, पेन, स्याही, सोख एवं पेन्सिलें, पेय पदार्थों की बोतलें, खोलने की चाबी आदि प्रमुख हैं।

4. लाउडस्पीकर विज्ञापन—विज्ञापन का यह भी एक उपयुक्त जरिया है। इसके द्वारा द्वारा शहरों में व्यापारी अपनी वस्तुओं का प्रचार करवाते हैं। सिनेमागृहों के विज्ञापन इस माध्यम द्वारा अधिक होते हैं। प्रायः ताँगे या टैक्सियों या कारों पर लाउडस्पीकर यन्त्र द्वारा मौखिक रूप से व्यक्ति वस्तुओं के बारे में विज्ञापन करते देखे हैं।

विज्ञापन से फायदे

वर्तमान समय में प्रतिस्पर्धा काफी बढ़ गई है। ऐसे में विज्ञापन को भी व्यापकी महत्त्व दिया जाने लग है। इस समय की अर्थ व्यवस्था में भी विज्ञापन का महत्त्वपूर्ण स्थान है। विज्ञापन नयी-नयी वस्तुओं को और नये-नये निर्माताओं को बाजार में प्रविष्ट होने का अवसर प्रदान लिये प्रेरित करता है। विज्ञापन बहुत बड़े पैमाने के उत्पादन को सम्भव बनाता है और फलस्वरूप, वस्तुओं को कम मूल्य पर उपलब्ध कराने में सहायक होता है। यह ग्राहकों तथा व्यापारियों को वस्तु एवं उसके उपयोगों आदि के विषय में ऐसी जानकारियाँ देता है जिससे न केवल उनके ज्ञान में वृद्धि होती है, बल्कि उनका कल्याण भी होता है। यह ग्राहकों तथा व्यापारियों को वस्तु एवं उसके उपयोगों आदि के विषय में ऐसी जानकारियाँ देता है जिससे न केवल उनके ज्ञान में वृद्धि होती है, बल्कि उनका कल्याण भी होता है। विज्ञापन माँग पैदा करता है और उसमें वृद्धि भी करता है। इसलिये तो यह कहना कि "विज्ञापन करने

से लाभ होता है" (It pays to advertise) एकदम सत्य है। विज्ञापन के द्वारा सभी वर्ग लाभान्वित होते हैं। इससे मिलने वाले लाभ को निम्न प्रकार दर्शाया गया है—

उपभोक्ता वर्ग को लाभ—विज्ञापन द्वारा उपभोक्ता वर्ग भी निम्न प्रकार के लाभ प्राप्त करते हैं—

1. विज्ञापन के फलस्वरूप वस्तु की मांग बढ़ जाती है तो उसका उत्पादन बड़े पैमाने पर किया जाता है, जो काम लागत पर होता है। वस्तु को कम लागत वस्तु के मूल्य को कम करने में सहायक होती है और इस प्रकार उपभोक्ता को कम मूल्य पर वह वस्तु प्राप्त हो जाती है।
2. विज्ञापित वस्तु बाजार में आसानी से मिल जाती हैं और उन्हें अधिक ढूँढना नहीं पड़ता है। इस प्रकार उपभोक्ताओं को वे वस्तुयें सहज प्राप्त हो जाती हैं।
3. विज्ञापन में वस्तुओं के मूल्य दिये रहते हैं जिससे उपभोक्ताओं को उनके मूल्यों की जानकारी हो जाती है और उन्हें धोखा नहीं दिया जा सकता है।
4. विज्ञापन उपभोक्ता को वस्तु का चुनाव करने में सुविधा प्रदान करता है और समय का नुकसान होने से बचाता है।
5. विज्ञापन ज्ञानवर्द्धन है। यह उपभोक्ताओं के ज्ञान में वृद्धि होती है।
6. विज्ञापन उपभोक्तावाद को जन्म देता है। विज्ञापन उपभोक्ता को अधिक वस्तुओं के प्रयोग को प्रेरित करता है। एक व्यक्ति जितनी अधिक वस्तुओं के प्रयोग को प्रेरित करता है। एक व्यक्ति जितनी अधिक वस्तुओं का उपयोग करता है, उसका स्तर उतना ही ऊँचा माना जाता है।

उत्पादक वर्ग लाभ—विज्ञापन द्वारा उत्पादक वर्ग निम्न प्रकार के लाभ प्राप्त करते हैं—

1. विज्ञापन की वजह से ही निर्माता या उत्पादक प्रतिस्पर्द्धा में सहायता प्राप्त कर पाता है। सामूहिक विज्ञापन अस्वस्थ प्रतिस्पर्द्धा का विनाश करता है और विज्ञापन व्ययों में बचत करता है।
2. विज्ञापन के द्वारा निर्माता या उत्पादक ग्राहकों का ध्यान केवल उन वस्तुओं तक ही केन्द्रित कर लिया जाता है जिनकी कि बाजार में माँग है और जिनका वह उत्पादन कर रहा है। ऐसा करने से वह अपने को एक वस्तु में वे विशिष्ट बना लेता है और इस प्रकार विशिष्टीकरण का लाभ प्राप्त कर लेते हैं।
3. विज्ञापन द्वारा वस्तु की माँग में काफी वृद्धि हो जाती है साथ ही उत्पादक को उनकी पूर्ति हेतु अपने निर्माण कार्य को बड़े पैमाने पर करना पड़ता है। फलतः

बड़े पैमाने के निर्माण के सभी लाभ उत्पादक को मिल जाते हैं। जिसमें–उत्पादन लागत में कमी, आधुनिक मशीनों का उपयोग आदि प्रमुख है।

4. निर्माता अपना उत्पादन योजनाबद्ध कर सकता है। चाय की माँग गर्मियों में बनी रहती है और विज्ञापन किया जाता है कि नींबू की चाय गर्मियों में बहुत ठण्डक पहुँचाती है।
5. विज्ञापन द्वारा वस्तु की माँग को स्थाई बनाने में सहायता मिलती है। ज्वलन्त उदाहरण हैं, जैसे–हिन्दुस्तान लीवर कम्पनी की ख्याति उसके साबुन एवं डालडा घी ने बनायी है, फिलिप्स कम्पनी की ख्याति उसके रेडियो एवं बल्बों ने बनायी है आदि।
6. अगर कोई कम्पनी अच्छे कर्मचारी नियुक्त करना चाहती है तो उसको विज्ञापन द्वारा अच्छे कर्मचारी मिल जाते हैं, क्योंकि ऐसी कम्पनी में कार्य करने से कर्मचारी अपने को गौरवान्वित मानते हैं।
7. ग्राहक को बनाये रखता है और उसको छूटकर नहीं जाने देता, जिनका लाभ उत्पादक को मिलता है।
8. विज्ञापन करने वाली संस्थाओं के कर्मचारियों पर विज्ञापन का अच्छा प्रभाव पड़ता है कर्मचारियों उत्तरदायित्व की भावना आ जाती है और वे अच्छे स्तर पर माल बनाने की कोशिश करते रहते हैं।
9. विज्ञापन किये जाने वाले वस्तुओं के विक्रेताओं को वस्तु के सम्बन्ध में ग्राहकों को जानकारी देने का कार्य आसान हो जाता है और साथ ही वे अधिक बिक्री कर निर्माता को लाभ पहुँचाते हैं।
10. विज्ञापन द्वारा निर्माता या उत्पादक को मध्यस्थ प्राप्त जाते हैं, जो वस्तु को अपनी दुकान पर बेचने हेतु रखने को तैयार हो जाते हैं।

समाज को लाभ–विज्ञापन द्वारा समाज भी निम्न प्रकार से लाभान्वित होता है।

1. विज्ञापन से स्वस्थ प्रतिस्पर्द्धा का जन्म होता है जो व्यवसाय विकास के लिये लाभदायी है।
2. विज्ञापन उपभोक्ता को अधिक वस्तुओं के प्रयोग को प्रेरित करता है। जिससे समाज के रहन-सहन के स्तर में वृद्धि होती है।
3. विज्ञापन समाज के नैतिक स्तर को उच्च बनाने में भी सहायक है।
4. समाचार-पत्रो को विज्ञापनों से अपनी कुल आय का लगभग 75% मिलता है

तथा शेष 25% समाचार पढ़ने वालों से मिलता है। इस प्रकार विज्ञापन समाचार-पत्रों की आय का एक प्रमुख स्त्रोत हैं। विज्ञापनों के कारण ही समाचार पत्र का मूल्य कम रहता है।

5. विज्ञापन से मध्यस्थों की संख्या में कमी और ग्राहक एवं विक्रेता का सीधा सम्पर्क स्थापित करता है जिससे विपणन व्ययों में कमी होती है और उपभोक्ता को कम मूल्य पर वस्तु मिल जाती है।
6. विज्ञापन से कई लोगों को रोजगार मिलता है। इसके अतिरिक्त बहुत-सी विज्ञापन फर्म भी स्थापित हो जाती हैं जिनमें बहुत से कर्मचारी कार्य करते हैं। ये संस्थायें विज्ञापन से ही जीविका अर्जित करती हैं

मध्यस्थ वर्ग को लाभ—विज्ञापन द्वारा मध्यस्थ वर्ग भी निम्न प्रकार के लाभ प्राप्त करते हैं—

1. विज्ञापित वस्तु की माँग में स्थायित्व आ जाता है और वस्तु के क्रेता पूरे वर्ष भर मिलते रहते हैं जिसका परिणाम यह होता है कि मध्यस्थों की जीविका का स्थायी साधन हो जाता है।
2. विज्ञापित वस्तुओं को पुनः विज्ञापन करना मध्यस्थों के लिये आवश्यक नहीं है। उन वस्तुओं के लिये तो क्रेता स्वतः ही आते हैं और ऐसे क्रेताओं को अधिक समझने की भी आवश्यकता नहीं होती। अतः उनके लिये विक्रय कार्य सुविधाजनक हो जाती है।
3. विज्ञापन से बिक्री अधिक होती है जिससे मध्यस्थों के लाभ में भी वृद्धि होती है।
4. विज्ञापन मध्यस्थ विक्रेताओं को एक प्रकार से समर्थन एवं प्रोत्साहन देता है तथा उनके कार्य को भी आसान बनाता है।

12

भारतीय हस्तशिल्प तथा पर्यटन

भारतीय शिल्प भी पर्यटकों के आकर्षण का केन्द्र है। पर्यटक भारत भ्रमण के दौरान विभिन्न प्रकार हस्तशिल्प से जुड़ी वस्तुएँ खरीदकर अपने साथ ले जाते हैं। भारतीय संस्कृति का अभिन्न अंग हस्तशिल्प को माना जाता है। हस्तशिल्प का यह उद्योग हजारों साल से चला आ रहा है। यह पर्यटन में भी महत्वपूर्ण भूमिका निभाती है। भारतीय हस्तशिल्प को अनेक देशों ने संगृहीत किया है। यहाँ के शिल्पियों द्वारा उच्चतम कलाकृतियों का निर्माण किया जाता है जो सिद्ध करता है कि भारत के शिल्पी अपने कार्यों में कुशल हैं। भारत सरकार द्वारा कुछ समय पहले ही सुराहियों (घड़ा) का पेटेंट कराया गया है।

भारत का हस्तशिल्प विश्व का सबसे विशाल उद्योग था लेकिन औद्योगिक क्रांति ने इसे निर्बल बनाकर पीछे धकेल दिया। हस्तशिल्प उद्योग में आमतौर पर दो प्रकार की वस्तुओं का निर्माण होता है—धनी वर्ग के लोगों के लिए इन वस्तुओं के निर्माण में उच्च कोटि के कौशल की जरूरत होती थी। आम उपयोग की वस्तुएँ जो सस्ती निर्माण में अपेक्षाकृत कम कौशल की जरूरत होती थी।

अंग्रेजी शासन के समय औपनिवेशिक नीतियों तथा उद्योगों के आक्रमण के फलस्वरूप दोनों तरह के हस्तशिल्पों का तेजी से पतन हुआ।

मशीनी वस्तुओं के उत्पादन ने हस्तशिल्प उद्योग को पतन के रास्ते पर लाकर खड़ा किया।

प्राचीन भारतीय हस्तशिल्प—परिष्कृत रूप से मिट्टी के बर्तन हड़प्पा काल से ही बनने शुरू हो गये थे। भारत का सबसे प्रमुख शिल्पीय उत्पाद कपड़ा मुगलकाल

में अपने चरम-सीमा पर था। गुप्तकाल में धातु शिल्प, हाथी दांत शिल्प आभूषण निर्माण इत्यादि शिल्पों की मांग विदेशों में भी अधिक थी। इस काल में शिल्पीय उत्पादन का संगठन मुख्य तौर पर चार तरह का होता था–

1. कुछ शहर में रहकर स्वतन्त्र रूप से कार्य किया करते थे। यह उत्पादन मुख्य रूप से बिक्री हेतु किया जाता था। मसूलीपट्टनम्, बनारस और कासिम बाजार में साड़ियों, कश्मीरी कालीनों व शालों का उत्पादन अपने उत्कर्ष पर था। परिवार के लोग मिलकर काम करते थे, किन्तु शिल्पकारों के पास निजी रूप में पूंजी का ज्यादातर अभाव ही था और उत्पादन भी अत्यंत कम होता था।
2. 17वीं शताब्दी में शिल्पीय उत्पादन हेतु एक ऐसी व्यवस्था प्रारंभ हुई, जिसमें व्यापारी उत्पादन हेतु कारीगरों को अग्रिम भुगतान किया करते थे।
   (क) निश्चित अवधि में कारीगरों को माल की आपूर्ति करनी होती थी।
   (ख) कारीगरों को व्यापारियों द्वारा दिये गये निर्देशों के अनुरूप माल तैयार करना पड़ता था।
3. अधिकांश भारतीय उत्पाद गांवों की आर्थिक और जजमानी व्यवस्था से संबंधित होते थे।
4. मध्यकाल के दौरान शासकों हेतु कुलीनों की आवश्यकताओं को पूर्ण करने के लिए कारखाने लगाये गये। यह शिल्पीय उत्पादन का एक अन्य रूप था। कारखानों में कुशल कारीगर नियुक्त किये जाते थे, जो कुलीन वर्ग हेतु महँगे विलास की वस्तुएँ बनाता था।

परिणामस्वरूप माल की गुणवत्ता, मात्रा और उत्पादन विधि पर शिल्पियों का नियंत्रण हो गया।

परम्परागत रूप से भारतीय शिल्पों का निर्माण कोई जाति विशेष ही करते थे जैसे–मोची का कार्य जूता बनाना था, सुनार गहना बनाते थे, लोहार लोहे के औजार बनाते थे एवं बढ़ई लकड़ी का काम करते थे।

स्वतंत्रता पूर्व हस्तशिल्प–1757 ई. से पूर्व ईस्ट इंडिया कम्पनी अपने साथ सोना चांदी लाती थी और बदले में भारत से हस्तनिर्मित कपड़े और अन्य सामान ले जाती थी। जिससे भारत को खूब फायदा हुआ। परन्तु 1757 के बाद इस स्थिति में बदलाव आया और भारतीय शिल्पकारों को अपने उत्पादन को कम मूल्यों पर बेचना पड़ा। फलस्वरूप शिल्प उद्योग कमजोर होता गया।

स्वतंत्रता के पश्चात् हस्तशिल्प–देश जब स्वतंत्र हुआ तो उसके बाद

हस्तशिल्प के विकास की तरफ ध्यान दिया गया। हस्तशिल्पों की समस्याओं का पता लगाने और इनके विकास का मार्ग सुझाने हेतु नवम्बर 1952 में अखिल भारतीय हस्तशिल्प बोर्ड की स्थापना हुई। सन् 1953 में दिल्ली में शिल्प संग्रहालय स्थापित किया गया। हस्तशिल्प निर्याता को बढ़ाने हेतु 1958 ई. में भारतीय हस्तशिल्प और हथकरघा निर्यात निगम की स्थापना की गयी। भारतीय शिल्पों को ग्राहकों तक पहुंचाने हेतु जगह-जगह पर इम्पोरियम खोले गये।

इसके अलावा भारत सरकार ने उदयपुर राजस्थान स्थित शिल्प ग्राम, अहमदाबाद में कपड़ा संग्रहालय तथा वर्तन संग्रहालय, पुणे में राजा दिनकर केलकर संग्रहालय की स्थापना की।

भारतीय हस्तशिल्प का बाजारीकरण

भारत में स्वतंत्रता प्राप्ति के बाद शिल्पों का उत्पादन मुख्य रूप से विक्रम के लिए हो रहा है। इन उत्पादों में हाथ से छपाई किये गये वस्त्र, धातु से बनी कलाकृतियों, लकड़ी के सामान, हाथ से बुनी कालीन, नकली जेवर, शाल, जरी, कसीदाकारी किये गये सामान तथा शिल्प इत्यादि। पर्यटन ने भारत में परम्परागत शिल्पों के विकास में काफी सहायता की है। हस्तशिल्प उत्पादन में लगातार बढ़ोत्तरी हो रही है और लोगों को रोजगार मिल रहा है।

हस्तशिल्प क्षेत्र की प्रमुख कमियाँ

उपरोक्त सम्भावनाओं के बाद भी अन्तर्राष्ट्रीय स्तर पर भारतीय हस्तशिल्प का निर्यात सन्तोषजनक नहीं रहा है, जिसके प्रमुख कारण निम्न प्रकार हैं—

1. समुचित अधिसंरचना का अभाव।
2. पुराने जमाने के औजारों का प्रयोग।
3. पूंजी का अभाव।
4. बाजार अनुसंधान का अभाव।
5. बिचौलिये।

भारतीय शिल्प के स्वरूप

यंत्रों के आगमन के बावजूद कारीगरों तथा शिल्पियों द्वारा उत्पादन जारी रहा। इस उत्पादन के दो तरीके हैं—रोजमर्रा के उपयोग की वस्तुएँ एवं सजावट हेतु बनाई गयी वस्तुएँ।

मिट्टी के शिल्प और बर्तन—चीनी मिट्टी से निर्मित वस्तुएं पोर्सिलेन तथा सेरामिक।

पत्थर से निर्मित वस्तुएँ—तमिलनाडु में सलेम जिला पत्थर शिल्प हेतु विख्यात है। ताजमहल का सुन्दर स्थापत्य तथा अलंकरण आगरा के पत्थर शिल्पियों को सदियों से प्रेरित व प्रभावित करता आ रहा है। बिहार में गया पत्थर के काम का प्रमुख केन्द्र है। देवी-देवताओं की मूर्तियाँ यहाँ बनाई जाती हैं। जयपुर में पत्थर से देवी-देवताओं की मूर्तियां बनाई जाती हैं।

धातु शिल्प—उभरी नक्काशी या उभरी छपाई की तकनीक धातु की सतह पर नक्काशी के द्वारा आकृति बनाना, एक धातु पर दूसरे धातु के तारों से सजावट, सांचे द्वारा आकृतियों बनाना तथा मिश्रित धातुओं से मूर्तियां बनाना।

लकड़ी से निर्मित शिल्प—लकड़ी पर नक्काशी तथा बेंत का फर्नीचर। इसके प्रमुख क्षेत्र हैं—लद्दाख, श्रीनगर, मुरादाबाद, अलीगढ़, बनारस, बंगाल में वर्द्धमान तथा मिदनापुर, जयपुर की मीनाकारी आदि हैं।

गज दन्त रत्न एवं आभूषण—कई सालों से भारत में हाथी के दांत से अनेक सामग्री का निर्माण किया जाता था, परन्तु अब भारत सरकार ने इस शिल्प के निर्माण एवं निर्यात पर पूरी प्रकार प्रतिबन्ध लगा दिया है।

बहुमूल्य रत्न—भारत में सबसे बहुमूल्य रत्न हीरा है। दक्कन गोलकुण्डा द. भारत, बिहार के हिस्से कोखरा तथा मध्य भारत जगहों पर हीरा पाया जाता है। भारतीय कारीगर हीरा तराशने में विशेषज्ञ रहे हैं। गुजरात में हीरा तराशने वाले श्रमिक अधिक कुशल हैं।

गुजरात, उड़ीसा, द. भारत के तटीय प्रदेशों में समुद्र से मोती निकाला जाता है जिनसे बहुमूल्य शिल्प आभूषणों का निर्माण होता है।

सोना और चांदी का कार्य—इस समय भारत के लगभग सभी क्षेत्रों में सुनारों द्वारा सोना और चांदी की सामग्रियां बनाई जा रही है। कश्मीर में उच्च कोटि के चांदी के पात्र बनाये जाते हैं जिसमें केतली, कलश, कप, गिलास तथा हुक्के प्रमुख हैं। उत्तर प्रदेश में मुरादाबाद में भी चांदी का काम होता है।

प्राचीन समय से ही बनारस में रेशम और चांदी के तारों को मिलाकर कपड़ा बुना जाता है। सोने और चांदी का मुख्य तौर पर निम्नांकित निर्माणों में प्रयोग किया जाता है—कपड़े में स्वर्ण और चांदी के काम हेतु। सिक्का बनाने हेतु। आभूषण। समृद्ध लोगों हेतु दैनिक उपयोग की वस्तुएं। देवी और देवताओं की प्रतिमायें और सजावट की वस्तुओं के लिए।

जानवरों की सींगों से शिल्प का निर्माण—इससे भारत के विभिन्न भागों में भिन्न तरह की वस्तुएं बनायी जाती हैं, जिनमें कंघी, पिन, खिलौने, बटन, सिगरेट, केश, मंजूषा, राखदान इत्यादि बनाये जाते हैं। गैंडे के सींग का उपयोग चिकित्सा हेतु किया जाता है। इस प्रजाति को बचाने हेतु सरकार द्वारा इस शिल्प पर पूरी प्रकार से प्रतिबंध लगा दिया गया है।

सीप से शिल्प का निर्माण—कई शताब्दी पहले भी सीप एवं शंख से वस्तुएँ निर्मित की जाती थीं। भारत के तटीय क्षेत्रों में वर्तमान समय में भी सीप के सामान निर्मित किये जाते हैं।

भारत में सदियों से हिन्दू वर्ग में शंख को धार्मिक महत्व दिया जाता है। अनेक देवी और देवताओं की मूर्तियाँ बनाते समय उनके हाथों में शंख रखा जाता है।

लुगदी से शिल्प का निर्माण—यह कला 16वीं शताब्दी के मध्य भारत में आई। इसमें कागज की लुगदी से वस्तुएँ बनाई जाती हैं तथा उन्हें अलंकृत किया जाता है। मुगल शासक के अनुरूप इस शिल्प के कागज की लुगदी से सामान बनाने की तकनीकी के दो चरण हैं—

1. वस्तु की रंगाई और अलंकरण होता है जिसे नक्काशी कहते हैं।
2. कच्चे माल से वस्तु बनाई जाती हैं जिसे सख्तसाजी कहते हैं।

बुनकर या करघाशिल्प—भारतीय करघा क्षैतिज है तथा यह प्राचीन मिस्र के करघे से मिलता-जुलता है, इसके द्वारा कालीन, शालें, पायदान इत्यादि बनाये जाते हैं। भारत में नागालैंड, मणिपुर त्रिपुरा, मिजोरम मुख्य अरुणाचल प्रदेश पश्चपट्टे की बुनाई के प्रधान केन्द्र हैं।

(अ) बुनाई के समय बनाई गई डिजाइन बनावट—इकत जरी युक्त वस्त्र।

(ब) रंगाई में अटारक, खांचे से छपाई, पक्की रंगाई तथा बांधनी प्रमुख हैं।

(स) कसीदाकारी में अरिभरत, चिकन, चिपकवां काम, फुलकारी तथा कान्था प्रमुख हैं।

नक्शबंध—वस्त्र आकृति के इतिहास में नक्शबंध का स्थान सर्वोपरि है। आज वाराणसी ही नक्शबंधों के इस्तेमाल का केन्द्र रह गया है। सूरत, चंदेरी इत्यादि स्थानों पर होने वाले रेशम और जरी के कामों में भी इस तकनीक का प्रयोग किया जाता है।

कपड़े की बनावट में उपर्युक्त तकनीकों के अतिरिक्त रेशम तकनीक एवं उन बुनाई कश्मीरी शाल का भी महत्वपूर्ण स्थान है।

वस्त्र, परिधान तथा पर्यटन

वर्तमान समय में सांस्कृतिक पर्यटन और वस्त्र को अलग-अलग करना लगभग असम्भव है। पर्यटकों हेतु प्रमुख वस्त्र उत्पादन केन्द्रों पर विशेष यात्राओं का आयोजन किया जाता है। जिससे उन्हें भारत में बुनाई और छपाई की जानकारी से अवगत करा सके। इसके अतिरिक्त परम्परागत बुनाई केन्द्रों हेतु विशेष टूर पैकेज भी बनाये जाते हैं। अहमदाबाद का कैलिको म्यूजियम पर्यटकों के आकर्षण का मुख्य केन्द्र बिन्दु बना हुआ है।

भारत में निर्मित वस्त्रों में विदेशी पर्यटकों की रुचि बढ़ी है। विदेशी पर्यटकों विशेषकर महिलाओं को अपने चारों तरफ साड़ी लपेटे देखा जा सकता है। पर्यटन मौसम के विशेष महीनों में कपड़ों की मांग का बढ़ जाना इस बात का गवाह है कि पर्यटक स्थानीय परिधानों की ओर आकर्षित होते हैं। पर्यटक याददाश्त के रूप में और गिफ्ट देने के लिए भारतीय कपड़े खरीदना पसन्द करते हैं।

भारतीय परिधान

भारत के प्राचीन ग्रन्थ ऋग्वेद में दो प्रकार के वस्त्रों का उल्लेख किया गया है। पहला नीचे का वस्त्र और दूसरा ऊपर का वस्त्र प्रसिद्ध कवि कालिदास ने भी विभिन्न अवसरों पर पहने जाने वाले वस्त्रों का उल्लेख किया है जैसे शिकार के समय पहने जाने वाला वस्त्र, विरह के समय पहने जाने वाला वस्त्र, प्यार से व्यथित मनुष्य द्वारा पहने जाने वाला वस्त्र तथा अभिसारिकाओं द्वारा ग्रहण किया जाने वाला वस्त्र।

वर्तमान समय में भी भारत में विभिन्न प्रकार वस्त्र पहने जाते हैं। राजपूत महिलायें घाघरा, चोली और ओढ़नी पहनती हैं।

पंजाब की महिलायें सलवार एवं कमीज पहनती हैं। परन्तु साड़ी परम्परागत तथा व्यापक पैमाने पर पहना जाने वाला वस्त्र है जिसे कृषक वर्ग मजदूर से लेकर बड़े पदों पर काम करने वाली सम्भ्रान्त महिलायें तक पहनती हैं। सम्पूर्ण भारत में साड़ी अलग-अलग शैली में पहनी जाती है। इन्हें मूलरूप से दो भागों में विभाजित कर सकते हैं।

1. दक्षिणी भारत की साड़ियाँ, जैसे साउथ सिल्क, कांजीवरम, पटेला इत्यादि।
2. उत्तरी भारत की साड़ियाँ जैसे—बनारसी, सिल्क इत्यादि।

दुल्हन चमकदार, चटकदार तथा खूब कढ़ाई की हुई सलवार, कमीज और ओढ़नी पहनती है।

जनजातीय और कबीलाई लोगों के परिधान भिन्नता होती हैं। जिनमें मेखला या सोरंग एवं चादर प्रमुख हैं। परम्परागत रूप से पुरुष धोती, कुर्ता, चादर, पैजामा, लुंगी, शेरवानी, अचकन, पगड़ी, टोपी इत्यादि पहनते हैं। परन्तु पश्चिमी प्रभाव के कारण अब पुरुषों और महिलाओं के वस्त्रों में विभिन्नता आ गयी है।

13

भारत सरकार की पर्यटन नीति

पर्यटन एक उद्योग है जिसका किसी भी राष्ट्र की अर्थव्यवस्था में महत्वपूर्ण योगदान होता है। कहने का मतलब यह है कि आर्थिक विकास में इस उद्योग का योगदान सराहनीय है। परंतु भारत के संविधान में पर्यटन उद्योग के विषय में सम्मिलित नहीं किया गया है। सन् 1950 में इस उद्योग को परिवहन मंत्रालय के एक प्रमुख अंग के रूप में मान्यता दी गयी। सन् 1965 में पर्यटन विभाग की स्थापना की गयी और उसी समय भारत के राज्य सरकारों में पर्यटन विभागों एवं पर्यटन विकास निगमों को स्थापित किया। भारत सरकार द्वारा प्रथम बार अपनी पर्यटन नीति की घोषणा नवंबर 1982 में की गई एवं इसका प्रमुख लक्ष्य विदेशी पर्यटकों के सम्मुख भारत को एक आकर्षक पर्यटन स्थल के तौर पर प्रस्तुत करना था। इस नीति में कई प्रमुख तरीके बतलाये गये थे जिसका वर्णन निम्नलिखित पंक्तियों में किया गया है–

1. सैलानियों को आकृष्ट करने हेतु राष्ट्रीय विरासत का उपयोग किया जाय,
2. पर्यटन को निर्यात उद्योग का दर्जा दिया जाय,
3. यात्रा-कार्यक्रमों के विकास के लिए विशेष दृष्टिकोण अपनाया जाय,
4. निजी उद्योग की हिस्सेदारी के लिए आमंत्रण आदि।

उद्देश्य

पर्यटन के विकास को मद्देनजर रखकर इस नीति के तहत कुछ प्रमुख उद्देश्य शामिल किये गए जिन्हें निम्न पंक्तियों में स्पष्ट किया गया है–

1. पर्यटन समृद्धि लाता है पर इसके साथ-साथ हमें यह भी ख्याल रखना होगा कि इससे हमारी सामाजिक एवं सांस्कृतिक पहचान और मूल्य नष्ट न हों और न ही हमारे प्राकृतिक संसाधनों को नुकसान पहुँचे।
2. इन्हें इस रूप में विकसित करना चाहिए कि हमारी सामाजिक एवं सांस्कृतिक शक्ति में संवृद्धि हो।
3. पर्यटन में भारत को अपनी शर्तों पर अपने को प्रस्तुत करना चाहिए तथा दूसरे देशों की संस्कृतियों तथा जीवन शैलियों की नकल कभी नहीं करनी चाहिए।
4. घरेलू तथा अन्तर्राष्ट्रीय पर्यटन के द्वारा देश के युवाओं को एक दूसरे को समझने में सहायता मिलती है। इससे उन्हें एक दिशा मिलती है, राष्ट्रीय एकता एवं सामंजस्य की राह पर चलने का एक सकारात्मक मौका मिलता है।
5. इससे दुनिया की दृष्टि में हमारी नई तस्वीर बनेगी और हमारी जीवन शैली, सांस्कृतिक अभिव्यक्ति और विरासत के नूतन आयाम सामने आ सकेंगे।
6. परम्परा को अक्षुण्ण रखने के साथ इसके नए आयामों से परिचित कराना पर्यटन का प्रयोजन होगा।
7. यह राष्ट्रीय अतंर्राष्ट्रीय स्तर पर एक जोड़ने वाली ताकत बनेगी और भ्रमण के द्वारा आपसी समझ विकसित होगी।
8. इसमें समाज, राज्य दोनों को सामाजिक आर्थिक लाभ होता है। लोगों को रोजगार मिलता है, आमदनी बढ़ती है और राज्य को राजस्व और विदेशी मुदा प्राप्त होती है। सामान्य रूप से सभी लोगों के स्तर में बढ़ोतरी होती है।
9. इससे देश के युवाओं को न सिर्फ रोजगार मिलता है अपितु खेलकूद, रोमांच और इसी तरह के राष्ट्रीय चरित्र निर्माण संबंधी गतिविधियों में सम्मिलित होने का मौका भी मिलता है। देश के युवाओं को सही दिशा दिखाने में पर्यटन एक कारगार हथियार बन सकता है।

इस पर्यटन नीति में अन्तर्राष्ट्रीय पर्यटन को विदेशी मुद्रा प्राप्त करने का एक मुख्य स्रोत माना गया है और इसके विकास को प्राथमिकता दी गई है। सनू 2002-2003 के दौरान पर्यटन के क्षेत्र में किये गये खर्च को सारणी के अन्तर्गत प्रस्तुत किया गया है—

वर्ष 2002-03 में पर्यटन के लिए राज्यवार अनुमोदित धनराशि

1.	हरियाणा	8	33.22	31.10
2.	हिमाचल प्रदेश	30	77.93	76.04
3.	जम्मू कश्मीर	3	9.44	8.95
4.	झारखण्ड	0	0	0
5.	कर्नाटक	6	90.25	62.55
6.	केरल	11	86.14	82.99
7.	उत्तर प्रदेश	2	50.75	19.50
8.	आसाम	9	76.81	61.88
9.	अरुणाचल प्रदेश	5	4.13	3.25
10.	बिहार	8	50.50	50.50
11.	छत्तीसगढ	9	30.80	9.85
12.	गोवा	1	0.05	0.05
13.	गुजरात	2	19.71	5.91
14.	मध्य प्रदेश	18	71.12	57.48
15.	उड़ीसा	2	4.75	1.57
16.	पंजाब	3	2.30	1.46
17.	राजस्थान	13	109.97	109.62
18.	सिक्किम	13	34.62	26.98
19.	तमिलनाडु	5	55.90	31.61
20.	महाराष्ट्र	8	2.38	54.62
21.	मणिपुर	2	0.52	0.26
22.	मेघालय	3	7.03	2.12
23.	मिजोरम	6	14.12	4.85
24.	नागालैण्ड	5	36.05	32.34
25.	त्रिपुरा	5	21.61	6.78
26.	उत्तराखंड	3	54.80	41.80
27.	उत्तर-प्रदेश	3	29.50	29.50
28.	पश्चिमी बंगाल	5	20.11	6.00

29. अण्डमान निकोबार	0	0	0
30. चण्डीगढ़	3	0.77	0.66
31. दादर और नागर हवेली	2	0.81	065
32. दिल्ली	14	50.40	44.90
33. दमन दीव	3	4.95	1.69
34. लक्षद्वीप	0	0	0
35. पाण्डिचेरी	2	0.79	0.63
कुल	**212**	**112.11**	**868.09**

ऐसा अनुमान लगाया जाता है कि घरेलू पर्यटकों की संख्या सर्वाधिक होती है। चूंकि अखिल भारतीय स्तर पर घरेलू सैलानियों की सांख्यिकी सुलभ नहीं है पर रेलवे और बसों में यात्रा कर रहे यात्रियों का अनुमान लगाया जा सकता है। भारत में लाखों लोग प्रतिदिन तीर्थयात्रा हेतु अपने आप प्रेरित होकर भ्रमण हेतु जाते हैं किंतु इन लोगों को कोई समुचित सुविधा प्राप्त नहीं होती है। इसलिये इस प्रकार की सुविधाओं को मुहैया कराने की प्रमुख जिम्मेदारी सरकार की ही है।

लोगों का ऐसा मानना है कि भारत में आने वाले अधिकांश विदेशी पर्यटकों की रुचि यहाँ की पुरातात्विक और स्मारकीय निधि को देखने में होती है। यह कई सर्वेक्षणों और अध्ययनों से भी सामने आया है। हालांकि इन स्मारकों की देखरेख एवं रखरखाव का जिम्मा भारतीय पुरातत्व सर्वेक्षण विभाग पर है पंरतु यह परामर्श दिया गया है कि इन स्थलों पर योजनाबद्ध ढंग से पर्याप्त पर्यटन सुविधाओं की व्यवस्था होनी चाहिए। इसके लिए राज्य सरकार के साथ-साथ संबद्ध एजेंसियों की भी मदद ली जानी चाहिए। इसका उद्देश्य पुरातात्विक स्मारकों की समृद्ध विरासत का पूरा उपयोग में लाना है। धार्मिक स्थलों, हमारे लोक नृत्य-संगीत आदि को देखने के लिए लगभग विश्व के सभी देशों के लोग भारत की ओर खिंचते चले आते हैं।

भारतीय पर्यटन के क्षेत्र में केन्द्र और राज्य सरकार के अलावा कई निजी क्षेत्र एवं शैक्षिक तथा सांस्कृतिक संगठन भी शामिल हैं। पर्यटन एक व्यापक गतिविधि है, यह कोई मूर्त उपभोक्ता वस्तु नहीं है, अतएव राष्ट्रीय मापदण्ड पर इसके संपूर्ण प्रभाव को आँकना कठिन हो सकता है। परंतु जहाँ मापदण्ड स्पष्ट है और किसी खास परिस्थिति के संदर्भ में पर्यटन को आँकना है, वहाँ ऐसा संभव होता है, उदाहरण के लिए गुलमर्ग शीतकालीन खेलकूद परियोजना में लागत या मुनाफे के अध्ययन से पता चलता है कि 25 से 30 सालों की अवधि में शीतकालीन खेलकूद विकास से

लगभग 600 करोड़ रुपये का सामाजिक लाभ प्राप्त हुआ है। अंतर्राष्ट्रीय पर्यटन क्षेत्र में 1979-80 में विदेशी मुद्रा अर्जन में 20.4 प्रतिशत की वृद्धि हुई जबकि भारत में यह वृद्धि दर 12.8 प्रतिशत रही। निर्यात रणनीति समिति ने 80 के दशक की अपनी रिपोर्ट में यह बात की है। 1979 में कुल विश्व निर्यात में भारत का भाग 10.42 फीसदी था जबकि विश्व पर्यटन आमदनी में इसका हिस्सा 0.52 प्रतिशत तक सीमित रहा। वास्तव में पर्यटन की दृष्टि से सन् 1979 का वर्ष भारत के लिए सबसे खराब वर्ष रहा था। इस समय यह भी साबित हो चुका है कि अगर भारतीय पर्यटन को पूरा अवसर दिया जाय तो यह अन्तर्राष्ट्रीय व्यापार में अपने घाटे को कम कर सकता है। इसके साथ-साथ पर्यटन की दृष्टि से समर्थ क्षेत्रों को इससे सामाजिक व आर्थिक लाभ भी होता है।

पर्यटन नीति की कार्य योजना के तहत पर्यटन के फायदा युवकों में राष्ट्रीय एकता की भावना विकसित करना है, युवा छात्रावास गतिविधियों का बढ़ावा एवं पूरे देश में समन्वय और सामंजस्य की भावना का विकास करना शामिल है। ऐसा महसूस किया गया है कि इसमें देश के विविध भागों के युवाजन एक दूसरे को जान पहचान पाएँगे, समझ पाएँगे और देश के विभिन्न भागों के बारे में जानकारी प्राप्त कर पायेगें। इस तरह भारत के युवा एक सूत्र में पिरोए जा सकेंगे। इसके अतिरिक्त पर्यटन के माध्यम से इनमें एक अंतर्राष्ट्रीय समझ भी विकसित की जा सकती है।

इसके अलावा यह भी सुझाव प्रदान किया गया कि पर्यटन उद्योग के निवेश को पर्याप्त बनाने हेतु भारत सरकार के सभी संबद्ध मंत्रालयों से वित्तीय एवं अन्य प्रकार की मदद प्राप्त करने का हरसंभव प्रयास किया जाएगा। इस प्रक्रिया के तहत यह भी खुलासा होगा कि हमारे देश भारत को अपने विकास कार्यों हेतु विदेशी मुद्रा की सख्त जरूरत है। पर्यटन उद्योग विदेशी मुद्रा के अर्जन में मददगार हो सकता है। ऐसी आशा की जाती है कि इस विदेशी मुद्रा के अर्जन में पर्यटन कई तरह से सहायता कर सकता है। इंजीनियरिंग के सामान, हथकरघा और हस्तशिल्प उद्योग एवं अन्य निर्यातोन्मुखी उद्योगों द्वारा अर्जित विदेशी मुद्रा से भी इसमें वृद्धि होगी। इस संदर्भ में पर्यटन उद्योग को निर्यातोन्मुख उद्योग का दर्जा दिलाने का भी प्रयास किया जाएगा। इस नीति के अंतर्गत संरक्षण और विकास के बीच संतुलन स्थापित किया जाएगा। जिससे—पुरातात्विक स्मारकों आदि की लूट-खसोट न हो और पर्यावरण की दृष्टि से संवेदनशील प्रदेशों की पारिस्थितिक व्यवस्था में कोई असंतुलन कायम न हो।

पर्यटक के लिए निर्मित की गयी योजनाओं की उपयोगिता

केन्द्र सरकार के साथ-साथ यहाँ की विभिन्न राज्य सरकारों द्वारा पर्यटन की प्रसारणशील दुनिया में उचित योजना पर अत्यधिक बल दिया जाता है। यह पर्यटन प्रोत्साहन और गन्तव्य क्षेत्र के भौतिक, सामाजिक तथा सांस्कृतिक पर्यावरण को सुरक्षित रखने में सरकारों के बीच संतुलन सुनिश्चित करने हेतु किया जाता है। पर्यटन विकास से जुड़ी हुई सभी पर्यटन संबंधी क्रियाओं में एवं स्थानीय पर्यावरण के बीच संतुलन बनाए रखना है। ऐसा प्रमुखतः विकासशील देशों में है। यहाँ यह प्रभाव सबसे सबल है क्योंकि उन्हें ऐसी संरचनात्मक सुविधाएँ विकसित करनी चाहिए जो किसी भी पर्यटन क्षेत्र की सांस्कृतिक विशेषताओं को सुरक्षित रख सके एवं हर तरह के सामाजिक, आर्थिक विकास को प्रोत्साहित भी करे। इसके साथ ही पर्यटन के क्षेत्र में ज्यादा पर्यटकों को आकर्षित करने के लिए देश के भौतिक पर्यावरण की सुरक्षा और उसमें वृद्धि करनी चाहिए ।

पर्यटन संबंधी गतिविधियों तथा पर्यटन प्रोत्साहन और अधिसंरचनात्मक सुविधा का विकास किसी भी पर्यटन क्षेत्र पर सामाजिक, सांस्कृतिक, आर्थिक, भौतिक पर्यावरणीय प्रभाव डालेगा। जब कोई विकासशील निर्णय लेना हो तो उससे पहले पूर्व वैज्ञानिक तकनीकियों का प्रयोग करते हुए योजनाबद्ध मूल्यांकन एवं विश्लेषण कर लेना चाहिए। ये पर्वतीय पर्यावरण के संवेदनशील प्रतिवेशों, वन्य जीवों एवं तटीय रिर्साट एवं दूसरे परम्परागत सांस्कृतिक दृष्टि से संवेदी गंतव्यों पर ज्यादा लागू होते हैं। इस तरह पर्यटन विकास के प्रत्येक कार्यक्रम का मौलिक उद्देश्य सकारात्मक प्रभावों को बढ़ावा देना और गंतव्य क्षेत्रों के सामाजिक, आर्थिक एवं भौतिक पर्यावरण पर पड़ने वाले नकारात्मक प्रभावों को घटाने वाला होना चाहिए।

पर्यटन नियोजन

राष्ट्रीय पंचवर्षीय योजनाओं में राष्ट्रीय व स्थानीय स्तर के पर्यटन नियोजन से जुड़े हुए क्षेत्रों को महत्त्व दिया जाना चाहिए।

सांस्कृतिक और ऐतिहासिक महत्त्व की राष्ट्रीय विरासत की परियोजनाओं का पुनरुद्धार और संतुलित विकास हो जिससे भारत एक सांस्कृतिक पर्यटन स्थल के रूप में स्थापित हो सके। साथ ही पर्यटन का राष्ट्रीय विरासत के संरक्षण के मुख्य तौर पर उपयोग हो सके। सीमित संसाधनों को अत्यधिक क्षेत्रों में विस्तृत करने के

बजाए कुछ ऐसे चुने हुए पर्यटक क्षेत्रों एवं केंद्रों को विकसित किया जाए जो सैलानियों में लोकप्रिय हो। पर्यटकों को अत्यधिक संख्या में आकृष्ट करने और उनके ठहरने की अवधि को बढ़ाने हेतु हिमालय, रेतीले तटों वाले सुनहरी धूप से विशाल समुद्र तटीय क्षेत्र एवं वन्य जीव जैसे पर्यटन संसाधनों का इस्तेमाल करके ट्रेकिंग शीतकालीन क्रीड़ा वन्य जीव पर्यटन और तटीय रिसॉर्ट जैसे परम्परागत क्षेत्रों का विकास करना चाहिए। वृहत् मध्य और लघु आयामी पर्यटन कॉम्पलेक्स की योजना, विकास, पर्यटन संसाधनों और पर्यटन गतिविधियों को संघटित कर सकेंगे। इससे एक तरफ तो सामाजिक, आर्थिक एवं पर्यावरणात्मक उद्देश्यों की दृष्टि से और दूसरी तरफ पर्यटकों की ढाँचागत सुविधाओं की जरूरतों की दृष्टि से अधिकतम लाभ प्राप्त हो सकेगा। पर्यावरणीय संरक्षण को ध्यान में रखते हुए विविध गंतव्य क्षेत्रों के लिए प्रायोजित अनेक पर्यटन गतिविधियों की ढाँचागत सुविधाओं की माँग की आपूर्ति का प्रबंध पर्यटन विकास योजनाओं के द्वारा किया जाना चाहिए। पर्यटन गतिविधि क्षेत्र अपने अंदर विविध प्रकार के उद्देश्यों को समेटे हुए है–

1. ऐतिहासिक स्थल, स्मारकीय कॉम्पलेक्स, मेले एवं उत्सवों वाले केन्द्रों सहित सांस्कृतिक पर्यटन के क्षेत्र।
2. मनोरंजन और अवकाश व्यतीत करने हेतु क्षेत्र जैसे समुद्र तट के रिसॉर्ट।
3. विशेष दिलचस्पी के क्षेत्र अर्थात् वन्य जीव क्षेत्र आकर्षक वनस्पति और प्राणी समूह के क्षेत्र, पक्षी विहार आदि।
4. धार्मिक पर्यटन क्षेत्र जैसे तीर्थ स्थल और मंदिरों के शहर।
5. साहसिक पर्यटन क्षेत्र अर्थात् वन्य जीव क्षेत्र, आकर्षक वनस्पति और प्राणी समूह के क्षेत्र, पक्षी विहार आदि।
6. अनुकूल जलवायु वाले सुखदायी क्षेत्र यथा पर्वतीय रिसॉर्ट।
7. सहनशील मनोरंजन हेतु प्राकृतिक सौंदर्य के विस्तृत क्षेत्र।

अधिसंरचना सुविधा का विकास

पर्यटन जगत से संबंधित विकास कार्यों के विभिन्न तत्वों के रूप में प्रभावी तरीके से संबंधित भौतिक अधिसरंचनात्मक सुविधाओं का विकास आवश्यक है। अधिसंरचनात्मक सुविधाओं की कल्पना भी क्षेत्र एवं मेजबान जनसंख्या की सम्पूर्ण जरूरतों को ध्यान में रखते हुए करनी चाहिए। किसी रिसॉर्ट को पर्याप्त पैमाने पर

आकर्षण प्रदान करना पर्यटक केंद्र के विकास हेतु एक अत्यावश्यक पहलू है। मोटे तौर पर कहा जा सकता है कि पर्यटन केंद्र को सामूहिक तौर पर गुण प्रदान करने वाले तीन प्रमुख घटक निम्नांकित हैं–

1. आवागमन की सुविधा :- पर्यटन क्षेत्रों तक आने-जाने हेतु परिवहन व्यवस्था और सड़कों की सही सुविधा होनी चाहिए। पर्यटन की दृष्टि से प्रमुख नगर के विशिष्ट स्थानों हेतु निकटवर्ती हवाई अड्डे, रेलवे स्टेशन, सड़क मार्ग, टर्मिनल अथवा फिर अन्य प्रवेश बिन्दुओं से शहर की ओर जाने की सुविधा परिवहन के तीन परम्परागत साधनों अर्थात् सड़क, रेल, और वायु द्वारा देश के समीपस्थ स्थल से पर्यटन केंद्र और पर्यटन गंतव्य क्षेत्र तक पहुँचने की सुविधा और क्षेत्र के भीतर सैलानी की रुचि के अन्य महत्त्वपूर्ण केंद्रों के साथ संयोजन।

2. आवास की व्यवस्था–पर्यटन के क्षेत्र में समुचित आवास की व्यवस्था करना एवं उनके विकास पर ध्यान देना चाहिए। यदाकदा अच्छा आवास पर्यटकों को ज्यादा समय तक विश्राम करने की प्रेरणा देता है। भारत के मौजूदा संदर्भ में इस मौलिक सुख-सुविधा का अभाव सैलानियों के आगमन के लिए सबसे बड़ा बाधक है। विभिन्न केंद्रों पर दिए जाने वाले आवास की मात्रा एवं स्वरूप पर्यटकों की जरूरतों पर निर्भर करेगा। किंतु कुल मिलाकर पर्यटन हेतु आवास आरामदेह, समग्र सुविधाओं तथा सेवाओं सहित और आर्थिक तथा भौतिक दृष्टिकोण से स्थिति के अनुसार होना चाहिए। साथ ही आवासीय विकास हेतु जरूरी अन्तर्निर्मित सुविधा होनी चाहिए।

पर्यटक कॉम्पलेक्स आकर्षक बनाने हेतु निरंतर विद्युत एवं सुरक्षित जल आपूर्ति, मल-निकास, अपवहन और स्वच्छता, प्रबंध आदि मौलिक सुविधाएँ एवं सेवाएँ ऐसे आवश्यक तत्व हैं जिन्हें सुनिश्चित कर लेना चाहिए। इसके अलावा नागरिक सेवाएँ जैसे चिकित्सा सुविधा, डाक तार और बैंकिंग को सुविधाओं का आवश्यक भाग समझा जाता है। फिर भी इन सभी पक्षों में पर्यटन के प्रकार एवं गंतव्य की स्थिति के अनुसार बदलाव होता रहता है।

3. मनोविनोद का प्रबंधन–पर्यटन के क्षेत्र में मनोरंजन की सुविधा का भी विकास किया जाना चाहिए। यदि आवास उपलब्धता प्रमुख रूप से पर्यटन के ठहरने की अवधि को बढ़ाने में प्रभावी है तो किसी सैलानी केंद्र पर पर्याप्त मनोरंजन के तत्वों की व्यवस्था कुल मिलाकर पर्यटन स्थल के समय बढ़ा सकती है। विकास का यह पक्ष विश्राम एवं मन बहलाव हेतु अनिवार्य रूप से महत्त्वपूर्ण है। पर्यटन के संदर्भ

में मनोरंजन की बहुत सी अभिव्यक्तियाँ हैं जिसमें बाहरी सक्रिय अथवा निष्क्रिय मनोरंजन के आयोजन के अलावा हर प्रकार के व्यावसायिक मनोरंजन भी सम्मिलित हैं। देश के महानगरों और प्रमुख शहरों में इस समस्या का निदान काफी, हद तक हो चुका है। जो स्थानीय शहरों की भी आवश्यकताओं में शामिल है। फिर भी छोटे स्थानों में, जो संभवतः ज्यादा पर्यटन रुचि और आकर्षण के हो सकते हैं, इस प्रकार के मनोरंजनात्मक सुख साधन को भाने वाले सैलानियों के लिये सुलभ कराना चाहिये। किंतु ऐसा सामाजिक, सांस्कृतिक परिवेश और गंतव्य को ध्यान में रखते हुए ही करना चाहिए।

पर्यटक अधिसंरचनात्मक सुविधा के प्राथमिक तत्वों के अलावा सहायक अधिसंरचनात्मक सुविधाओं और सेवाओं को पर्यटक केंद्र के व्यापक विकास हेतु समझा जाता है। पर्यटन सेवाओं के फलस्वरूप सुख साधनों के प्रबंधन के लिए सेवा करने वाले लोगों की आवश्यकता होती है। उनके लिए घर और सहायक सुविधाएँ जरूरी हैं। इस पक्ष की उपेक्षा के कारण जीवन की अमानुषिक परिस्थितियाँ सहित मलिन बस्तियों की उत्पत्ति भी होगी।

योजना आयोग द्वारा पर्यटन को बढ़ावा

भारत सरकार के योजना आयोग ने जून 1982 में पर्यटन को एक उद्योग का दर्जा प्रदान किया। सातवीं एवं आठवीं योजना में पर्यटन को काफी महत्त्व दिया गया। आने वाले वर्षों हेतु योजना बनाने के लिए 1986 में योजना आयोग ने राष्ट्रीय पर्यटन समिति की स्थापना की। समिति ने 1988 में अपनी रिपोर्ट पेश की जिसके मुख्य सुझाव निम्नांकित हैं।

पर्यटन क्षेत्र की विकास रणनीति निम्न लागत अर्थव्यवस्था, उत्पादकता का उच्च स्तर, अधिसंरचना की कार्यकुशलता में सुधार एवं प्रतियोगिता को प्रोत्साहन देना आदि के सिद्धांतों पर आधारित होनी चाहिए। विविध पर्यटन विकास परियोजना को राशि आवंटित करते समय पूँजी श्रम, अनुपात एवं प्रति डॉलर अर्जित पूँजी संसाधन लागत और प्रति पर्यटक सेवा की जानकारी प्राप्त करना उपयोगी होगा। इस हेतु पूँजी की कमी को देखते हुए पहले देश के कतिपय पर्यटन स्थलों को विकास हेतु चुनना चाहिए।

पर्यटन व्यवसाय को ऋण सहायता प्रदान करने एवं विशिष्ट आवश्यकताओं की पूर्ति हेतु 100 करोड़ रुपए की आरंभिक लागत से पर्यटन वित निगम की

स्थापना का परामर्श दिया गया। फलस्वरूप भारतीय पर्यटन वित निगम की स्थापना की गई।

आवास संबंधित सुझाव

आवास के संदर्भ में विभिन्न सुझाव दिये जो निम्नलिखित हैं–

1. महलों, पुरानी हवेलियों जैसी राष्ट्रीय संपदाओं की सुरक्षा, रखरखाव तथा आवास गृहों में रूपांतरण।
2. आवासीय क्षेत्रों को प्रोत्साहित करने हेतु ऋण लेने और चुकाने की सुविधा और वित्तीय प्रोत्साहन देना और संचालन तथा प्रबंध में कार्यक्षमता बढ़ाने हेतु कार्यात्मक लागत को प्रोत्साहन देना।
3. अधिक से अधिक युवा छात्रावासों का निर्माण।
4. व्यक्तिगत अतिथि गृहों, पर्यटन आवास, वन-आवास आदि जैसी अनुपूरक आवास व्यवस्था की स्थापना को बढ़ावा एवं प्रोत्साहन देना।

परिवहन संबंधी सुझाव

परिवहन के क्षेत्र में निम्नलिखित सुझाव दिये गये–

1. सड़क परिवहन के सुधार का विशेष प्रबंध किया जाना चाहिए। चार राजमार्गों एवं मोटर मार्गों का विकास किया जाना चाहिए, जिनके किनारे समुचित दूरी पर ठहरने एवं रुकने का इंतजाम हो।
2. ट्रेवल एजेंसियों की वायुसेवाओं और रेलवे आरक्षण से जुड़े टर्मिनल सुलभ कराए जाने चाहिएँ।
3. पैलेस ऑन व्हील्स की तर्ज पर दूसरे यात्रा मार्गों पर भी विशेष पर्यटन रेलगाड़ियाँ चलाई जानी चाहिएँ।
4. एयर चार्टर का उदारता से अनुमोदन करना चाहिए।
5. भारत आने और यहाँ से जाने वाले सैलानियों की सुविधा विदेशी वायुसेवाओं के प्रति उदार नीति अपनानी चाहिए।
6. नदी मार्गों की संभावनाओं का पूर्ण रूप से विकास किया जाए।
7. रेल मंत्रालय में पृथक् से एक पर्यटन निदेशालय होना चाहिए।
8. इंडियन एयर लाइन्स का आंशिक निजीकरण होना चाहिए।

एयर इंडिया को संयुक्त स्टॉफ कंपनी में बदल दिया जाना चाहिए। इससे इस वायुसेवा में अपेक्षित पेशेवर रुझान आ सकेगा एवं यात्रियों और सुविधाओं का बेहतर इंतजाम हो सकेगा।

पर्यावरण संबंधी सुझाव

पर्यावरण के संदर्भ में विभिन्न सुझाव दिये गये जिनमें से कुछ प्रमुख सुझावों को निम्नलिखित पंक्तियों में स्पष्ट किया गया है:–

1. जिन क्षेत्रों में पर्यावरण को खतरा हो उन इलाकों को सैलानियों से पूरी तरह सुरक्षित करना उदाहरणस्वरूप अंडमान निकोबार के अधिकतर द्वीप समूह।
2. विविध क्षेत्रों में विशेष पर्यटन इलाकों का निर्माण जहाँ पर्यटन गतिविधि को केंद्रित किया जा सके।
3. क्षेत्रों को बारी-बारी से सैलानियों के लिए खोलना और बंद करना ताकि पर्यावरण को सुरक्षित रखा जा सके।
4. एक समय पर सीमित संख्या में सैलानियों के प्रवेश की अनुमति।
5. किसी खास तरह के पर्यटन की अनुमति जैसे-ट्रैकिंग।
6. पारिस्थितिकी और रोमांच समूह से जुड़े गैर-सरकारी संगठनों की मदद लेना।
7. स्थानीय परिस्थिति के अनुसार पर्यटक सुविधाओं का विकास करना। जैसे-पहाड़ी इलाकों में विस्तृत पैमाने पर सड़क बनाने के स्थान पर पगडंडियों, साइकिल मार्ग, रज्जु मार्ग आदि की संभावनाओं का विकास।
8. जिस क्षेत्र में परिभ्रमण का विकास करना हो उसकी वहन क्षमता का मूल्यांकन करना।

आय संबंधी सुझाव

अंतर्राष्ट्रीय पर्यटन में भारत की आमदनी बढ़ाने हेतु विभिन्न सुझाव दिये गये जो निम्नलिखित हैं–

1. गैर परपंरागत सैलानियों ढंग से पर्यटन करने वाले पर्यटकों को भारत अपनी ओर खींच सकता है और इस दिशा में प्रयत्न करना चाहिये।
2. यूरोप एवं उत्तरी अमेरिका में पर्यटन अपनी चरम सीमा पर पहुँच गया है। वहाँ से सैलानियों को आकर्षित किया जा सकता है।

3. पर्यटन के विकासात्मक और विपणन प्रयत्नों को प्रतियोगितापूर्ण धार देने के लिए एक बाजार विकास पद्धति की स्थापना की जानी चाहिए।
4. पर्यटन सूचना नेटवर्क की स्थापना हेतु संचार और कम्प्यूटर के क्षेत्र में हुए तकनीकी विकासों का प्रयोग किया जाना चाहिए।
5. विदेशों में पर्यटन कार्यालयों के चुनाव और स्थापना पर्याप्त संसाधन जुटाये जाने चाहिएँ एवं योग्य, पेशेवर और विपणन में माहिर अधिकारी की नियुक्ति की जानी चाहिए।
6. सार्वजनिक और निजी अभिकरणों संसाधन ग्रहण कर मुख्य बाजारों में एक राष्ट्रीय छवि निर्माण एवं विपणन (Marketing) योजना बनाई जानी चाहिए।

आठवीं पंचवर्षीय योजना (1992-97)

मई 1992 में भारत सरकार ने संसद में पर्यटन कार्य योजना रखी जो आठवीं योजना के दस्तावेज का आधार बनी। आठवीं योजना के कतिपय प्रमुख सुझाव इस प्रकार हैं–

1. पर्यटन के विकास में राज्य की विकास की संपूर्ण रणनीति का नियोजन,
2. निजी क्षेत्र में निवेश को बढ़ावा देने हेतु वितीय मदद, उद्योग, उपभोक्ता और पर्यावरण के हितों की सुरक्षा हेतु प्रभावी नियमन को विकसित करना आदि की भूमिका होगी।
3. आठवीं योजना के दौरान मुख्य ध्यान यूरोप, अमेरिका एवं जापान जैसे राष्ट्रों में आने वाले सैलानियों पर केंद्रित किया गया जो ज्यादा पैसा खर्च कर सकते हैं।
4. पर्यटन परिवहन आदि के विकास में निजी क्षेत्र के हस्तक्षेप को प्रोत्साहित किया गया।

वस्तुतः आठवीं योजना के दस्तावेज का मुख्य जोर निजी उद्यम की भागीदारी एवं पैसा खर्च करने वाले सैलानियों को आकृष्ट करने पर केंद्रित है।

राष्ट्रीय कार्य योजना 1992

उद्देश्य–भारत सरकार की राष्ट्रीय पर्यटन कार्य योजना के उद्देश्य इस तरह हैं–

1. पर्यटन उत्पाद में भिन्नता—भारत में परंपरागत सांस्कृतिक पर्यटन को सुरक्षित रखते हुए परिवर्तित उत्पादों में विभिन्नता लाई जानी चाहिए। उपभोक्ता की बदलती माँग को देखते हुए आराम, रोमांच, सम्मेलन एवं प्रोत्साहन पर्यटन के क्षेत्र का भी समुचित विकास किया जाना चाहिए।

2. अंतर्राष्ट्रीय पर्यटन का विकास और विदेशी मुद्रा अर्जन :- वैश्विक पर्यटन से विदेशी मुद्रा अर्जन में काफी सहायता मिलती है और देश की आवश्यकताओं को देखते हुए पर्यटन का विकास ऐसा होना चाहिए कि सदी के अंत तक विदेशी मुद्रा अर्जन 2.440 करोड़ रुपये से बढ़कर 10,000 करोड़ हो जाए।

3. रोजगार में वृद्धि—पर्यटन एक ऐसा उद्योग एवं व्यवसाय है जो सकारात्मक एवं नकारात्मक दोनों रूपों से लगभग 1.3 से 1.4 करोड़ व्यक्तियों को रोजगार उपलब्ध करवाता है। इस दशक के अंत तक आज की तुलना में ये रोजगार के अवसर कम से कम दोगुने हो जाने चाहिएँ।

4. क्षेत्रों का सामाजिक-आर्थिक प्रगति—पर्यटन के क्षेत्र विशेष के व्यक्तियों को सामाजिक-आर्थिक लाभ होता है और उनका जीवन स्तर ऊँचा उठता है। यह उन क्षेत्रों में भी विकास का मार्ग प्रशस्त करता है जहाँ अन्य आर्थिक गतिविधियों की संभावना नहीं होती है।

5. घरेलू पर्यटन का विकास—हालांकि क्षेत्रीय पर्यटकों की संख्या सर्वाधिक होती है। भारत में भी घरेलू सुविधाओं का सुधार और प्रचार किया जाएगा। इसमें खासकर कम आमदनी वाले पर्यटकों का ध्यान रखा जाएगा ताकि वे भी पर्यटन और छुट्टी का आनंद उठा सकें।

6. राष्ट्रीय विरासत और पर्यावरण की सुरक्षा—पर्यटन का विकास की प्रक्रिया में सांस्कृतिक अभिव्यक्ति एवं विरासत की सुरक्षा की जाएगी तथा कला और शिल्प को संरक्षण प्रदान किया जाएगा। पर्यावरण का संरक्षण और संवर्धन पर्यटन विकास का अभिन्न होना चाहिए।

7. विश्व पर्यटन में भारत की भूमिका—अभी विश्व के कुल विदेशी सैलानियों के आवागमन में भारत का सिर्फ 0.4 प्रतिशत अंशदान है। कार्य योजना का एक मुख्य उद्देश्य अगले पाँच वर्षों में इसे बढ़ाकर 1 फीसदी करना है।

नगरीय पर्यटन स्थल

नगरीय पर्यटन स्थलों की स्थापना तथा विकास पर विशेष रूप से ध्यान देने

की जरूरत है। जिन शहरों में पर्यटन स्थल हैं वहाँ उनके साफ-सफाई और आकर्षण को बराबर रखने के लिए विशेष नीति के तहत कार्य किया जाना चाहिए। ऐतिहासिक शहरों और तीर्थस्थलों पर अधिक संख्या में पर्यटक आते हैं। ऐसे में वहाँ पर विस्तृत कॉम्प्लेक्स की व्यवस्था होनी चाहिए। पर्यटन स्थलों की अधिसरंचनात्मक सुविधा की योजना एवं भौतिक विकास की कल्पना सम्पूर्ण पर्यटन विकास योजना की सीमा के अंदर होनी चाहिए। पर्यटन विकास योजना में निम्नलिखित को शामिल होना चाहिए।

पर्यटक अधिसंरचनात्मक सुविधाओं की स्थापना हेतु प्रत्येक स्थल के चारों ओर स्थल निर्धारण और इसके साथ ही जहाँ तक संभव हो उचित नियमों द्वारा यह सुनिश्चित करना कि प्रतिवेश में अत्यधिक विकास न हो। एक प्रमुख मौलिक धारणा यह होनी चाहिए कि अपने समीपवर्ती प्रतिवेश में सहनशील उपयोगों की स्थापना द्वारा पर्यटन स्थान की पहचान और उपयोगिता को बनाए रखा जाए।

पर्यटन अधिसंरचनात्मक सुविधा के विकास हेतु निर्धारित स्थान के भीतर ध्यान देने योग्य महत्त्वपूर्ण बात यह है कि वास्तविक सैलानी स्थल अधिसरंचनात्मक सुविधा में निम्न न हो अपितु उसे सबसे प्रमुख होना चाहिए। ऐसा तभी संभव होगा जब निर्धारित आंतरिक स्थानिक संघटन की योजना ऐसी हो कि अधिसरंचनात्मक पर्यटन कॉम्पलेक्स स्थान प्रवेश सड़क से प्रत्यक्ष रूप से जुड़ा हो और वहाँ तक सुगमता से पहुँचा जा सके। अधिसंरचनात्मक सुविधा तथा पर्यटक स्थल के ज्यादा से ज्यादा विस्तृत हराऋभरा क्षेत्र होना जरूरी है। इसके लिए आवश्यक है कि धीरे-धीरे क्षेत्र को विकसित किया जाए। इसकी जरूरत नहीं है कि अधिसरंचनात्मक सुविधा को लम्बे-चौड़े क्षेत्र में फैला कर विकसित किया जाए अपितु इस सुविधा को सुनियोजित ढंग से विकसित किया जाना चाहिए जिससे निर्धारित स्थल का भाग हरा रह सके, कार्यशीलता की दृष्टि से अधिक बेहतर सुविधाएँ प्रस्तुत की जा सकें।

योजना की आवश्यकता तथा उसके पर्यटन

सैलानी केंद्रों के संदर्भ में संरक्षण-केंद्रों की पर्यटन विशेषता की सुरक्षा भी सैलानियों से जुड़ी होती है और नगरों के मामले में यह पक्ष विशेष रूप से सैलानियों से सम्बद्ध होता है क्योंकि यहाँ वह सब मिलकर विरासत और ऐतिहासिक महत्त्व के कारण सैलानियों के लिए आकर्षण के केंद्र बनते हैं। ऐसे शहरों की आर्थिक विभिन्नता के समान ही भौतिक विकास को इस तरह नियोजित करना चाहिए कि

उसकी विरासत और ऐतिहासिक पवित्रता को भौतिक रूप से बनाए रखा जा सके। ऐसा उनके प्रतिवेश में पर्याप्त हरा-भरा मध्यवर्ती क्षेत्र रखकर और पर्यटन की प्रगति के हित में नया विकास करके किया जा सकता है।

पर्यटन स्थल के तहत भौतिक सुरक्षा को नवीनीकरण करके प्रकट कर सकते हैं जिससे अच्छे, उद्यानों, फर्श और पर्यटक सामग्री जैसे सैलानी साहित्य, गाइडें, कलाकृतियों की दुकानें आदि सहित उसे अधिक सुंदर और आकर्षक बनाया जा सके। तथापि यह ऐसा मामला है जो अत्यधिक नियंत्रण, उद्देश्य, अनभिज्ञता एवं अतिसंवेदनशीलता के योग्य हैं। फिर भी बड़े पैमाने पर नवीनीकरण और सौंदर्यीकरण से भी ज्यादा सुरक्षा और संरक्षण पर जोर देना चाहिए।

पर्यटन स्थल के विकास में प्रमुख रूप से पर्यटन प्रक्रिया क्षेत्रों में आज नैसर्गिक गुणों का संरक्षण सैलानियों के आकर्षण को बनाए रखने हेतु महत्त्वपूर्ण हैं। इसके अलावा उचित रूप से निर्धारित योजना के अनुसार प्रचुर वृक्षारोपण को स्थल विकास कार्यक्रम का आवश्यक भाग होना चाहिए। अधिसरंचनात्मक सुविधा हेतु निर्धारित स्थानों के भवनों की मौलिक योजना के साथ एक मंद गति का विकास जुड़ा होना चाहिए।

पर्यटन स्थलों के विकास हेतु बनाई जाने वाली भौतिक विकास योजना का सबसे सबसे प्रमुख उद्देश्य यह है कि अधिक से अधिक पर्यटकों को प्रभावित किया जाए क्योंकि इस दृश्य योजना में आकृति एवं सौंदर्य उनके प्रतिपादन और भूदृश्य निर्माण, नवीनीकरण और सामान्य सौंदर्योकरण अथवा पर्यटकों के लिए आवासीय सुविधा सुलभ कराने से संबंधित है। इसलिए पर्यटन स्थलों और उसके आसपास के क्षेत्र की भौतिक योजना को शहर की दशा और भूदृश्य योजना सहित भौतिक धरातल और अधिसंरचनात्मक सुविधाओं के संश्लेषण का प्रयास करना चाहिए। ऐसा करने से विकास कार्य में सफलता मिलेगी और पर्यटन क्षेत्र की सुंदरता बढ़ेगी।

विकास योजना के निर्माण में व्यक्तिगत या सामूहिक पर्यटकों के हितों एवं रुचियों पर ध्यान देना जरूरी है। इसे परिभ्रमण स्थल और परिवेश की भौतिक विशिष्टताओं से संबंधित होना चाहिए। ऐसा प्रयत्न स्थल को विवेकपूर्ण विकास और पर्यटक संसाधनों के अनुकूलतम, उपयोग के लायक बना देता है। समस्त अधिसंरचनात्मक सुविधाओं का विकास स्मारक के इर्द-गिर्द करना चाहिए। बड़े कॉम्पलेक्सों के विषय में भी ऐसे ही सिद्धांत अपनाए जा सकते हैं। एक सम्पूर्ण स्थानिक परिरूप की रचना पर विचार करके ऐसा किया जा सकता है।

योजना की आवश्यकताएँ

पर्यटक संसाधन और अधिसंरचनात्मक सुविधा की जरूरत का मूल्यांकन करना चाहिए और क्षेत्र एवं अन्य पक्षों की वहन क्षमता के समनुरूप विकास की सीमा को निर्धारित करना चाहिए। इसके बाद स्थानीय पर्यावरण पहाड़ी आवास पर विकास के प्रभाव को ज्ञात करना चाहिए।

इस तरह सारे विकासीय कार्यक्रमों में विशेष तौर पर पर्यटन संबंधी विकास के तहत कुछ प्रमुख बातों पर भी ध्यान दिया जाना चाहिए जैसे– उनकी सामाजिक-सांस्कृतिक पहचान की सुरक्षा करना एवं कायम रखना। नगर की अर्थव्यवस्था में समग्र रूप से सुधार। जीवन की गुणवता का विकास आदि।

पर्यटन विकास की व्यूह संरचना

इन उद्देश्यों की पूर्ति हेतु निम्नलिखित रणनीति अपनाई गई है–

1. वर्तमान अधिसरंचना के अधिकतम उपयोग हेतु स्थल का विपणन करने के साथ-साथ समन्वित विकास के लिए चयनित आधार पर क्षेत्रों का विकास।
2. मानव संसाधनों के विकास हेतु संस्थाओं की पुनर्रचना और दृढ़ीकरण।
3. विदेशी सैलानियों के आगमन और विदेशी मुद्रा अर्जन बढ़ाने के लिए एक सुचारु नीति का निर्माण।

पर्यटक अधिसरंचना में सुधार–अब तक राज्य ने सेवा क्षेत्र में अत्यधिक योगदान दिया है। अब इसे निजी क्षेत्र की पहले और निवेश के लिए छोड़ देना चाहिए। विकास कि गति को बढ़ाने हेतु अब घरेलू और विदेशी दोनों ही क्षेत्रों में निजी निवेश को प्रोत्साहन करने की नीति अपनानी होगी। पर्यटन मंत्रालय की भूमिका नीति निर्माण तक सीमित होगी।

आवास–भारत में होटल, पर्यटन अधिसंरचना का एक प्रमुख और जरूरी अंग है। यह आँकलन लगाया गया है कि भारत में अनुशासित श्रेणी में 44,405 होटल सुलभ है, अगले तीन वर्षों में इसे दोगुना करने का लक्ष्य है। किसी होटल द्वारा अर्जित 50 फीसदी विदेशी मुद्रा आयकर से मुक्त होगी और अगर 50 प्रतिशत शेष विदेशी मुद्रा पर्यटन उद्योग में पुनर्निवेशित की जाती है तो यह भी आयकर से मुक्त होगी। पर्यटन क्षेत्रों में भी इस विकास से गति लाने हेतु सरकार ने घोषणा की कि ग्रामीण

इलाकों, हिल स्टेशनों, तीर्थ स्थलों, एवं विशेषीकृत पर्यटन स्थलों में होटल खोलने पर व्यय कर नहीं लगेगा और आयकर में 50 प्रतिशत की छूट की जाएगी।

भारत सरकार होटलों के निर्माण के लिए कम दर पर ऋण भी प्रदान कर रही है। 4-5 स्टार होटलों के लिए 7.5 लाख तक 1 प्रति ब्याज मदद एवं अन्य अनुशासित होटलों के लिए 3 प्रति ब्याज सहायता ऋण मुहैय्या कराया जाता है। बड़े शहरों में खुलने वाले 4-5 स्टार होटलों और अन्य होटलों के लिए अब यह छूट नहीं दी जायेगी। विशेष क्षेत्रों और विशेषीकृत स्थलों में विकास को गति देने हेतु सभी 1, 2, 4, स्टार के होटलों के लिए ब्याज सहायता बढ़ाकर 5 प्रतिशत कर दी जाएगी।

कुछ प्राचीन हवेलियाँ ऐसी हैं जिन्हें बड़ी सरलता से होटलों का रूप दिया जा सकता है। इनमें से अनेक की हालत खस्ता है एवं इन्हें होटल के तौर पर बदल कर राष्ट्रीय विरासत होटलों के विकास को प्रोत्साहित करने का निर्णय लिया गया है। अपने नियमों को उदार बनाते हुए भारतीय पर्यटन वित निगम अब विरासत होटल परियोजनाओं हेतु 50 लाख अधिक अग्रिम ऋण मुहैया कराएगा। एक नई योजना लागू की जाएगी जिसके अर्न्तगत इस श्रेणी के होटलों को 5 अथवा कुल लागत का 25 प्रतिशत की छूट दी जाएगी। ग्रामीण क्षेत्रों में स्थित हवेलियों पर व्यय कर नहीं लगेगा और आयकर में 50 प्रतिशत की छूट होगी। आशा की जाती है कि इन रियायतों से भारत में विरासत होटलों में तीव्रगति से वृद्धि होने की संभावना है।

घरेलू पर्यटन को बढ़ावा

वर्तमान समय में घरेलू या स्थानीय पर्यटन को प्रोत्साहन देने के उपाय भी किए जा रहे हैं। अल्प आय वाले सैलानियों हेतु खास तौर पर तंबुनुमा आवासों का इंतजाम किया जा रहा है। रोमांचकारी कैपों की स्थापना हेतु तंबु आवासों और अन्य सुविधाओं को जुटाने हेतु केंद्र सरकार राज्य पर्यटन विकास निगमों को वित्तीय सहायता मुहैय्या कराएगी। घरेलू और विदेशी दोनों तरह के सैलानियों को सस्ता और स्वास्थ्यकर आवास उपलब्ध कराने के लिए अतिथि भुगतान आवास को भी प्रोत्साहित किया जा रहा है। इसी तरह अपार्टमेंट होटलों को मान्यता प्रदान करने हेतु वर्गीकरण नियमों में ढील दी जा रही है ताकि घरेलू सैलानियों को सस्ते आवास प्रदान किए जा सकें। इसके अतिरिक्त घरेलू पर्यटन में लगे टूर-ऑपरेटर, ट्रेवल ऐजेंटों को मान्यता प्रदान करने हेतु नियम में सुधार लाया जा रहा है।

वस्तुतः समस्त मान्यता प्राप्त टूर-ऑपरेटरों और ट्रेवल एजेंटों को यह सलाह दी गयी है कि वे स्थानीय पर्यटन के लिए भी कार्य करें।

तीर्थयात्रा पर्यटन :- पर्यटन में तीर्थयात्रियों की संख्या अत्यधिक होती है। तीर्थस्थलों में सैलानियों अधिसंरचनात्मक सुविधाओं का अपेक्षित विकास आवश्यक है। इस उद्देश्य से केंद्र सरकार हर वर्ष केंद्रीय सहायता के रूप में 5 करोड़ रुपये राज्य पर्यटन विकास निगम/निजी उद्यमियों को प्रदान करेगी। इसका प्रयोग प्रमुख तीर्थ स्थलों में आवासीय सुविधाओं के विकास, यात्रा के दौरान आवश्यक सुविधाओं के विकास एवं परिवहन व्यवस्थाओं के विकास के लिए किया जाएगा।

शिल्प ग्राम :- सूरजकुण्ड मेला और शिल्प ग्राम, उदयपुर की तरफ बड़ी संख्या में सैलानी आकृष्ट होते हैं। इन केंद्रों की सफलता को देखते हुए पर्यटन विभाग देश के विविध भागों में शिल्प ग्राम स्थापित करने और इन प्रदेशों के परंपरागत हस्तशिल्पों को प्रोत्साहित करने की दिशा में विचार कर रहा है।

उत्सव एवं पर्व—मेले एवं पर्व सिर्फ भारत की सांस्कृतिक विरासत का ही प्रतिनिधित्व नहीं करते अपितु ये सैलानियों के आकर्षण के प्रमुख केंद्र भी बन गए हैं। इनकी तरफ पर्यटन मंत्रालय का ध्यान गया है और विदेशी सैलानियों को आकर्षित करने हेतु उन्हें विकसित और प्रचारित करने की ओर ध्यान दिया जा रहा है। पुष्कर मेला, सोनपुर पशु मेला, पतंग उत्सव, एल्लेप्पे नौका दौड़, मैसूर एवं कुल्लू का दशहरा पर्व आदि सैलानियों के आकर्षण के केंद्र बन गए हैं। देश में इन परंपरागत मेलों और पर्वों के विकास के लिए मंत्रालय उदारता से वित्तीय मदद देगा और अंतर्राष्ट्रीय बाजार में जोर-शोर से इनका प्रचार करेगा।

सड़क यातायात—पर्यटन के क्षेत्र में सड़क परिवहन का भी व्यापक महत्त्व होता है। प्रत्येक पर्यटन स्थल तक रेलमार्ग या वायु मार्ग से पहुँच पाना सम्भव नहीं है। ऐसे में सड़क परिवहन का महत्त्व बढ़ जाता है। कई राज्यों में प्रभुख पर्यटन स्थलों के लिये विशेष वालानुकूलित बसों की व्यवस्था की गई है इसके अलावा सभी स्तर के पर्यटकों को ध्यान में रखकर कुछ विशेष बसों, कारों आदि की व्यवस्था की जाने की आवश्यकता महसूस की गई है और इसके लिए योजनायें भी बनाई गई हैं। सड़क परिवहन के विकास में इस बात का ध्यान रखना बहुत ही जरूरी है कि पर्यटकों के लिये सभी प्रकार की सुविधाओं की व्यवस्था की जाय।

भ्रमण व्यापार—ट्रेवल एजेंट एवं टूर ऑपरेटर पर्यटन उद्योग के एक प्रमुख

अंग हैं। देश के वृहद् आकार को देखते हुए भ्रमण व्यापार को इस तरह प्रोत्साहित किया जाना चाहिए कि अधिक से अधिक लोग भ्रमण व्यापार की सीमा में आ जाए। ट्रैवल एजेंट और टूर-ऑपरेटर को मान्यता प्रदान करने हेतु तत्सम्बन्धी नियमों और कायदें-कानूनों को व्यवस्थित करने के लिए सरकार को प्रयत्न करना होगा।

पर्यटक आवागमन को प्रोत्साहन—पर्यटन जगत में सैलानियों के आवागमन को प्रेरित करने के लक्ष्य से भारतीय प्रशासन ने उदारवादी चार्टर नीति की घोषणा की है और नियम के अन्तर्गत नागरिक उड्‌डयन के महानिदेशक ने स्वयं चार्टर फ्लाइट हेतु शीघ्र अनुमति दे दी है। चार्टर फ्लाइट को आ जाने से यह उम्मीद है कि पर्यटन की यातायात व्यवस्था में तीव्र गति से वृद्धि होगी। हाल में लागू की गई एयर टैक्सी योजना से राष्ट्रीय वाहकों की कार्यशक्ति में विकास होगा तथा भारत में पर्यटकों के आने जाने के लिए आसान हो जायेगा। जल परिवहन के क्षेत्र में भी व्यापक रूप से ध्यान दिया गया है। पर्यटकों को आने-जाने हेतु भी सैलानियों के आवागमन की व्यवस्था की जाएगी। नदियों और समुद्रों में चलने वाले जल-वाहनों का प्रचलन शुरू करने हेतु तेजी से क्षेत्र को बढ़ावा दिया गया है और अभी भी इस क्षेत्र में कार्य किये जाए रहे हैं।

विदेशी निवेश—नई औद्योगिक नीति के परिशिष्ट 111 में न. 4 में होटल पर्यटन से संबद्ध उद्योग को सूचीबद्ध किया गया है। जिसके अन्तर्गत कुल निवेश का 51 फीसदी विदेशी निवेश स्वयमेव स्वीकृत हो जाएगा। इस तरह की उदार नीति से यह स्पष्ट है कि पर्यटन क्षेत्र में विदेशी निवेश को प्रभावित करने के लिए विशेष रूप से कदम उठाये जा रहे हैं। सरकार ने प्रधानमंत्री के प्रधान सचिव की अध्यक्षता में एक समिति की स्थापना की है जो हमारे देश में निवेश करने वाले विदेशी निकायों से वार्ता करेगी। पर्यटन क्षेत्र में विदेशी निवेश को प्राप्त करने एवं उसे ठोस स्वरूप प्रदान करने के लिए पर्यटन सचिव की अधयक्षता में मंत्रालय में एक समिति की स्थापना की गयी जो विशिष्ट समिति की सहायता करेगी।

विपणन और विदेश में प्रचार :- अधिकतम मुनाफा कमाने हेतु विपणन और विदेशी प्रचार के क्षेत्र में पर्यटन विभाग एयर इंडिया एवं विदेशों में कार्यरत अन्य एजेंसियों से संपर्क स्थापित करेगा। प्रत्यक्ष रूप से ग्राहक के पास पहुँचकर अब सीधे प्रचार पर बल दिया जाएगा। प्रचार-प्रसार की रणनीति के अन्तर्गत परिचय भ्रमण का आयोजन किया जाएगा। डिपार्टमेंटल स्टोर एवं अन्य संगठनों के साथ मिलकर

संयुक्त प्रचार का कार्यक्रम चलाया जाएगा और भारत के प्रचार के लिए टूर-ऑपरेटरों को मदद प्रदान की जाएगी। सरकार ने अपने स्थानीय कार्यालयों और कुछ देशों में पर्यटन सूचना केंद्र, टूरनेट (Tournet) की स्थापना की है। भारत सरकार के पर्यटन कार्यालयों के अलावा हवाई अड्डों, होटलों और मित्र देशों में कम्प्यूटरीकृत बहुभाषीय पर्यटन सूचना उपलब्ध करने का भी प्रस्ताव है। इससे हमारे देश में आने के इच्छुक सैलानियों को विविध भाषाओं में परिवहन, साधन, भोजन, आवास, रुचि के क्षेत्र और सेवा की आगत की तैयार सूचना मिल जाएगी।

कार्य योजना का सार

विशेष लक्ष्य समूह को स्मरण में रखकर विदेशी कार्यालयों का पुनर्गठन किया गया और सभी प्रमुख बाजारों में भारत की सकारात्मक छवि प्रस्तुत करने हेतु सूचना व्यवस्था को पुनः गठित किया। पैलेस ऑन व्हील्स की सफलता को देखते हुए प्रमुख पर्यटन मार्गों पर पर्यटन रेलगाड़ी की शुरुआत किये जाने पर बल दिया गया। विशेष मार्गों पर नदी-यातायात की व्यवस्था को प्रोत्साहित किया गया। विरासत, होटल, स्वास्थ्य, विशेष श्रेणी आराम स्थलों का निर्माण इस कार्य योजना का एक अहम् हिस्सा है। निवेश बढ़ाने एवं अपेक्षित विकास हेतु अधिसूचित क्षेत्रों के तौर पर विशेष पर्यटन क्षेत्रों का निर्माण कराने के साथ-साथ जिन मार्गों पर एयर इण्डिया उड़ान नहीं भरता अथवा कम भरता है उन मार्गों के लिए मुक्त आकाश नीति बनाये जाने पर बल दिया गया। इस घोषित नीति में स्वयमेव अनुमति के अन्तर्गत उदारवादी चार्टर भी इस कार्ययोजना में शामिल हैं। मुख्य अंतर्राष्ट्रीय हवाई अड्डों पर वायु सेवाओं, रेलगाड़ियों, होटलों एवं पर्यटन सूचना की व्यवस्था को प्रोत्साहित करने के साथ ही चयनित पर्यटन स्थलों हेतु विशेष वायु सेवा और होटल की व्यवस्था पर बल दिया गया। विशेषकृत क्षेत्रों अथवा यात्रा-कार्यक्रमों में पर्यटन और संबंधित उद्योग को वित्तीय मदद प्रदान करने हेतु विशेषीकृत पर्यटन क्षेत्र मदद योजना की शुरुआत करना।

गहन विकास हेतु चुने हुए भ्रमण मार्ग एवं स्थल

1. हैदराबाद-नागार्जुन सागर-तिरुपति
2. ग्वालियर-शिवपुरी-ओरछा-खजुराहो
3. बागडोगरा-सिक्किम-दार्जिलिंग-केसिंपोंग

4. भुवनेश्वर-पुरी-कोणार्क
5. इंदौर-उज्जैन-माहेश्वर-ओंकारेश्वर-मांडू
6. ऋषिकेश-नरेन्द्र नगर-गंगोत्री-बद्रीनाथ
7. चेन्नई-ममल्लपुरम-पांडिचेरी
8. कुल्लू-मनाली-लेह
9. जैसलमेर-जोधपुर-बीकानेर-बाड़मेर।

स्थल—लक्षद्वीप द्वीपसमूह, मनाली सोलन नाला, अण्डमान द्वीप समूह तथा कांगड़ा पोंग बाँध प्रमुख स्थल हैं—

पर्यटन योजना : पर्यटन योजना से सम्बन्धित कई महत्त्वपूर्ण तथ्य सामने आये हैं, जो निम्नलिखित हैं—

1. 1950 से पहले निर्मित हवेलियों, दुर्गों, किलों एवं निवास स्थानों में प्रचालनरत होटलों हेतु हेरिटेज होटल की एक नई वर्गीकरण श्रेणी शुरू की गई है।
2. भारत पर्यटन विकास निगम की स्थापना एक सार्वजनिक क्षेत्र के उपक्रम के तौर पर 1 अक्टूबर 1966 को की गई थी।
3. पर्यटन विभाग को एक स्वतंत्र मंत्रालय का दर्जा 23 मई, 1998 को दिया गया जिसका नाम पर्यटन मंत्रालय रखा गया।
4. विदेशी पर्यटकों द्वारा भारत पर्यटन के क्षेत्र में किये जाने वाले व्यय में सन् 2000 के दौरान काफी वृद्धि हुई।
5. विश्व पर्यटन में भारत का हिस्सा वर्ष 2001 की अवधि में 0.37 फीसदी रहा।
6. पर्यटन विभाग प्रचालनरत होटलों का स्टार प्रणाली में विभक्तिकरण 6 श्रेणियों, 1-5 स्टार तक एवं हाल ही में चालू की गई हेरिटेज होटल श्रेणी में करता है।
7. होटलों का निर्माण करने हेतु विदेशी पूँजी निवेश की सीमा को 100 फीसदी की अनुमति प्रदान कर दी गई है।
8. पर्यटन को प्रोत्साहन देने के उद्देश्य से विदेशी सैलानियों हेतु आगमन वीजा योजना शुरू की गई है।
9. दिल्ली, आगरा एवं जयपुर की दर्ज पर चेन्नई, बंगलौर एवं त्रिवेन्द्रम को पर्यटन की दृष्टि से गोल्डन ट्राएंगल के रूप में विकसित करने का विचार केन्द्र सरकार के विचाराधीन है।

10. वर्ष 2001-2002 के दौरान 24.23 लाख विदेशी सैलानियों ने भारत की यात्रा की। अप्रैल-दिसम्बर, 2002 के दौरान यह संख्या 16.15 लाख थी।
11. विगत वर्षों में पर्यटन से देश को होने वाली शुद्ध प्राप्तियां जहाँ धनात्मक रही है वहीं 2001-2002 के शुरुआती महीनों में यह प्राप्तियाँ ऋणात्मक हो गई थीं क्योंकि विदेशी मुद्रा भारतीय सैलानियों द्वारा विदेशों में खर्च की गई।